Recherches Sur Les Monuments Cyclopéens...

Louis-Charles François Petit-Radel

RECHERCHES

SUR LES

MONUMENTS CYCLOPÉENS

OU

PÉLASGIQUES

AVIS.

Cet ouvrage renferme six planches : le portrait de l'auteur ; un frontispice ; le lupercal de l'acropole d'Alatrium (Italie), monument n° XIII ; la porte de Ferentinum (Italie), monument n° XVI ; le mur de l'acropole de Mycènes (Grèce), monument n° XLVIII ; et la porte de Soandos (Asie Mineure), monument n° LXXIX.

———

L'ÔUVRAGE SE TROUVE, A PARIS,

CHEZ REY, LIBRAIRE-ÉDITEUR, QUAI DES AUGUSTINS, N° 45.

LUD. CAR. FR. PETIT-RADEL,

PELASGICORUM · OPPIDORUM · INDAGATOR.

RECHERCHES

SUR LES MONUMENTS CYCLOPÉENS

OU PÉLASGIQUES.

Chaudet inv.ᵗ   Piroli sculp.ᵗ

RECHERCHES

SUR LES

MONUMENTS CYCLOPÉENS

ET

DESCRIPTION

DE LA COLLECTION DES MODÈLES EN RELIEF

COMPOSANT

LA GALERIE PÉLASGIQUE DE LA BIBLIOTHÈQUE MAZARINE

PAR L. C. F. PETIT-RADEL

MEMBRE DE L'INSTITUT ROYAL DE FRANCE
DE L'ACADÉMIE IONIENNE DE CORFOU, DE L'ACADÉMIE DE TURIN
DE LA SOCIÉTÉ DES ANTIQUAIRES DE LONDRES, DE L'ACADÉMIE ITALIENNE SÉANT À PISE
DE L'INSTITUT DE CORRESPONDANCE ARCHÉOLOGIQUE DE ROME
DE LA SOCIÉTÉ DES ANTIQUAIRES DE NORMANDIE
BIBLIOTHÉCAIRE-ADMINISTRATEUR DE LA BIBLIOTHÈQUE MAZARINE
MEMBRE DE LA LÉGION D'HONNEUR, ETC.

PUBLIÉES

D'APRÈS LES MANUSCRITS DE L'AUTEUR

PARIS

IMPRIMÉ PAR AUTORISATION DU ROI

A L'IMPRIMERIE ROYALE

M DCCC XLI

NOTICE

SUR LA VIE ET LES OUVRAGES

DE M. PETIT-RADEL.

A

NOTICE

SUR LA VIE ET LES OUVRAGES

DE M. PETIT-RADEL.

La vie d'un érudit offre peu de ces scènes variées qui intéressent le commun des lecteurs ; les savants eux-mêmes n'y cherchent que les faits qui se rattachent à ses méditations et à ses études. Sous ce rapport on aime mieux recourir à ses écrits, fouiller dans ses notes, assister, pour ainsi dire, à ses travaux, et recueillir toutes ses idées, qui sont les seuls, les véritables événements de cette vie paisible et uniforme. La tâche du biographe se borne donc à rassembler avec un soin religieux tous les matériaux épars au milieu desquels se promenait son imagination, ces fragments d'ouvrages commencés ou déjà terminés dans la pensée, ces confidences de projets pour l'avenir, dans lesquels se concentraient toutes ses facultés et se consumait son existence tout intellectuelle. Quant au reste, c'est-à-dire quant à sa vie matérielle, si aucun accident de force majeure n'est venu en déranger le cours paisible, elle se renferme dans quelques dates et quelques détails particuliers, que l'amitié voudrait multiplier pour honorer davantage une mémoire chère et précieuse, mais dont un sentiment de convenance plus sévère dicte le choix et restreint singulièrement l'étendue.

A.

Tel est notre devoir envers M. Petit-Radel. Ce que sa vie offre de plus varié et de véritablement intéressant pour le public se rattache à ses ouvrages, surtout à ses recherches sur les monuments pélasgiques. Quarante-quatre ans d'une existence laborieuse ont été employés à ce grand travail, fruit d'une précieuse découverte, et lui-même a pris le soin de nous en signaler les faits les plus curieux et les plus importants dans les explications qui suivent. Il ne nous reste donc qu'à retracer en quelques lignes le peu d'événements qui ont marqué sa longue carrière.

La famille de M. Petit-Radel était originaire de Groslée, département de l'Ain, où elle tenait un rang honorable parmi la bourgeoisie. Son père vint, peu de temps après son mariage avec Agnès Lefèvre, s'établir à Paris, où naquirent tous ses enfants, au nombre de treize, sept garçons et six filles, dont la plupart moururent jeunes. Ses trois fils aînés se distinguèrent dans des carrières différentes. L'un, né en 1740, est mort à soixante-dix-huit ans avec la réputation d'un architecte habile. Il avait été nommé par l'Assemblée constituante estimateur des domaines nationaux, puis architecte des domaines. Il a publié, en 1799, un projet pour la restauration du Panthéon français (broch. in-4° avec quatre planches dessinées et gravées par lui-même). Le second, brave marin, mourut en 1819. Ses services et ses blessures, dont une très-grave reçue au combat naval d'Ouessant, en 1778, lui avaient mérité une pension du gouvernement. Le troisième, Philippe, sur lequel la Biographie des hommes vivants a donné une notice détaillée, était remarquable par son érudition classique. Médecin et professeur distingué à l'École de médecine de Paris, il voyagea dans les quatre parties du monde et laissa de nombreux ouvrages.

Une de leurs sœurs, Agnès-Charlotte, est morte en 1830,

à l'âge de quatre-vingts ans, veuve du célèbre Palissot, auteur du poëme de la Dunciade, de Mémoires sur la littérature, etc.

Louis-Charles-François PETIT-RADEL était le douzième enfant de cette nombreuse famille, dont le nom s'est éteint avec lui; ses frères, qui l'ont tous précédé dans la tombe, n'ayant pas laissé de postérité mâle. Né à Paris, le 26 novembre 1756, il fut destiné à l'état ecclésiastique, et mis de bonne heure au collége Mazarin, où se trouvait encore son frère Philippe, qui fut son premier maître de latin. Une intelligence précoce, une singulière aptitude à la méditation et aux études sérieuses devaient amener des progrès rapides : aussi le jeune Petit-Radel surpassa-t-il bientôt ses condisciples, et devança-t-il presque toujours l'âge fixé dans les épreuves qu'il eut à soutenir. A quatorze ans il était en logique, et à seize il recevait la tonsure. Il passa successivement, avec une égale distinction, par différents grades et titres de l'Université et de la Sorbonne, jusqu'à ceux de docteur en théologie qu'il portait à vingt-sept ans, et de docteur en Sorbonne qu'il reçut trois ans plus tard.

Ce fut vers cette époque, c'est-à-dire en 1783, que M. Petit-Radel débuta dans la chaire chrétienne avec assez de succès pour être remarqué par l'archevêque de Paris, M. de Juigné. Il se livra dès lors à cette carrière, et y persévéra jusqu'à la révolution. Nous n'avons pu retrouver que quelques-uns des sermons qu'il composa pendant cette période de sa vie. La noblesse, l'élévation des pensées, jointes à la simplicité et au naturel des expressions, l'aisance et la facilité avec lesquelles les sujets sont traités, l'absence de toute déclamation, annoncent que le jeune orateur était pénétré de l'esprit et des beautés sévères des premiers pères, et nous font regretter la perte de ses autres discours.

En 1788, M. de Lastic, évêque de Couserans, le nomma chanoine de Saint-Lizier, et, peu de mois après, il joignit à ce titre celui de grand-vicaire. Les approches de la révolution le retinrent à Paris, à l'église de l'hôpital du Saint-Esprit à laquelle il était attaché, depuis 1781, en qualité d'aumônier titulaire et de trésorier.

Les dangers de cette époque ne tardèrent pas à le menacer. Il refusa de prêter serment à la constitution civile du clergé, et un ordre de la municipalité de Paris, du 8 mai 1791, lui interdit, comme prêtre réfractaire, l'entrée de l'hôpital du Saint-Esprit. Par un de ces jeux bizarres de la fortune, si communs dans des temps de révolution, cet ordre était signé Cousin, un des membres de l'Académie des sciences; et un autre, qui lui enjoignit de remettre l'argenterie et les effets de l'église dont il était gardien en sa qualité de trésorier, émanait du procureur-syndic Pastoret, dont il devait être plus tard le confrère dans l'Académie des inscriptions. Le 3 octobre de cette année, muni d'un passe-port du commissaire de sa section, il partit pour Rome, où il reçut le plus honorable accueil de M. le cardinal de Bernis, à qui M. le cardinal de Larochefoucault l'avait recommandé. Quelques amis puissants qu'il y trouva, et la protection spéciale de Pie VI, qui occupait alors le saint-siége, lui rendirent ce séjour agréable, et lui firent paraître moins longues les années de l'exil qu'il s'imposait.

Deux emplois modestes, l'un de sous-bibliothécaire, que lui fit donner le pape dans une abbaye de chanoines réguliers, et l'autre de directeur d'un jardin de botanique, le mirent à l'abri du besoin, et lui fournirent même les moyens et le temps de se livrer à ses études et à ses recherches favorites. Quelques années après, lorsque les Français furent maîtres de Rome, il fut également bien traité par les nouvelles autorités, et il reçut du commandant de place Marchand et du général Belair, commandant la division, la protection et les autorisations nécessaires pour faciliter ses fréquentes excursions scientifiques.

C'est dans ces excursions que notre savant archéologue fit cette précieuse découverte sur laquelle repose son système des Monuments pélasgiques, et qui devait donner une nouvelle direction à ses idées, à ses travaux, et lui créer, pour ainsi dire, une nouvelle existence. Il nous dira lui-même, dans l'Exposition qui suit cette Notice, quelle était cette découverte, et de quelles circonstances elle fut environnée ; nous nous contenterons de placer ici une réflexion qui se présente naturellement à l'esprit. Si les orages politiques n'eussent enlevé M. Petit-Radel aux paisibles occupations de son ministère, il eût continué sans doute d'être un prédicateur distingué, et les laborieux loisirs de son cabinet n'eussent pas manqué d'enrichir la science dont il eût fait son étude spéciale ; mais il n'avait plus à moissonner que dans le champ d'autrui, il n'avait à éclaircir et à développer que les idées et les observations déjà reçues, et non les siennes. C'est donc à l'exil, c'est à un déplacement forcé auquel ne pouvaient le porter, ni son état, ni son caractère, que l'archéologie doit ce trait de lumière jeté autour du berceau des nations européennes, et la solution, regardée jusqu'alors comme impossible, d'une question que l'absence de vestiges certains, de monuments en rapport avec les conjectures, semblait avoir condamnée à un doute éternel.

Après un séjour de neuf ans dans la capitale du monde chrétien, M. Petit-Radel revint en 1800 à Paris, où l'attendaient les lettres et l'amitié pour le dédommager d'un si long exil. Il y retrouvait, outre ses frères, MM. de Jussieu,

Gossellin, Palissot, Frochot (alors préfet de la Seine), le
savant Larcher, et le respectable Daunou, qui, pendant et
depuis l'émigration, lui garda toujours une fidèle amitié.
Revenu riche de matériaux et d'observations, il n'eut plus
d'autre pensée que de les mettre en ordre et d'en faire
connaître les résultats aux sociétés savantes, particulièrement à l'Institut, qui entendit son premier mémoire en 1801.

Sa vie fut dès lors tout entière à la science; et il abandonna les emplois et les travaux de la carrière ecclésiastique,
sans toutefois en briser les liens; car un acte de M. le cardinal du Belloy, et des lettres de ses successeurs témoi-
gnent de l'estime dont ces prélats ne cessèrent de l'honorer.
Nommé, en 1802, rédacteur et sous-chef au bureau de
statistique du département de la Seine, il conserva cet emploi pendant quelques années. Ce fut dans cet intervalle
que, sur le désir exprimé par M. Frochot, il composa les
Fastes militaires de Napoléon, qui décorèrent la salle du
banquet impérial, à l'Hôtel de ville. Ces fastes étaient ex-
primés en inscriptions latines sur le modèle des Fastes
triomphaux des Romains. L'empereur fut satisfait de cet
ouvrage; il remarqua surtout cette inscription : *Rubicone
transgresso abstinet Roma,* dont l'allusion ingénieuse le
frappa. Il n'eût tenu qu'à l'auteur de trouver dans cette
circonstance une occasion d'avancement et de fortune;
mais il refusa d'en profiter; et lorsque, plus tard, l'empereur lui fit demander ce qu'il désirait, il borna son ambi-
tion à devenir l'adjoint de son beau-frère Palissot, administrateur de la bibliothèque Mazarine, lequel, en raison de
son âge avancé, témoignait le désir d'avoir un collabora-
teur. M. Petit-Radel était déjà, depuis 1805, attaché à cette
bibliothèque en qualité de conservateur.

La place naturelle de M. Petit-Radel était à l'Institut,

aussi ne se fit-elle pas attendre; le 18 avril 1806, il rem-
plaça M. Gaillard à l'Académie des inscriptions et belles-
lettres, où, par la suite, il devint membre de la commission
des médailles et de celle de l'histoire littéraire de la France.
Les sociétés étrangères se disputèrent l'honneur de l'admettre au nombre de leurs membres correspondants. Il
reçut ce titre de l'Académie-ionienne de Corfou, de l'Académie royale de Turin, de la Société des antiquaires de
Londres, de l'Académie italienne séant à Pise, de l'Institut
de correspondance archéologique de Rome. Il était, en outre,
membre de la Société des antiquaires de Normandie, agent
central de l'association instituée à Paris pour la recherche
des villes pélasgiques de l'Asie Mineure, et historiographe
de la ville de Paris.

En 1814, la mort de M. Palissot laissa vacante la place
d'administrateur perpétuel de la bibliothèque Mazarine,
qui fut donnée à M. Petit-Radel, par ordonnance royale
du 15 juin de la même année; le 19 octobre suivant,
il reçut la décoration de la Légion d'honneur.

Sa vie, partagée entre les soins qu'il devait à la bibliothèque Mazarine et les travaux académiques, n'offre plus
d'incident qui mérite d'être rapporté. Constamment occupé
du monument historique qu'il a construit, il nous a laissé
beaucoup de mémoires et d'ouvrages destinés à le consolider
et à dégager ses abords de toutes les difficultés qui peuvent empêcher d'en bien saisir la base et les proportions.
Cependant, le savant et infatigable académicien ne s'est
pas borné à ces nombreux écrits. Outre les Fastes militaires
dont nous avons parlé plus haut, il a publié, en 1809, sous
le titre de Recherches sur les bibliothèques anciennes et
modernes, un volume in-8°, rempli de détails du plus haut
intérêt, pour lequel il a fallu une érudition aussi vaste

que patiente, et qui fut un véritable service rendu à la science bibliographique. Huit ans plus tard, en 1827, parut l'Examen analytique et Tableau comparatif des synchronismes de l'histoire des temps héroïques de la Grèce, l'un des ouvrages les plus remarquables de l'époque, destiné à jeter du jour sur les points les plus obscurs de l'histoire ancienne des Grecs.

Ces ouvrages importants, qui supposent tant d'études, tant de travaux antérieurs, joints à tous ceux qui avaient pour objet le système des antiquités pélasgiques, pourraient faire croire que, tout entier à ses recherches et à ses écrits scientifiques, il ne devait plus rester à M. Petit-Radel ni le temps, ni les forces suffisantes pour les fonctions dont il était chargé : ce serait une erreur. Pendant trente ans d'administration, en y comprenant les sept années qu'il fut adjoint à son beau-frère, alors trop âgé pour se livrer au travail qu'exigeait sa place, M. Petit-Radel n'a cessé de déployer un zèle et une activité qui ont donné à la bibliothèque Mazarine un développement considérable. Sa correspondance avec vingt et un ministres, qui se sont succédé pendant cette longue gestion, en renferme de nombreuses et honorables preuves, et les améliorations qu'il a continuées, celles qu'il a créées lui-même, en sont les monuments précieux et lui assignent un rang distingué parmi les bibliothécaires.

Son premier soin avait été d'achever la galerie Naudé, commencée par M. Palissot, laquelle reçut, selon sa destination, un nombre considérable de livres qui provenaient des bibliothèques d'émigrés et de couvents supprimés. Les quarante-cinq mille volumes qui, avec trois mille manuscrits, formaient ce nouveau fonds (le fonds primitif ne dépassait guère quarante mille), étaient depuis plusieurs années entassés au milieu de la grande galerie. Pour en faire le classement méthodique, M. Petit-Radel fut habilement secondé par M. Arsenne Thiébaut de Berneaud, bibliothécaire, qu'il chargea aussi d'ajouter au catalogue les nouvelles insertions devenues nécessaires. La galerie Naudé n'étant pas encore suffisante, il créa, au-dessous de la grande galerie, ce que l'on appelle le *Dépôt des livres*, pour lequel il fit disposer six pièces où les ouvrages doubles sont classés et rangés par ordre de matières.

Une nouvelle galerie, à la suite de celle de Naudé, reçut peu après les livres imprimés au xve siècle, les manuscrits anciens et les manuscrits modernes.

Tout en créant et disposant ainsi des localités convenables pour les ouvrages, le zélé administrateur s'occupait d'assurer la conservation des premiers livres sortis de l'imprimerie, et des manuscrits les plus précieux, par les soins qu'il apportait à leur reliure, dans laquelle il cherchait toujours à concilier la solidité avec l'élégance et même le luxe.

Pendant son séjour en Italie, il avait vu employer dans les couvents, et principalement à la bibliothèque Angelica, dite de *la Sapienza*, à Rome, une méthode de restauration de livres dont il eut l'heureuse idée de faire l'application à la bibliothèque Mazarine; mais ce ne fut qu'en 1824, et après bien des années de démarches et d'attente, qu'il parvint à faire agréer son plan par le ministère, et à en obtenir les fonds nécessaires. Il établit, pour cet effet, dans l'intérieur même de la bibliothèque, loin des yeux des lecteurs et des visiteurs, des ateliers où il n'employait, au lieu d'ouvriers étrangers, que les gardiens mêmes de la bibliothèque, dressés et formés par lui à ce travail important; par là, il augmentait leur zèle en améliorant leur sort. Par cette restauration, par le soin qu'il eut de ne pas laisser sortir les livres de la bibliothèque, par beaucoup d'autres moyens minutieux que nous ne pouvons détailler, il pourvut au bon entretien des ouvrages confiés à sa garde, il arrêta les dévastations inévitables du temps et d'un usage de tous les jours, à bien moins de frais que s'il avait fallu recourir aux moyens ordinaires. C'est ainsi· que, de 1824 à 1835 (outre les ouvrages de formats ordinaires), il a été restauré, sans le secours d'ouvriers du dehors, quinze cent quarante-deux volumes in-fol., qui, servant dès l'origine de la bibliothèque, étaient arrivés au point de ne pouvoir plus être confiés aux lecteurs, parce que les nervures étaient rompues, que les feuilles et les cartons s'en détachaient.

Enfin, il couronna tous ses travaux en rappelant et en consacrant, par divers monuments, l'origine et la fondation de la bibliothèque dont l'administration lui était confiée. Neuvième administrateur de cet établissement, depuis et y compris Gabriel Naudé, bibliothécaire du cardinal Mazarin, il lui fit rendre et maintenir le nom de bibliothèque Mazarine, au lieu de celui des Quatre-Nations, qu'elle portait depuis la révolution, et celui de bibliothèque de l'Institut qu'on parvint un instant à lui imposer. Dans une Notice historique remplie d'érudition, comme tout ce qui sortait de sa plume, il démontra que cette bibliothèque avait été la première ouverte au public en France, et consacra ce fait par une inscription latine qu'il fit graver, en lettres d'or, au-dessus de la porte de la galerie Colbert : *Publicarum Gallis primordia.*

Aux améliorations, aux agrandissements que la bibliothèque Mazarine doit à M. Petit-Radel, il faut joindre sa collection pélasgique, cette œuvre de presque toute sa vie, qui, seule, doit suffire à préserver son nom de l'oubli.

Sans doute, avant sa mort, il n'en avait point fait, par une disposition formelle, la donation au Gouvernement; mais sa famille, qui connaissait le fond de sa pensée, a regardé comme un devoir sacré de l'accomplir. Elle a, en conséquence, par une lettre adressée au ministre de l'instruction publique, le 18 janvier 1838, fait abandon de tous les monuments pélasgiques à la bibliothèque Mazarine. Le ministre (M. de Salvandy) accepta la donation par lettre du 19 du même mois; dès lors cette collection fit partie de la bibliothèque.

Telle a été la carrière de M. Petit-Radel, tels ont été ses longs et utiles travaux. On en aura une idée plus complète encore en parcourant la liste de ses ouvrages, que nous donnons plus bas. On regrettera comme nous de n'y point voir le plus important de tous : celui qu'il médita toute sa vie, qu'il se proposait de publier sous le titre de Recherches pélasgiques, et dont tous ses Mémoires n'étaient que les matériaux, comme l'ouvrage que nous publions n'en est que l'ébauche. S'il n'a pas réalisé son projet, il faut s'en prendre à cette excessive défiance de lui-même, à ce besoin de perfection qui lui faisait toujours chercher, entrevoir de nouvelles idées, de nouvelles lumières à joindre aux premières. Quelle que soit cette ébauche, elle est néanmoins suffisante pour faire bien comprendre et apprécier la découverte du savant académicien, et pour étudier avec intérêt, avec fruit les modèles en relief des monuments cyclopéens qui composent sa collection pélasgique.

Dans le cours de sa soixante-dix-neuvième année, il acquiesça aux sollicitations pressantes de quelques-uns de ses amis, qui désiraient qu'il fît faire son buste. Cet ouvrage a été exécuté en marbre blanc par M. Carle Elshoëct, au talent et au ciseau duquel il fait le plus grand honneur par

sa ressemblance parfaite. Ce buste se trouve dans la salle
où sont rassemblés les monuments pélasgiques, ainsi que le
buste du célèbre Visconti, ancien et intime ami de M. Petit-
Radel, et le premier partisan de sa théorie.

Sur le bas du socle du buste de M. Petit-Radel, on lit
cette inscription latine :

LVD · CAROL · FRANC
PETIT-RADEL
PELASGICVM · PARISINVS · APERVIT

qui donne à entendre tout à la fois que celui dont on voit
l'image a ouvert et frayé le chemin à ceux qui ont recherché les monuments des Pélasgés, et qu'il est le créateur de
cette collection des modèles présentés aux regards et à l'é-
tude du public. Sur le côté droit du buste, on voit une
feuille de palmier-éventail (*chamærops humilis*), qui est là
comme un emblème dont l'explication est donnée dans l'exposition qui suit cette notice; et sur le côté gauche se
trouve une autre inscription que l'auteur de la découverte
vit sur les flancs d'une roche vive du mont Circé, quand il
le visita en 1792; cette inscription paraît remonter à une
très-haute antiquité :

AD
PROMVNTVR · VENERIS
PVBLIC · CIRCEIENS
VSQ · AD · MARE · · M
TERMINO · $\overline{\text{LXXX}}$

Le portrait qui est au commencement de cet ouvrage a
été dessiné d'après un médaillon fait en 1827 par M. Gay-
rard, statuaire, lorsque M. Petit-Radel atteignait sa soixante
et dixième année. On lit en exergue :

LVD · CAR · FR · PETIT-RADEL · PELASGICORVM
OPPIDORVM · INDAGATOR

Louis-Charles-François Petit-Radel, investigateur des villes pélasgiques.

Les lettres et les sciences ont perdu ce savant le 27 juin 1836. Il avait près 'de quatre-vingts ans. Nous n'entreprendrons pas de faire l'éloge de son caractère et de ses vertus privées; nous nous contenterons de rapporter l'éloquent discours prononcé sur sa tombe par son illustre confrère M. Hase, alors président de l'Académie royale des inscriptions et belles-lettres. Que pourrions-nous ajouter à ces nobles et touchantes paroles ?

« Messieurs,

« L'Académie des inscriptions et belles-lettres doit un tri-
« but à la mémoire de l'homme honorable dont nous ac-
« compagnons ici les restes. Pénétrés de douleur et de re-
« grets, nous venons aujourd'hui saluer du dernier adieu un
« confrère qui, pendant trente ans, a siégé parmi nous, et
« dont la longue carrière a été constamment marquée par
« de consciencieuses études et par de nombreux travaux.
« Je ne vous parlerai point ici, messieurs, des premiers et
« brillants succès de M. Petit-Radel, de la réputation qu'il
« acquit alors et qui le fit nommer, fort jeune encore,
« vicaire général à Saint-Lizier; mais j'essayerai en peu
« de mots de vous le peindre tel que nous l'avons connu.
« Latiniste habile, savant bibliographe, archéologue ingé-
« nieux, également versé dans l'histoire du moyen âge et
« dans celles des races helléniques, l'académicien, le con-
« frère dont le cercueil nous rassemble ici, retira de la cul-

« ture des lettres tous les avantages qu'on peut se promettre
« d'une habituelle occupation soutenue par l'honorable am-
« bition d'être utile. Connaissant le prix du temps, le tra-
« vail fut un besoin pour lui. Bibliothécaire perpétuel et ad-
« ministrateur de la bibliothèque Mazarine, il a rendu, par
« une surveillance éclairée et active, d'importants services
« au riche dépôt littéraire qui lui était confié. Nous avons
« tous vu, messieurs, que ni l'intempérie des saisons, ni
« l'âge ne pouvaient combattre ou refroidir le zèle qui le
« portait à s'acquitter avec scrupule de toutes les obligations
« qu'il s'était imposées. Affectionné par-dessus tout à ses
« occupations de chaque jour, il crut encore remplir un de
« ses devoirs en publiant un ouvrage qui, seul, suffirait
« pour établir une réputation; et c'est à l'établissement qu'il
« dirigea pendant si longtemps qu'il semble avoir légué ses
« savantes Recherches sur les bibliothèques anciennes, sui-
« vies d'une Notice historique sur la bibliothèque Mazarine.

« Peu de temps après le commencement des troubles qui
« agitèrent la France vers la fin du siècle dernier, M. Petit-
« Radel parcourut l'Italie, et ce voyage eut une influence
« décidée sur la direction de ses études. Observateur habile,
« porté par ses goûts vers la recherche des monuments de
« l'antiquité, il s'appliqua à distinguer, dans les diverses
« constructions qui datent de la domination romaine, ou
« qui lui sont antérieures, les parties qu'on doit regarder
« comme appartenant aux époques primitives. Il n'a point
« livré à l'impression la totalité de son grand travail sur les
« monuments dits *cyclopéens* ou *pélasgiques,* enceintes, subs-
« tructions, édifices formés en blocs polyèdres irréguliers
« que l'on aperçoit dans plusieurs contrées du midi de l'Eu-
« rope. Toutefois, nous devons moins regretter que le temps
« ne lui ait pas permis de développer entièrement un sys-

« tème qui lui était devenu cher; car les résultats obtenus
« par des recherches si difficiles et si obscures ne seront
« point perdus. Désintéressé pour la science comme pour la
« fortune, M. Petit-Radel communiquait avec ardeur ce qu'il
« croyait vrai. Ses idées appartenaient à tous ceux qui pou-
« vaient en tirer parti pour augmenter nos connaissances;
« et beaucoup de voyageurs, parcourant l'Italie, la Grèce,
« l'Asie Mineure, ont déjà profité des lumières qu'il ne
« cessait de leur prodiguer, et que de longues méditations,
« des investigations infatigables lui avaient acquises.

« Depuis plus d'un an, l'état de langueur dans lequel nous
« voyions M. Petit-Radel, pouvait inspirer des inquiétudes
« à ses confrères. Toutefois son tempérament robuste, sa
« vie régulière et paisible semblaient promettre que ces
« craintes ne seraient pas justifiées. Sa maladie, devenue
« plus grave tout à coup, l'a enlevé en peu de jours. Il a
« terminé sa carrière comme la termine l'homme vertueux,
« avec une religieuse résignation, laissant après lui les re-
« grets amers des nombreux amis que la simplicité de ses
« mœurs, ses habitudes laborieuses, son obligeance, lui
« avaient mérités. Qu'il reçoive aujourd'hui la première ex-
« pression de nos tristes pensées et de la douleur où nous
« jette cette accablante séparation ! Une voix plus éloquente
« que la mienne lui rendra bientôt un plus digne témoi-
« gnagne de notre estime, et un tribut plus complet d'é-
« loges bien mérités par une longue et laborieuse carrière,
« par un dévouement sans bornes aux intérêts de la science,
« et par la pratique de toutes les vertus sociales qui honorent
« l'homme de bien pendant sa vie, et deviennent à sa mort
« le juste motif d'éternels regrets. C'est avec de tels senti-
« ments que nous disons aujourd'hui à notre confrère un
« douloureux et dernier adieu ! »

B

LISTE DES OUVRAGES

DE M. PETIT-RADEL.

I. *Mémoires sur les époques auxquelles on peut assigner les éruptions des volcans éteints du Latium antique, et sur les rapports qui lient la tradition de ces époques à celle de l'origine de quelques monuments de l'histoire.*

Ce mémoire, dont le cahier manuscrit a quatre-vingts pages in-4°, fut le premier que l'auteur lut en présence de l'Institut national, le 19 mars 1801, après son retour d'Italie, et sur lequel MM. David-Leroy, Dupuis et Ameilhon furent chargés de faire un rapport.

Ce rapport eut lieu à la séance du 4 septembre 1801; il est inséré dans les registres de la classe de littérature et beaux-arts; il est fort détaillé, remplissant treize pages du registre. Nous en transcrivons ici le premier et le dernier alinéa, dans lesquels se trouve assez clairement exprimée l'impression que la première lecture de l'auteur fit sur ceux qui l'entendirent.

« Le simple énoncé de ce titre (titre du mémoire) fait « assez entendre qu'il ne s'agit point dans ce mémoire d'un « sujet commun et vulgaire : en effet, on y traite un point « d'érudition qui paraît tout à fait neuf. La classe ne sera « donc pas surprise si nous donnons un peu d'étendue à ce « rapport. La matière est assez importante pour avoir mé- « rité de la part de ses commissaires une attention toute

« particulière; d'ailleurs la texture de l'ouvrage dont ils ont
« à lui rendre compte est, si l'on ose tenir ce langage, si
« serrée et si compacte, qu'il ne serait guère possible de le
« réduire par l'analyse à un plus petit volume qu'ils ne l'ont
« fait dans cet extrait. »

Le rapport se termine ainsi :

« Il suit de cette observation du comte de Caylus, que
« personne n'avait encore aperçu, sur aucun des monuments
« antiques répandus dans le Latium, des caractères qui pus-
« sent les faire reconnaître pour des monuments apparte-
« nant aux anciens aborigènes ou Pélasges, plutôt qu'à
« d'autres peuples. Par conséquent M. Petit-Radel, s'il ne
« s'est pas trompé, serait le premier qui aurait eu l'honneur
« de faire une découverte jugée presque impossible par un
« de nos plus savants antiquaires, en traçant des points de
« différence comparative entre la construction polygone ir-
« régulière qu'il attribue aux Pélasges, et la construction en
« pierres parallélipipèdes qu'on remarque constamment dans
« les édifices étrusques. Dans toute hypothèse, M. Petit-Ra-
« del mérite d'être encouragé. Il faut l'exhorter à suivre une
« carrière où il nous paraît avoir bien débuté, et dans la-
« quelle ses talents lui promettent des succès. »

II. *Mémoire sur des recherches historiques des monuments que
les Pélasges ont laissés en Italie, en Sicile, en Grèce, et
sur les rapports nouveaux que l'examen de ces monuments
doit établir dans l'histoire des siècles héroïques, dans celle
des beaux-arts, et dans l'estimation des époques auxquelles
on peut assigner plusieurs révolutions physiques de l'ancien
continent.*

Ce second mémoire fut lu par l'auteur, à l'Institut, le
6 août 1802; MM. David-Leroy, Mongez et Ameilhon furent

nommés commissaires pour faire un rapport à ce sujet. Ce rapport eut lieu à la séance du 1ᵉʳ octobre suivant. Nous en rapporterons, comme pour le précédent, le premier et le dernier alinéa.

« Dans un premier compte que nous avons déjà rendu du « travail de M. Petit-Radel, dit le rapporteur, nous insinuâ- « mes, en applaudissant à ses efforts, qu'il fallait encore at- « tendre, avant de prononcer sur le mérite de ce travail, « qu'il eût passé par les épreuves de la critique, non de cette « critique qui s'exerce seulement dans l'ombre du cabinet, « mais de celle qui ne peut s'acquérir que par l'examen « même des monuments antiques, vus sur les lieux, et qui « n'appartient qu'à des voyageurs instruits : M. Petit-Radel « a senti la sagesse de cette décision. Animé d'un nouveau « courage, il ne s'est donné aucun repos qu'il ne se soit pro- « curé les moyens de vous fournir le genre de preuves que « vous lui avez demandé par notre organe. »

Le rapporteur termine ainsi :

« Quant à ce qui concerne le fond de son nouveau mé- « moire dont nous avons à vous rendre compte, vos com- « missaires jugent que M. Petit-Radel a, en effet, ajouté un « grand poids à chacune des preuves qu'il n'avait qu'ébau- « chées, ou seulement indiquées dans le précédent. Ils pen- « sent que si les développements qui lui restent encore à « nous donner, pour mettre le complément à son travail, « achèvent d'entraîner les suffrages des savants, et de leur « faire adopter sa théorie comme une vérité démontrée, il « lui sera permis de se flatter d'avoir fait en histoire une « découverte véritablement digne d'occuper une place dans « le tableau des progrès des sciences humaines. »

III. *Notice sur les aqueducs des anciens, et sur la dérivation du canal de l'Ourcq.* 1 volume in-8°; Paris, 1803.

Cet ouvrage, qui avait été présenté à l'Institut national en 1802, fut renvoyé à l'examen de la même commission qui avait examiné le précédent. MM. David-Leroy, Mongez et Ameilhon firent, à la séance du 2 décembre 1802, un rapport qui prouve que l'auteur était remonté aux causes qui avaient fait faire aux anciens tant de magnifiques aqueducs, et en cela il rentrait dans les principes de sa théorie pélagisque. Ce rapport se termine ainsi :

« M. Petit-Radel, après avoir fait connaître, dans son ou-« vrage sur les monuments pélasgiques, et dans sa théorie « historique des volcans éteints, quelques points d'histoire « sur lesquels personne avant lui ne s'était encore exercé, a « voulu, dans ce nouveau mémoire, traiter un autre point « d'histoire, qui se liait naturellement à une entreprise sur « laquelle tous les citoyens ont maintenant les regards fixés. « Vos commissaires ont lu ce nouveau mémoire avec le « même intérêt que les précédents du même auteur. Ils y « ont vu avec plaisir que M. Petit-Radel y soutient l'idée « avantageuse qu'ils vous ont déjà donnée de son savoir et « de ses talents. »

IV. *Fastes militaires de Napoléon en inscriptions latines et françaises.* Petit in-folio; Paris, Didot, 1804.

Les quinze premières pages de ce livre contiennent une notice sur les inscriptions, et sur l'événement qui fit naître l'idée de ces Fastes; les cinquante-trois pages suivantes contiennent les Fastes eux-mêmes; et les huit dernières pages sont consacrées à des notes explicatives. Nous avons parlé de cet ouvrage dans la vie de l'auteur; nous renvoyons le lecteur à ce que nous avons déjà dit, ajoutant seulement que les hauts faits du héros qui venait de parcourir l'Italie comme les anciens triomphateurs, et qui alors faisait l'admiration universelle, s'y trouvent célébrés avec grandeur et simplicité dans les incriptions latines du docte antiquaire.

V. *Les monuments antiques du Musée Napoléon, dessinés et gravés par Thomas Piroli, avec une explication par M. Louis Petit-Radel; publiés par Piranesi frères.* 4 vol. in-4°; Paris, 1804.

Les savantes explications qui accompagnent chaque gravure de ce recueil sont tirées des auteurs de l'antiquité classique; les textes grecs et latins cités sont expliqués par les monuments, qu'ils expliquent à leur tour.

En annonçant au public que M. Petit-Radel se chargeait de ce travail, dont M. Visconti gardait la direction, les frères Piranesi disaient dans leur avis préliminaire:

« Nous espérons qu'on ne verra pas sans un nouvel intérêt « un nom connu dans les lettres et les arts s'associer, pour « la perfection de ce travail, à celui de M. Visconti, qui en « a la direction. Des travaux d'une érudition analogue ont « établi les anciens rapports de cette estime mutuelle et de « cette déférence due à la célébrité, qui promettent de réunir « dans ce travail l'accord de l'expérience et de l'esprit d'ob- « servation. »

Le Moniteur universel, annonçant cet ouvrage dans son numéro du 25 juillet 1805, s'exprime en ces termes:

« Des explications succinctes et sans déclamations accom- « pagnent ces planches; elles sont écrites d'une manière « élégante et pure, qui réunit l'instruction à l'agrément, par « M. Petit-Radel, l'un des conservateurs de la bibliothèque

« Mazarine. Cet homme de lettres a rédigé ses articles sur
« un choix d'observations qui suppose beaucoup de critique
« dans l'érudition et beaucoup de connaissances dans les
« arts. »

VI. *Article de critique archéologique sur l'ouvrage du docteur
Chandler intitulé :* Voyages dans l'Asie Mineure et en
Grèce, exécutés aux dépens de la Société des dilettanti,
dans les années 1764, 1765 et 1766.

Dans cet écrit, divisé en deux parties, dont l'une se trouve
dans le numéro du 17 avril 1806 du Moniteur universel,
et l'autre dans le numéro du 5 juin suivant du même journal,
l'auteur développe les principes de sa théorie historique
sur les Pélasges au moyen des découvertes mêmes du voyageur anglais, qu'il fait tourner au témoignage de la vérité
de cette théorie.

VII. *Mémoire sur l'origine du fondateur d'Argos.*

Les six ouvrages précédents ayant fait désirer à l'Institut
d'avoir dans son sein l'auteur de la théorie pélasgique, il
fut invité à se présenter. « Nous ne voulons pas que votre
« découverte soit apportée par la voix publique au milieu
« de nous, lui disait M. Larcher ; nous voulons qu'elle parte
« du milieu de nous pour se répandre dans le public : il
« faut donc que vous soyez des nôtres. » Son élection fut
unanime. Le Mémoire sur l'origine du fondateur d'Argos
fut le premier qu'il lut comme membre de la classe de
littérature et des beaux-arts ; la lecture en fut faite le 10 octobre 1806.

Dans le rapport sur les travaux de la classe d'histoire et
de littérature ancienne fait à l'assemblée générale de l'Ins-

titut, le 7 juillet 1807, le rapporteur, M. Ginguené, rendant compte de ce mémoire, s'exprime en ces termes : « Les
« ruines isolées des monuments antiques procurent, à me-
« sure qu'on les découvre, quelques nouvelles connaissances
« qu'on ajoute à la masse de celles que nous possédons déjà
« sur l'antiquité. Mais il est peu de ces découvertes qui se
« lient l'une à l'autre pour fournir un corps de preuves à quel-
« qu'une de ces idées neuves et hardies qui jettent un jour
« inattendu sur l'histoire des anciens temps. Il ne suffit pas,
« pour faire éclore une de ces idées, que les monuments
« subsistent, ni même qu'ils soient connus ; il faut encore
« qu'ils soient examinés par un esprit éclairé, attentif, ca-
« pable de s'élever des considérations particulières à des
« conséquences générales, et peu disposé à s'effrayer de cette
« accusation d'esprit de système qui semble inventée par les
« esprits timides et bornés pour décréditer ceux qui ont
« de l'étendue et du courage. C'est une idée de cette espèce
« dont M. Petit-Radel est occupé depuis long-temps, etc. »

Ce mémoire se trouve dans ceux de l'Institut, classe d'histoire et de littérature ancienne, tome II, pages 1 et suivantes, imprimés en 1815.

VIII. *Mémoire sur les monuments des origines historiques de l'Argolide et de la Mégaride.*

L'auteur en fit la lecture, le 6 mars 1807, à l'Académie dont il était membre, et l'analyse s'en trouve à la suite du précédent mémoire relaté au rapport sur les travaux de la classe ci-dessus mentionnée.

IX. *Mémoire sur les monuments historiques de l'Attique, de la Béotie et de l'Eubée ; lu le 15 mai 1807.*

X. *Résultats généraux de quelques recherches historiques sur les monuments cyclopéens de l'Italie et de la Grèce;* lus à la séance publique de la classe d'histoire et de littérature ancienne, le 3 juillet 1807.

Ce travail se trouve indiqué dans le Moniteur universel, année 1807, p. 724, et imprimé en entier p. 757 et suiv. Il se trouve aussi dans la Notice sur les Nuraghes dont il sera parlé ci-après.

XI. *Réponse aux objections faites à l'auteur contre les principes développés dans les mémoires précédents sur les monuments des origines historiques de l'Argolide;* lue à la séance du 30 octobre 1807.

XII. *Mémoire sur le fruit du* Ceratonia siliqua *(le Caroubier), considéré dans ses rapports avec la fève funéraire des anciens et la palmette employée comme ornement dans l'architecture;* lu le 12 février 1808.

Ces quatre derniers mémoires (IX, X, XI, XII) se trouvent analysés et favorablement appréciés, dans le rapport sur les travaux de la classe d'histoire et de littérature ancienne, qui fut fait par M. Ginguené à la séance publique du 1ᵉʳ juillet 1808, p. 14 et suiv.

XIII. *Remarques sur les murs cyclopéens de villes et de tombeaux découverts auprès de Smyrne, dans l'Asie Mineure, par M. Gropius, artiste westphalien, et communiquées par une lettre de M. Fauvel à M. Barbié du Bocage;* lues le 4 octobre 1808.

XIV. *Mémoire sur les constructions antiques des murs de Tarragone et de Barcelone;* lu le 12 mai 1809.

Il est rendu compte de ces deux mémoires dans le rapport des travaux de la même classe, fait dans la séance publique du 7 juillet 1809, p. 24 et suiv.

XV. *Sur les rapports comparés des homonymies géographiques de l'Espagne, de l'Aquitaine et de la Gaule narbonnaise.*

XVI. *Sur les homonymies géographiques et réciproques de l'Ibérie et de la Tyrrhénie; lu le 15 décembre 1809.*

XVII. *Sur l'époque des émigrations pélasgiques en Espagne; lu le 26 janvier 1810.*

XVIII. *Sur les homonymies celtiques considérées en Espagne, dans les Gaules, etc.*

Les cinq mémoires précédents, qui concernent l'établissement des Pélasges en Espagne et les monuments qu'ils y fondèrent, et qui s'y découvrent encore de notre temps, ont été analysés avec détail et justement appréciés par M. Ginguené, dans son rapport sur les travaux de la classe, à la séance publique du 5 juillet 1810, p. 54 et suiv.

XIX. *Nouveaux renseignements donnés par l'auteur sur sa théorie, et réfutation des objections de M. Sickler insérées dans le Magasin encyclopédique de Millin, du mois de février 1810.*

Article imprimé dans le Moniteur universel, numéro du 2 juin 1810.

XX. *Recherches sur l'origine des anciennes armoiries de la ville de Paris.*

Dans ce mémoire, fait à la demande du préfet de la Seine et lu à la séance du 13 avril 1810, l'auteur démontre que le nom des *Parisii* et le symbole de la nef qui faisait la partie principale de leurs armoiries, dérivent du culte d'Isis, qui existait parmi ces peuples en des temps fort reculés. Voir le compte qu'en rend M. Ginguené dans le rapport mentionné ci-dessus.

XXI. *Examen de la véracité de Denys d'Halicarnasse, de l'authenticité des sources de son récit concernant l'établissement des colonies pélasgiques en Italie, et les causes physiques qui leur firent déserter cette contrée.*

La lecture de ce travail fut commencée le 28 décembre 1810. L'auteur y établit la véracité de l'antiquaire romain au moyen de trois preuves : la première, tirée du grand nombre d'histoires, aujourd'hui perdues, que Denys d'Halicarnasse a dû consulter pour composer son premier livre; la deuxième, tirée du témoignage des géographes, de l'opinion suivie par les auteurs latins, des monuments et des coutumes cités par les auteurs grecs; la troisième, tirée de la nature volcanique de la côte désertée par les colonies pélasgiques, et du concours de faits où l'on voit cadrer ensemble l'ancienne période des éruptions qui la dévastèrent, et l'époque historique de cette désertion.

Cet ouvrage, où le savant académicien a fait entrer, si l'on peut parler ainsi, plus de pensées que de paroles, et qui, dans un petit volume, contient beaucoup de choses, a été l'objet d'une analyse fort détaillée dans le rapport sur les travaux de la classe, fait à la séance publique de l'Institut, du 5 juillet 1811, pag. 54 et suiv. Il fait partie des Mémoires de l'Académie des inscriptions, nouvelle série, tom. V, pag. 143 et suiv., 1821. Il se trouve aussi à la fin de l'Examen analytique, dont il sera parlé ci-après.

XXII. *Recherches sur la nature et la topographie comparée des* monuments que Varron a cités en témoignage de la réalité des colonies pélasgiques, qui fondèrent des villes sur le territoire de Rieti.

Mémoire lu le 21 juin 1811, et qui vient à l'appui de l'examen précédent. Il en est rendu compte dans le rapport du 5 juillet 1811, que nous venons de mentionner.

XXIII. *Lettre de M. Louis Petit-Radel à M. le rédacteur du Moniteur universel, sur quelques auteurs cités par des savants étrangers contraires à la haute antiquité des monuments cyclopéens; suivie d'un rapport de la classe des beaux-arts de l'Institut impérial de France, sur le sens que ces savants ont donné au chapitre VIII du livre II de Vitruve.*

Cette lettre se lit dans le Moniteur, numéro du 19 avril 1812; elle a aussi été imprimée séparément en une brochure in-8°.

XXIV. *Mémoire sur un bas-relief de la villa Borghèse, représentant le rameau de l'Eiresione;* lu le 12 juin 1812.

XXV. *Sur les origines des plus anciennes villes d'Espagne.*

Mémoire lu le 26 juin 1812, imprimé dans les Mémoires de l'Académie des inscriptions et belles-lettres, en 1822; tom. VI, pag. 324 et suiv.

XXVI. *Tableau comparé des homonymies géographiques qui sont communes à la côte pélasgique de l'Italie et à la Celtibérie, l'Aquitaine, la Bétique, la Galatie et l'Ibérie d'Asie; conséquences historiques qui en dérivent.*

Ce travail fut lu à la même séance que le mémoire précédent, et il se trouve imprimé dans le Moniteur universel de 1812, pag. 738.

XXVII. *Note sur les vingt premières sections du premier livre des Antiquités romaines de Denys d'Halicarnasse.*

Il est rendu compte de ces quatre articles (XXIV, XXV, XXVI, XXVII), dans le rapport sur les travaux de la classe, fait à la séance publique du 3 juillet 1812.

XXVIII. *Recherches sur le nom, l'origine asiatique, et les progrès des anciens Russes vers le nord de l'Europe.*

Ces recherches consistent en six mémoires dont les titres suivent :

1er Mémoire. — *Analogie des noms des Rhoxolains ou des Roxolans, des Sauromates, des Rhos du moyen âge et des Russes actuels;* lu le 2 octobre 1812.

2e Mémoire. — *Parallèles entre les Russes et les Slaves du vie siècle;* lu le 30 octobre 1812.

3e Mémoire. — *Parallèles géographiques de l'identité de la région occupée successivement par les Rhoxolains, les Rhos du moyen âge, et par les Russes;* lu après le précédent.

4e Mémoire. — *Rapport des origines russes avec la Scythie et l'Asie supérieure;* lu le 12 février 1813.

5e Mémoire. — *Progrès vers l'Europe des anciens Russes considérés comme Roxolans et comme Sarmates;* lu le 19 février 1813.

6e Mémoire. — *Progrès vers les régions germaniques des anciens Russes, considérés comme Roxolans;* lu le 9 avril 1813.

Les recherches développées dans ces six mémoires se trouvent analysées par M. le chevalier Ginguené dans son rapport sur les travaux de la classe, fait à la séance publique du vendredi 2 juillet 1813. On en lit aussi un compte-rendu dans le Moniteur universel, pag. 856 et suiv. de l'an 1813.

XXIX. *Réponse à quelques articles du mémoire de M. Daunou, relatif à l'origine des Russes;* lue le 3 septembre 1813.

XXX. *Examen de la chronique de Nestor, considérée dans ses rapports avec les opinions de quelques savants sur la contrée originaire des Slaves et des Russes.*

L'auteur commença la lecture de cet écrit à la séance du 5 mai 1815, et l'acheva dans les séances suivantes. C'est une suite des mémoires précédents sur les origines de la nation russe. Il en est rendu compte pag. 67 et suiv. de l'Exposé des travaux de la classe d'histoire et de littérature ancienne par M. Daunou, l'un de ses membres, à la séance publique du 7 juillet 1815.

XXXI. *Mémoire sur une colonie indienne qui vint s'établir dans la partie occidentale de l'Asie, vers l'an 230 avant l'ère chrétienne;* lu le 25 août 1815.

XXXII. *Défense de l'autorité de Denys d'Halicarnasse dans la question de réduire à la huitième génération avant la prise de Troie, l'époque de la colonie d'Œnotrus que cet historien assigne à la dix-septième.*

Mémoire lu le 31 octobre 1817; imprimé en 1821, dans les Mémoires de l'Académie des inscriptions, tome V, pag. 222 et suiv. : il se trouve aussi joint à l'Examen analytique.

XXXIII. *Observations relatives à la véracité présumable de Fourmont considéré comme voyageur;* mémoire lu le 28 août 1818.

XXXIV. *Recherches sur les bibliothèques anciennes et modernes, jusqu'à la fondation de la bibliothèque Mazarine, et*

sur les causes qui ont favorisé l'accroissement du nombre
des livres, surtout en France. 1 vol. in-8°; Paris, 1819.

Ce grand et bel ouvrage, dont les matériaux, épars en
mille endroits différents, ont été réunis avec autant de
clarté que d'érudition par le savant bibliothécaire, a été
justement apprécié par les hommes de lettres, dont deux
membres distingués de l'Institut, M. Daunou et M. de Féletz
se sont rendus comme les organes.

M. Daunou, dans le Journal des Savants de mars 1819,
donne une analyse fort détaillée de cet ouvrage, de laquelle
il nous suffira d'extraire ce peu de mots : « Un autre bonheur
« pour elle, dit-il, en parlant de la bibliothèque Mazarine,
« est d'être aujourd'hui administrée par un savant et labo-
« rieux académicien, qui, dans l'ouvrage dont nous achevons
« l'analyse, vient d'ajouter de nouvelles preuves à celles qu'il
« avait déjà données de son ardent amour pour les lettres,
« de sa judicieuse sagacité et de ses vastes connaissances. »
(Page 173 du journal cité.)

M. de Féletz consacra aussi un long article, inséré dans
le Journal des Débats, à faire un juste éloge de l'ouvrage de
son confrère; nous en transcrirons ici quelques lignes :
« Parmi les ouvrages qui........... je n'en ai point lu qui ren-
« fermât plus de détails curieux et intéressants sur toutes
« les parties importantes de la science bibliographique, que
« celui qui est l'objet de cet article. L'auteur, M. Petit-Radel,
« remontant à l'origine des temps historiques, à ces archives
« où étaient déposées les généalogies des familles royales, les
« successions des sacerdoces, les titres des propriétés pu-
« bliques, aux antiques bibliothèques étrusques, grecques,
« pergame, arienne, alexandrine, descend d'âge en âge jus-
« qu'au XVIIᵉ siècle; il nous introduit dans tous les établisse-

« ments littéraires et scientifiques, nous fait connaître les
« principales richesses dont ils étaient composés, suit ces ri-
« chesses dans leur dispersion, les voit pour ainsi dire dis-
« paraître et s'anéantir dans les siècles de barbarie, puis re-
« naître peu à peu, et éclairer les ténèbres du moyen âge, et
« enfin se multiplier à l'infini par la merveilleuse découverte
« de l'imprimerie, qui, toutefois, arrivée trop tard et après
« trop de causes de destruction, n'a pu prévenir une foule
« de pertes à jamais déplorables. » (Mélanges de philosophie,
d'histoire et de littérature, tom. VI, pag. 259.)

XXXV. *Notice historique sur la bibliothèque Mazarine;* in-8°,
avec deux plans et quatre portraits. Paris, 1819.

Ce petit ouvrage, qui se trouve joint au précédent, et
qui a été aussi imprimé séparément, a pour but de prouver
que la fondation mazarine a été la première collection simultanée de quarante mille volumes imprimés qui ait été
publiquement ouverte en France, et qui a complété le grand
système de l'instruction commune et concouru à produire
le siècle de Louis XIV. Il est divisé en deux sections sous ces
deux titres : Première section. *Établissement en France des
bibliothèques publiques. Discussion sur l'époque de la fondation
de la première. Récit des vicissitudes qu'elle éprouva dès son
origine. —* Seconde section. *État de la bibliothèque Mazarine
depuis l'époque de sa translation jusqu'à nos jours.*

XXXVI. *Discours prononcé à l'occasion de la translation des
cendres de Nicolas Boileau-Despréaux à l'église de Saint-
Germain-des-Prés, le 15 juillet 1819.*

L'auteur prononça ce discours en qualité de vice-président
de l'Académie des inscriptions et belles-lettres. On le lit
dans le numéro du 16 juillet 1819 du Moniteur universel.

XXXVII. *Notice sur les listes manuscrites de licence de la Faculté de théologie de Paris, depuis l'an 1376 jusques et y compris l'an 1604.*

Le docteur de Sorbonne, toujours attaché par ses souvenirs à la savante maison où il avait pris son premier titre littéraire, recueillait tout ce qui avait rapport à son histoire; il se regardait comme un des fils derniers survivants de cette société vénérable, dont il a retracé les origines dans les articles de Robert de Sorbonne et de Guillaume de Saint-Amour, qui se trouvent dans le tome XIX de l'Histoire littéraire de la France.

Cette notice, accompagnée de la liste des licenciés, fut lue à l'Académie des inscriptions et belles-lettres, le 12 novembre 1819.

Pendant les années 1820, etc., jusqu'à 1826, l'auteur lut aux diverses séances de l'Académie dont il était membre douze mémoires, qui ont formé les deux ouvrages suivants.

XXXVIII. *Notice sur les nuraghes de la Sardaigne, considérés dans leurs rapports avec les résultats des recherches sur les monuments cyclopéens ou pélasgiques;* in-8°, avec deux planches. Paris, 1826.

Cette notice est précédée d'une lettre dédicatoire adressée à M. Gossellin, de l'Institut de France, ami de l'auteur et partisan de sa théorie pélasgique. Il avait présidé, en 1807, la séance publique et générale de l'Institut, dans laquelle M. Petit-Radel lut les premiers résultats de ses recherches sur les monuments cyclopéens de l'Italie. L'auteur y rend compte à son ami de ses travaux successifs depuis cette séance jusqu'au moment où il écrit, pour le développement de sa théorie. Cet ouvrage est accompagné de notes et de citations nombreuses.

c

« Les nuraghes ou noraghes de la Sardaigne, dit le savant
« antiquaire, sont des monuments ayant environ quinze à
« seize mètres de hauteur, dans leur état d'intégrité, sur un
« diamètre de vingt-neuf mètres, mesurés de dehors en
« dehors, à la base du terre-plein sur lequel les plus con-
« sidérables sont fondés. Le sommet de ceux qui ne sont
« point ruinés se termine en cône surbaissé; et, dans ceux
« que le temps a tronqués à leur sommet, la courbure exté-
« rieure de la bâtisse existante doit faire supposer qu'ils
« étaient jadis couronnés de la même manière et dans les
« mêmes proportions que ceux qui se trouvent encore dans
« un état de conservation; ce qui n'est pas très-commun. »
(Page 32.)

L'auteur regarde les nuraghes comme des monuments
cyclopéens, qui furent fondés en Sardaigne par une colonie
pélasgique sous la conduite d'Aristée, deux siècles environ
avant la guerre de Troie; et il croit que leur nom dérive
de *Norax*, autre conducteur de colonies pélasgiques, qui,
selon Pausanias (liv. X, chap. xvii), fit des établissements
dans l'île de Sardaigne.

On trouve une analyse détaillée de cet ouvrage dans le
Moniteur universel, numéro du 29 décembre 1826, faite
par M. Landresse.

XXXIX. *Examen analytique et tableau comparatif des synchronismes de l'histoire des temps héroïques de la Grèce;*
in-4°, avec un grand tableau. Paris, Imprimerie royale,
1827.

Ce tableau et l'ouvrage qui lui sert de texte explicatif
sont le résultat des études et des recherches que M. Petit-
Radel a faites sur les Pélasges. Les dynasties des anciens
rois de ce peuple, que l'histoire a ensuite appelé grec, y

sont tracées pendant la durée de huit siècles, avec leurs alliances et leurs filiations, les fondations de leurs villes, de leurs colonies, leurs combats et leurs traités. Rien, dans ce travail, n'est hasardé, systématique, ni arbitraire, mais tout y est fondé sur le témoignage des plus anciens historiens de la Grèce et de l'Italie.

M. Saint-Martin, de l'Institut, consacra dix pages du Journal des Savants (année 1828, p. 338-348) à faire l'analyse et à rendre compte de cet ouvrage. Voici quelques lignes tirées de cet article de critique :

« Un coup d'œil jeté rapidement sur le tableau dont je « viens de m'efforcer de donner une juste idée fera com- « prendre sans peine l'étendue et la difficulté d'une telle « entreprise ; elle ne fait pas moins d'honneur à la persévé- « rance qu'à la science de son auteur. Ce n'est qu'après des « recherches sans nombre, un dépouillement complet des « monuments de l'antiquité, beaucoup de tâtonnements et « des combinaisons souvent multipliées et souvent infruc- « tueuses, qu'il a pu arriver à une rédaction ou plutôt à une « disposition définitive.

Le Journal des Débats du 6 juin 1828, parlant du même travail, s'exprime en ces termes :

« Cet ouvrage est un des plus remarquables que l'érudition « française ait produits dans ces derniers temps. Ceux qui n'y « verraient qu'une discussion savante appliquée à quelques « points obscurs de l'histoire ancienne de la Grèce, n'en au- « raient saisi que le côté le moins important. Il s'agit au « fond, dans cet intéressant travail, de déterminer le degré « de crédibilité des sources où puisèrent les historiens tels « que Denys d'Halicarnasse, les mythologues tels qu'Apol- « lodore. Le tableau des synchronismes, qui forme en réalité « la partie fondamentale de l'ouvrage (et qui, pour le dire

« en passant, est un chef-d'œuvre d'exécution typographi-
« que), offre un moyen commode, sûr, et pour ainsi dire
« géométrique, de vérifier la certitude des dates, des événe-
« ments et la descendance généalogique de la plupart des
« personnages dont il est fait mention dans les souvenirs
« de l'histoire héroïque. Un tel ouvrage n'est pas seulement
« utile aux savants qui s'occupent de recherches de haute
« critique; c'est le manuel indispensable de tous les pro-
« fesseurs qui sont appelés à expliquer à la jeunesse les
« antiques traditions de cette terre classique. »

XL. *Notice de l'Examen analytique.*

Cette notice, faite par l'auteur lui-même, à la date du
14 mai 1828, se trouve dans le Bulletin universel des
sciences et de l'industrie, vii⁰ section, cahiers de mars et
avril 1828. Elle a été imprimée aussi séparément en une
petite brochure. Paris, Didot.

XLI. *Notice sur quelques particularités relatives à l'éducation*
des enfants de France fils de François Ier et fils de Louis XIV.
Mémoire lu le 2 avril 1830.

XLII. *Recherches comparées des témoignages topographiques*
qu'ont laissés sur le territoire du diocèse de Rieti les anciens
peuples aborigènes, Pélasges équicoles; et preuves diverses
de la réalité de leurs établissements qui s'y sont perpétués
aux temps romains, au moyen âge et même de nos jours.

Ce travail, qui avait donné lieu à quatre mémoires, lus
en 1830 et 1831, fut imprimé en 1832 dans le tome IV
des Annales de l'Institut archéologique de Rome, p. 1 et
suiv. L'auteur le fit aussi imprimer séparément en une
petite brochure in-8°, accompagnée de deux planches gra-

vées, dont l'une est la carte de la Sabine, et l'autre un spécimen de constructions antiques.

XLIII. *Mémoire sur la topographie du mont Circé, et Notice du voyage que l'auteur y a fait en 1792.*

Ce mémoire, dont la lecture eut lieu le 12 juillet 1833, fut rédigé à l'occasion du plan du mont Circé que M. le marquis de Fortia d'Urban avait fait graver d'après les dessins de l'ingénieur Grongnet, et dont il donna un exemplaire à M. Petit-Radel, qui, en présentant ce plan à l'Académie, l'accompagna de la lecture de ce mémoire explicatif.

XLIV. *Sur quelques monuments de théorie pélasgique; deux lettres adressées à M. le duc de Luynes, associé libre de l'Institut de France;* insérées dans le tome VI des Annales de l'Institut archéologique de Rome, pag. 350 et suiv. Imprimées aussi séparément avec deux plans gravés relatifs à la ville de Segni. Paris, 1835.

M. le chevalier de Bunsen, secrétaire général de l'Institut archéologique de Rome, avait renouvelé quelques difficultés et quelques objections contre l'antiquité pélasgique de certains monuments; M. le duc de Luynes étant secrétaire de la section française de cet institut, M. Petit-Radel lui adressa ses réflexions. Voici quelques lignes de la lettre que le noble académicien écrivit en réponse à l'auteur :

« C'est avec bien de l'intérêt, monsieur, que j'ai lu votre
« dernière réfutation du système que l'on a voulu opposer à
« vos longues et savantes études sur les monuments pélasgi-
« ques. J'y ai trouvé, comme j'en étais certain, cette modé-
« ration de langage, compagne nécessaire d'une certitude
« profonde. Je ne doute pas que ce dernier écrit, malgré sa

« brièveté, ne résume, aux yeux des savants, tous les faits
« importants consignés dans vos travaux. »

XLV. *Inscriptions pour des édifices ou monuments publics ou
particuliers.*

L'auteur avait donné dès l'an 1804, comme on l'a vu, des
preuves de son savoir en style lapidaire; il fit depuis lors
beaucoup d'inscriptions auxquelles il ne mettait pas son
nom, mais dont on a retrouvé les premières copies manuscrites dans ses papiers.

XLVI. *Notices biographiques et littéraires,* pour l'Histoire littéraire de la France, au nombre de quatre-vingt-seize,
dans les tomes XVI, XVII, XVIII et XIX de ce recueil,
publiés de l'an 1824 à l'an 1836.

XLVII. *Recherches sur les monuments cyclopéens ou pélasgiques, avec la description des modèles en relief composant
la galerie pélasgique de la bibliothèque Mazarine; in-8°.*

Tel est le titre qui termine la liste chronologique des
œuvres de M. Petit-Radel; nous présentons ce dernier ouvrage au public, au nom de l'auteur, comme étant le complément de tous ses écrits, tant imprimés qu'inédits, sur
la théorie des monuments pélasgiques.

PREMIÈRE PARTIE.

RECHERCHES

SUR LES

MONUMENTS CYCLOPÉENS.

PREMIÈRE PARTIE.

DÉCOUVERTE.

EXPOSITION DE LA DÉCOUVERTE DES MONUMENTS CYCLOPÉENS OU
PÉLASGIQUES, ET RÉSUMÉ DES DÉBATS LITTÉRAIRES AUXQUELS
CETTE DÉCOUVERTE A DONNÉ LIEU.

Le nom de *Pélasgie*, Πελασγία, fut donné, dans une
époque très-reculée, non-seulement à toute la contrée de
l'Asie Mineure, particulièrement à la partie qui avoisine
les côtes, au Péloponnèse et à la Grèce entière, mais
encore à cette partie de l'Italie désignée plus tard sous
le nom de *Grande Grèce*; on l'étendit même à presque
toutes les îles qui couvrent la Méditerranée depuis les
côtes de l'Italie jusqu'à celles de l'Asie : c'est dire assez
que l'antique nation des Pélasges fournit à toutes ces contrées leurs premiers, ou du moins leurs plus anciens
habitants connus. Cependant, ce nom primitif ne les
suivit point partout où ils allèrent, puisqu'on les trouve
désignés aussi sous les noms d'Arcadiens, Pélargoniens,

1

Cyclopes, Géants, Lapithes, Perrhébéens, Tyrrhéniens, Œnotriens, etc., et enfin Hellènes et Grecs.

Selon l'opinion générale des historiens de l'antiquité, ce fut *Pelasgus*, Πελασγὸς, qui donna son nom à ces peuples. Ce chef étranger était arrivé en Arcadie, dont les habitants vivaient plutôt à la manière des animaux que comme des hommes. Il leur enseigna un genre de vie plus convenable. C'est lui, dit Pausanias[1], qui, s'étant rendu maître de l'autorité, apprit à ces hommes grossiers, d'abord à se construire des cabanes pour s'abriter contre le froid, les pluies et la chaleur, ensuite à se faire des tuniques avec des peaux d'animaux : Πελασγὸς δὲ βασιλεύσας, τοῦτο μὲν ποιήσασθαι καλύβας ἐπενόησεν, ὡς μὴ ῥιγοῦν τε καὶ ὕεσθαι τοὺς ἀνθρώπους, μηδὲ ὑπὸ τοῦ καύματος ταλαιπωρεῖν·..... Enfin, comme ils se nourrissaient de feuillages verts, d'herbes et de racines, aliments que leur ignorance à les choisir rendait souvent dangereux, il leur persuada de se nourrir de glands, particulièrement de ceux de hêtre ou faînes (d'où leur vient le surnom de βαλανηφάγοι, *mangeurs de glands*). Ce fut lui, en outre, qui le premier construisit des temples en l'honneur des dieux et introduisit leur culte non-seulement chez les Arcadiens, mais encore chez tous les peuples des environs, et ceux-ci, à leur exemple, l'établirent bientôt parmi eux.

Les traditions les plus anciennes, et à leur défaut la raison seule, nous disent que les peuples dispersés sur la terre ont d'abord mené la vie nomade jusqu'aux temps plus ou moins reculés où, se multipliant et se rapprochant,

[1] Liv. VIII, chap. I.

ils furent forcés de s'entourer de clôtures murées et fortifiées, pour se mettre à l'abri des autres peuplades qui
ne vivaient que de rapines. Telle est l'origine des premières sociétés, et celle des mots πόλις et *civitas* (réunion de citoyens, cité, ville). La fondation des premières villes marque donc le passage de la vie nomade
et pastorale à la vie civile et politique. Or, l'histoire de
l'antiquité grecque et latine nous montre jusqu'à présent
quatre cents villes environ qui sont reconnues comme
ayant été murées en blocs de pierre de construction
dite *cyclopéenne*, et qui indiquent les chefs-lieux d'autant
de colonies pélasgiques. Chacune de ces colonies, parties
successivement sous les auspices des oracles, allait chercher au loin des terres à cultiver et des lieux propres
à recevoir des villes, emportant avec elles le feu sacré
qu'elles devaient entretenir, et qui ne pouvait être ral-
lumé qu'au foyer métropolitain, à l'ιερόν (*hiéron*, lieu
sacré, temple) de la colonie mère où il avait été pris.

On voit dans la Bible qu'au temps où Moïse s'approchait avec le peuple hébreu des côtes orientales de la
Méditerranée, c'est-à-dire de la Phénicie ou du pays de
Chanaan, il y avait dans ce pays un peuple nombreux
et puissant qui inspira un grand effroi aux Hébreux.
« C'était, est-il dit, une contrée peuplée d'habitants très-
« forts, couverte de grandes villes fermées de murailles.
« On y avait vu des hommes qui étaient comme des
« monstres, les fils d'Énac, de la race des géants, auprès
« desquels les Hébreux ne paraissaient que comme des
« sauterelles[1]. » Hébron, Saron, Macéda, Dor, etc. étaient

---

[1] Bible, *Nombres*, chap. XIII, v. 20, 33 et 34.

des villes habitées par ce peuple puissant. C'est peu de temps avant ou après qu'apparurent en Europe les illustres étrangers fondateurs de Sicyone, Argos, Mycènes, Dodone, Delphes, et d'un grand nombre d'autres villes dont les murs, bâtis en blocs irréguliers de pierre de roche, sont encore existants de nos jours. Ces villes sont certainement ce que l'histoire peut citer de plus ancien en Europe; elles remontent au temps où la race d'Énac, après avoir couvert la terre de Chanaan de grandes bourgades fortifiées, envoya des colonies dans les contrées occidentales. Les solides constructions des villes primitives du pays de Chanaan, assises encore sur leurs bases, effrayaient quiconque voulait les attaquer, même au temps du roi David. Nous voyons, en effet, ce monarque poëte exprimer jusqu'à deux fois, dans ses Cantiques, le peu d'espérance qu'il avait de s'en rendre maître sans un secours particulier de Dieu : « Qui me « conduira, disait-il, au milieu de la contrée dont les « villes sont défendues par de forts remparts? Qui m'ai- « dera à pénétrer jusque dans l'Idumée ? » *Quis deducet me in civitatem munitam? Quis deducet me usque in Idumæam* [1]? Grotius et Vossius pensaient que ces Énacim furent la tige primitive de laquelle provenaient les Inachides des Grecs; mais ils n'ont pas même soupçonné que leur opinion pût être appuyée et fortifiée par le témoignage de nombreux monuments survivant à cette haute antiquité, et qui sont les mêmes dans les deux pays. Selon le P. Pezron, Moïse était contemporain d'Inachus, et ce dernier partit de Phénicie avec sa colonie

---

[1] Bible, *psaume* LIX, v. 10 et 11; CVII, v. 10 et 11.

un peu avant l'entrée des Hébreux dans la terre de
Chanaan. Quant à l'identité des Phéniciens et des Cha-
nanéens, les suffrages réunis de Pausanias, Hornius,
Bochart, Grotius, Vossius, Gurtlerus, Michaëlis et de
Vence, laissent sur cela fort peu de doutes.

On ne trouve pas, il est vrai, littéralement écrit dans
la Bible que la race d'Énac, qui fonda les villes nombreuses de la Phénicie ou du pays de Chanaan, villes
murées et fortifiées par des hommes d'une force extraordinaire, ait remonté vers l'Asie Mineure. Mais, d'abord,
comme d'un côté la mer et, de l'autre, des déserts ne
laissaient que deux voies praticables à une nation popu-
leuse, de laquelle se détachaient continuellement des
masses de colons, et qui fut forcée de quitter en grande
partie son séjour primitif aux approches du peuple conduit par Moïse, il est de toute probabilité que les peuplades chananéennes prirent leur route les unes vers le
sud et les autres vers le nord.

Les premières passèrent en Afrique où, selon l'opinion de saint Augustin, saint Jérome, Procope, Hornius, etc. elles fondèrent la plupart des villes de la côte
septentrionale jusqu'aux colonnes d'Hercule. Eusèbe
dit [1] que les Chananéens, qui avaient fui à l'approche
des fils d'Israël, allèrent s'établir à Tripolis comme étant
une contrée de la portion échue à Cham.

Les colonies, au contraire, qui se dirigèrent vers le
nord, allèrent peupler l'Asie Mineure et la Grèce. Ce
qui confirme cette conjecture, c'est que ces peuplades,
dans leur marche, imposèrent souvent leurs noms pa-

---

[1] *Démonstr. évang.* liv. II, chap. XXVI à XXXIII.

tronymiques aux lieux où elles s'arrêtaient, et même à
ceux où elles ne faisaient que passer. Le nom de *Casius*,
que portait une montagne sur les confins de l'Arabie et
du pays de Chanaan, et sur laquelle était un antique
temple de Jupiter, se trouve donné à un autre mont
à l'extrémité septentrionale de la Phénicie. Saron, nom
d'une ville de Chanaan, fut la première appellation
de la ville de Trœzène dans le Péloponnèse; le golfe
d'Argos en fut primitivement appelé Saronique. La colonie qui vint fonder Argos avait probablement fait sa
première station sur le mont Argæus de Cappadoce; le
nom d'Inachus, premier roi d'Argos, fut aussi le nom
du premier roi de Sinope en Paphlagonie, soit que, dans
sa marche, ce chef ait laissé là une colonie qui l'aura
compté comme son premier roi, soit qu'un autre chef
inachide fût venu s'y établir. L'antique ville de Dor,
sur la côte phénicienne, envoya sans doute la colonie
qui fonda la Doride en Asie Mineure, et ensuite la
Doride de Macédoine.

Homère et, après lui, tous les historiens déclarent
l'oracle de Dodone d'origine pélasgique :

$$\text{Ζεῦ ἄνα, Δωδωναῖε, Πελασγικὲ, τηλόθι ναίων,}$$
$$\text{Δωδώνης μεδέων δυσχειμέρου}\ldots\ldots\ldots$$

O Jupiter, roi dodonéen, pélasgique, qui habites au loin, qui
règnes à Dodone exposée au souffle de l'aquilon [1].

Ce sont les Phéniciens qui fondèrent Dodone chez
les Thesprotes, en Épire, selon Hérodote [2]. D'où cet

[1] *Iliade*, liv. XVI, v. 233.
[2] *Hist.* liv. II, § 54 à 58.

oracle pouvait-il avoir tiré son nom ? Ne serait-ce pas de Dodonium, un des petits-fils de Japhet par Javan ; ou bien de Dédanès, un des petits-fils de Cham par Chus ; ou de Dédanès, petit-fils d'Abraham et de Céthura ? C'est l'opinion du savant Mǐchaëlis, que les enfants de Dodenim vinrent du pays de Chanaan s'établir sur les montagnes et au milieu des forêts de l'Épire, et y fondèrent l'hiéron de Dodone. Cette colombe, qui rendait les oracles à Dodone, ne serait-elle pas un souvenir de la colombe de bon augure qui, étant sortie de l'arche, y revint portant un rameau vert en son bec ? Les chênes sacrés de Dodone ne seraient-ils pas aussi un souvenir de ce chêne sous lequel les trois anges, selon la version des Septante, Πρὸς τῇ δρυὶ τῇ Μαμϐρῇ [1], apparurent à Abraham et lui prédirent l'avenir, lorsqu'il était à Mambré, sur la porte de sa demeure ? souvenir qui, de Chanaan passant en Grèce, se serait perpétué, quoique sans signification, jusque chez les druides des Gaules. C'est ce que pensait du moins le savant Gurtlerus.

Au reste, notre raisonnement, fondé sur la ressemblance des noms, si frappante d'elle-même, se trouve confirmé par ce passage de Varron : *Europæ loca multæ incolunt nationes, ea fere nominata aut translatitio nomine aut ab hominibus.* « Les contrées de l'Europe sont habitées « par un grand nombre de nations, et ces contrées ont « été appelées d'un nom qui leur est venu d'un autre « lieu, ou du nom des hommes qui les fondaient [2]. »

Les anciens géographes disent expressément que les

---

[1] Bible, *Genèse*, chap. xviii, note du v. 1.
[2] *Lang. lat.* liv. IV.

Ioniens, les Cariens, les Éoliens, les Thessaliens, les Macédoniens, les Thraces, les Épirotes, ainsi que les habitants du mont Athos, du mont Olympe, du Parnasse, etc. furent des colonies pélasgiques qui, comme tout semble l'attester, venaient des côtes orientales de la Méditerranée.

Tels nous paraissent être l'origine la mieux fondée et les progrès de la civilisation pélasgique dans l'Asie Mineure et dans la Grèce. Or, cette civilisation passa successivement en Italie, d'abord par les colonies d'OEnotrus et de Nyctimus, qui y portèrent les arts pélasgiques et y élevèrent les premiers monuments de construction cyclopéenne vers le xviiie siècle avant l'ère vulgaire; ensuite par celle de Nanas, fils de Teutamidès, qui vint s'établir dans l'Italie centrale, où il jeta les fondements d'un grand nombre de villes; et de Dardanus, fils de Corytus et d'Électra, qui bâtit Cora dont les murs se voient encore non loin de ceux d'Ardea. Enfin une autre colonie, conduite par Zacynthus, alla fonder Zacynthe dans l'île de ce nom, et Sagonte en Espagne.

Le fait du passage de la civilisation pélasgique en Asie Mineure est littéralement établi et détaillé dans Denys d'Halicarnasse, Pausanias, Virgile, etc. dont l'autorité lui donne toute la certitude historique désirable; quant aux époques approximatives de l'établissement des colonies dont nous venons de parler, ainsi que des généalogies de leurs conducteurs, nous les avons fixées, dans notre Tableau comparatif des généalogies royales et des synchronismes, d'après des témoignages irrécusables et les divers faits dont se compose l'histoire des temps héroïques de la Grèce.

La mythologie grecque, qui, suivant l'expression ingénieuse de Bailly, n'est que l'écorce d'un fruit dont l'histoire est le noyau, ne suffirait-elle pas seule pour constater que la culture du blé et la fondation des villes murées furent les bases simultanées de la civilisation européenne? N'est-ce pas à raison de ces antiques souvenirs que les premiers Grecs caractérisaient Cérès par l'épithète de Θεσμοφόρος, *Thesmophore*, c'est-à-dire *Législatrice*. De son côté, ce surnom ne nous fournit-il pas la preuve la plus claire, la plus facile à saisir, que l'établissement des lois remonte au temps même de la culture du blé, et de la formation des peuplades jadis errantes en sociétés particulières, lesquelles eurent des demeures fixes, permanentes, et ne tardèrent pas à se protéger par des murs.

En effet, la vie nomade et les habitudes qui l'accompagnaient ont toujours dû s'opposer non-seulement au développement des lois, mais encore à la culture des terres. Une fois que les peuplades eurent découvert et apprécié les nombreux avantages que pouvaient leur procurer les céréales, elles durent se fixer, défricher le sol, le labourer, l'ensemencer et attendre le temps des récoltes. Or, tous ces travaux n'ont pu s'exécuter sans quelques années de séjour, qui tendaient à faire prendre aux habitants les habitudes de la vie sédentaire. Comme, après une première récolte, on ne peut pas supposer que les peuplades aient abandonné les terres défrichées et se soient exposées à perdre ainsi le fruit de leurs premiers travaux, il est évident que le champ qui les avait nourries une première fois dut les retenir par l'espérance d'y recueillir à l'avenir de nouveaux fruits, et les décider à y élever leurs habitations.

De là naquirent donc, au milieu de ces peuplades jadis nomades, les principes du droit privé et du droit commun; ceux de la propriété individuelle et de la propriété publique; le partage des terres qui ne pouvaient plus appartenir à des possesseurs passagers; l'établissement de demeures stables; de là, enfin, la construction des enceintes murées qui garantissaient les sociétés établies.

Ces pensées, fruit de nombreuses recherches que nous venons de développer sur la fixation des premières peuplades pélasgiques, se trouvent résumées par le burin de feu Thomas Piroli, artiste romain, dans la gravure qui fait le frontispice de cet ouvrage. Il y avait plus de trente ans que le célèbre statuaire Chaudet nous en avait composé le dessin, lorsque nous nous sommes décidé à en faire usage.

Cette gravure représente les deux nuances principales et très-distinctes des constructions que nous avons observées pendant notre séjour en Italie; constructions que nous avons signalées comme historiquement pélasgiques, dans les restes des villes (aujourd'hui bien reconnues) fondées par le grand peuple dont nous croyons avoir les premiers ressuscité, après un oubli de tant de siècles, les œuvres monumentales.

La plus ancienne construction, celle qu'on voit au bas du frontispice, est celle que les poëtes grecs ont

appelée *cyclopéenne*, parce qu'on en attribuait l'origine
au peuple arcadien de ce nom; c'est ce qu'explique la
légende inférieure du tableau destiné à représenter l'irrégularité constante de toutes les nuances de ce genre
de construction multiforme. Cette légende, tirée d'un
vers d'Euripide, consiste en ces mots : Κυκλώπων ϐάθρα [1],
signifiant que la partie inférieure a été bâtie par les Cyclopes, comme si le poëte à qui nous l'empruntons
avait voulu montrer qu'il avait déjà remarqué le fait
constant de l'épitéichisme des constructions helléniques
au-dessus des constructions cyclopéennes. Les Cyclopes
primitifs d'Arcadie paraissent aussi, selon les traditions
recueillies par Aristote, avoir habité originairement la
Thrace.

La partie supérieure du frontispice, qui représente la
construction à la *règle droite*, est caractérisée par cette
autre légende qui nous est également fournie par Euripide : Ὀρθοῖσι κανόσι [2] « à la *règle droite*. » Sur le cadre de
ce tableau, à la fois historique et allégorique, s'appuient,
d'un côté, un de ces Pélasges primitifs, antiques habitants
des montagnes phéniciennes, dont parle Pausanias ; et,
de l'autre, un Phénicien habitant des plaines, dont le
nom est d'une date postérieure à celle du premier. On
a fait tenir au Cyclope la *règle flexible* de plomb des
Lesbiens, τῆς Λεσϐίας οἰκοδομῆς ὁ μολίϐδινος κανών, à l'aide
de laquelle, suivant Aristote [3], les Pélasges de Lesbos tra-
çaient l'épure irrégulièrement polygone de toutes leurs

---

[1] *Le Cyclope*, v. 352.
[2] *Les Troyennes*, v. 6.
[3] *Traité des mœurs*, liv. V, chap. xiv.

constructions en gros blocs de pierre dure qu'ils assemblaient sans ciment. Le Pélasge primitif est caractérisé, comme l'était le Jupiter Πατρῷος, *Paternel*, suivant Pausanias [1], par un troisième œil placé au milieu du front; ce qui indique à quelle haute antiquité remonte la coutume du tatouage, usitée chez les peuples qui n'ont pas encore complétement passé de la vie nomade à la stabilité de la civilisation.

Le costume du Phénicien ou Pélasge des temps postérieurs, représenté de l'autre côté du cadre, se compose de la toge et de la tunique à manches. La toge, qui est l'habit spécialement significatif de la civilisation était devenue commune aux citoyens des villes pélasgiques, suivant les traditions anciennes que Tertullien nous a conservées dans son traité *De pallio;* car, au temps du premier chef pélasge, *Inachus* (dont le nom, qui vient ici à l'appui de cette assertion, se lit au sommet de notre tableau des généalogies et des synchronismes), les Arcadiens, comme nous l'avons dit précédemment, d'après Pausanias, n'étaient vêtus que de peaux d'animaux et ne se nourrissaient encore que du gland doux (*quercus bellota*), ou du fruit de l'espèce de hêtre nommé par les botanistes modernes *fagus castanea*. Ces deux arbres, qui fournirent une nourriture toute préparée aux premiers habitants des montagnes, se reproduisent toujours spontanément aux mêmes lieux, et couvrent encore aujourd'hui les flancs des montagnes de l'Arcadie, comme nous l'apprennent les voyageurs modernes. Notre frontispice est, en outre, sur-

[1] Liv. II, chap. XXIV.

monté d'une gerbe de blé dont il n'est pas nécessaire d'expliquer l'allégorie à ceux qui auront saisi les premières vues générales de notre exposition.

Les deux branches de palmier-éventail qui se voient au bas du même frontispice en terminent le langage allégorique; je les y ai placées comme un emblème et comme le souvenir de ce qui a donné occasion à la découverte, dont je vais raconter ici l'histoire, laquelle se rattache aux plus importantes circonstances de ma vie.

Je partis pour Rome au mois d'octobre 1791; on voit assez par cette date que mon retour en France ne devait pas être aussi prochain que je croyais alors pouvoir l'espérer; en effet, il n'eut lieu que neuf ans après. Le cardinal de La Rochefoucault, à qui, avant de quitter Paris, je fis part de mon prochain voyage, m'offrit obligeamment sa recommandation auprès de son ami le cardinal de Bernis, ambassadeur à Rome. A mon arrivée dans cette ville, M. de Bernis parla de moi au souverain Pontife Pie VI, lequel me plaça, avec une attention qui méritera toujours ma reconnaissance, dans une abbaye de chanoines réguliers; j'en devins le sous-bibliothécaire, en même temps que j'étais nommé directeur du jardin de botanique, créé par l'abbé Monsacrati, savant antiquaire lucquois, qui avait rempli plusieurs nonciatures.

Mis à l'abri de tout besoin par le bienfait de cette hospitalité, je partageai mon temps entre les occupations de mes deux faciles emplois, les courses que je faisais pour l'étude de la botanique et celle des monuments de l'architecture des anciens. J'avais dans ma jeunesse étudié la botanique et herborisé avec M. de Jussieu, et j'avais été porté à acquérir quelques connaissances dans l'art des constructions par les soins de mon frère aîné, qui fut de bonne heure architecte. Parvenu alors à l'âge auquel on se rend compte des motifs de la confiance qu'on peut avoir dans les témoignages les plus reculés de l'histoire ancienne, j'avais cru remarquer que la plupart des anciens historiens s'étaient peut-être occupés trop exclusivement des hommes, et pas assez des choses. Leur lecture me laissait toujours le regret de ne pouvoir ouvrir les chroniques originales où ils avaient puisé ; j'aurais préféré à toute autre découverte, les livres, depuis longtemps perdus, dans lesquels Acusilaüs d'Argos transcrivait simplement les généalogies que son père avait trouvées gravées sur des marbres déterrés dans ses possessions. Ces chroniques étaient pleines de faits abrégés, mais positifs, tandis que les histoires ne contiennent souvent que les opinions de l'historien, qui veut sans cesse raisonner et juger dans son propre sens. Aussi ai-je toujours goûté davantage la lecture des antiquaires ; Varron, Denys d'Halicarnasse, Pausanias, m'ont fait préférer ce que leur science a de critique positive à tout ce que l'histoire contemporaine a de vain, quand ses auteurs veulent ne nous occuper que des hommes de leur temps, et ce qu'elle a de romanesque lorsqu'ils nous les représentent à leur gré plus méchants ou meilleurs qu'ils ne l'ont été. Laissons les hommes qui passent, me disais-je ; cherchons à connaître les grands monuments de pierre ; ils sont impérissables comme les roches sur lesquelles leurs bases reposent, et ne sont pas sujets aux erreurs, soit de l'historien qui a recueilli de faux récits, soit du copiste exposé si souvent à se tromper.

Le champ des études historiques me parut si vaste à Rome, que j'éprouvai d'abord la nécessité de borner les miennes à l'examen des caractères d'antiquité que présentaient ses murs comparés à ceux des villes environnantes, et à imaginer les moyens de retracer leur connexion avec les origines des divers peuples étrangers leurs fondateurs, suivant les récits de l'histoire. Les matériaux grossiers composant ces murs me semblaient devoir révéler des faits imparfaitement indiqués par ces mêmes récits, et les rendre palpables à un siècle révoquant en doute les traditions écrites, pour peu que leur antiquité dépasse l'âge des Olympiades. Je pensai qu'on pourrait obtenir l'assentiment général, si l'on parvenait à les fixer et à les faire concourir à un même but par quelques formules empruntées à la lithologie même des monuments. L'idée en était pour le moins singulière. Or, c'est au sommet du mont Circé que je devais me trouver frappé de la première idée raisonnée du genre de recherches dont je m'occupe depuis plus de quarante ans.

Pendant que je laissais aller mon imagination à ces rêveries historiques, j'avais été admis dans la société intime de l'abbé Monsacrati où se trouvaient réunis des savants de toutes les classes, entre autres le duc Francesco Caetani, le chevalier d'Agincourt, ancien ami de ma famille, connu par son Histoire de la décadence de l'art. A cette société venaient se joindre des Romains qui cultivaient les sciences exactes, tels que l'abbé Scarpellini et autres, que le cabinet d'instruments d'astronomie du duc Caetani réunissait journellement, et dont la typographie domestique favorisait les publications littéraires. J'avais jusque-là cultivé la botanique d'après la méthode naturelle; cette méthode était encore absolument inconnue à Rome; je me trouvais muni du seul exemplaire du *Genera Plantarum*, de mon respectable ami M. de Jussieu, qu'on pût consulter dans cette ville. Je proposai, un jour, au cardinal de Bernis et au duc Caetani de planter leurs jardins selon la méthode naturelle, ce qui fut accepté, et nous nous mîmes en devoir de rechercher des plantes pour chaque classe.

Il nous fallait au moins un palmier pour en marquer la classe, et c'était le *chamærops humilis* que nous voulions de préférence, comme plus facile à se procurer. On n'en connaissait pas un seul à Rome. Le duc Caetani nous ayant appris qu'il croissait en grand nombre dans les rochers de son ancienne terre du *monte Circello,* nous résolûmes d'y faire aussitôt un pèlerinage; pour mieux déterminer mes compagnons à exécuter ce projet, je leur fis valoir la célébrité homérique du mont Circé. « Qui « sait, nous dit alors le duc Caetani, si vous n'y trouverez « pas encore la demeure de la déesse, bâtie en pierres « bien taillées jusqu'au poli, suivant Homère? Corradini « a bien assuré, dans son *Latium,* qu'il n'en restait plus « aucun vestige; mais j'ai ouï dire à des chasseurs qu'il « existait des murs qui paraissaient bien plus anciens que « ceux des Romains sur le plateau du pic culminant de

« la montagne; il en est même fait mention dans les
« titres de possession de mes ancêtres. »

Nous partîmes, don Pedro Marquez, architecte mexi-
cain, Pedro Perez, architecte pensionnaire du roi d'Espagne à Rome, et moi, pour aller faire une herborisation dans le charmant séjour de l'ancienne île de Circé;
alors, quittant la voie Appia à Cisterna, baronnie du duc
Caetani, nous nous dirigeâmes vers le lac maritime
de Fogliano, digne encore de la réputation qu'il avait
au temps de Licinius Murena. Le duc, qui en était pos-
sesseur, nous y fit recevoir dans le *casino* que son père
avait fait bâtir et décorer à fresque de toutes les vues
des villes pélasgiques dont il était seigneur, à l'occasion
d'une partie de chasse et de pêche que le roi de Naples
lui avait demandée. De là, nous suivîmes les bords de
la mer en côtoyant les *tumuletti*, et nous arrivâmes au
port des anciens Circéens, converti avec le temps en une
piscine anciennement possédée par Sergius Orata. On ne
trouve sur le mont Circé qu'un bourg appelé San-Fe-
·lice, dont la population est à peine de huit cents âmes.
Ce bourg appartenait autrefois aux Caetani. Les armoiries de ces neveux de Boniface VIII s'y trouvent encore
sculptées sur l'arcade de la porte principale; on les voit
aussi sur l'enceinte du tombeau de Cecilia Metella, près
de Rome, et sur les bandes ondées qui en blasonnent
l'écusson; ces armoiries sont là pour perpétuer le souvenir de la domination de cette ancienne famille sur tout
le rivage d'Antium et de Gaeta que les Caetani ont possédé, et dont ils tirent leur origine et leur nom.

En indiquant, par la dénomination de *tumuletti*, les

collines de sable que la mer amoncelle sur toute cette
côte, la langue italienne a retenu la même propriété
d'expression qui n'avait pas permis à Virgile ni à Tite-
Live de caractériser le mont Albanus, formé de cendres
et de scories mobiles, par le même mot qu'ils em-
ployaient pour désigner des monts formés de roches
primitives. J'ai acquis quelque confiance en cette remarque depuis que l'abbé Delille l'a adoptée dans ses
notes sur Virgile. Ces *tumuletti* admettent et retiennent
les eaux de la mer dans les grands bassins qu'elles s'y
creusent, et où elles se mêlent à celles de l'Amazénus
et de l'Ufens. Sur les berges élevées de ces *tumuletti*, le
botaniste trouve diverses plantes originaires de l'Afrique. J'éprouve quelque regret à passer sous silence les
résultats de notre herborisation; mais il y a trop longtemps que je ne suis plus botaniste, et d'ailleurs mon
sujet actuel est l'histoire d'une découverte plus intéressante, quoiqu'elle ait été d'abord regardée comme imaginaire.

Après avoir, depuis le rivage, péniblement gravi la
côte pendant trois heures et demie, nous parvînmes au
point culminant du promontoire, élevé, suivant M. de
Prony, de cinq cent vingt-sept mètres au-dessus du niveau de la mer. Arrivés là, notre attention fut d'abord
fixée par le superbe aspect qui s'offre à la vue; ensuite,
regardant à nos pieds, nous rencontrâmes subitement
l'espèce de palmier qui faisait l'objet de notre voyage, au
pied d'un reste de construction antique. Le *chamærops*,
qui croît en abondance sur ce mont, est employé, par
les ménagères circéennes, à former ces balais aplatis

qu'Horace [1] avait en vue dans cette expression : *lutu-lenta radere palma*, « nettoyer avec un balai de palmier « rempli de boue. » Elles en font aussi usage pour allumer le feu de leurs fourneaux, comme ventilateurs, et ils sont parfaitement semblables à ceux que tiennent les prêtresses qu'on voit représentées sur des vases grecs.

Mais mon attention avait été vivement attirée par la vue du vieux mur au pied duquel nous avions trouvé notre palmier; je crus y reconnaître l'autel même de la déesse dont la montagne portait le nom, et, dès ce mo-mènt, je conçus le sujet du problème historique qui depuis n'a pas cessé de m'occuper. Je fis part de mon idée à mes compagnons de voyage. L'architecte mexi-cain, après avoir cru apercevoir dans le monument de l'*ara Circes* la même construction que celle des monu-ments de l'histoire perdue de son pays, convint aisément avec moi que cet autel avait été, à la vérité, restauré par les Romains, mais fondé à une époque beaucoup plus reculée; et une inscription par nous observée ensuite, sur d'anciens blocs voisins de la *via Appia*, nous apprit que cette restauration avait été faite sous le règne des Antonins; il voulut aussitôt lier ce monument antique avec ceux du Mexique : mais, en homme savant et judi-cieux, il fut obligé d'avouer que les antiquités mexicaines ne pouvaient s'interpréter par aucune page d'histoire écrite bien constatée, tandis qu'il en était tout autre-ment de l'autel qui s'offrait à nos yeux. Je ferai remar-quer, en passant, que c'est encore le même argument d'impossibilité qui se reproduit dans les circonstances

[1] Liv. II, sat. IV, v. 83.

actuelles, où les recherches de M. d'Orbigny semblent
ramener à la même question.

Mes deux compagnons de voyage finirent par se
réunir à mon opinion, et par considérer la chose sous
le point de vue de l'histoire des Pélasges, les premiers,
ou du moins les plus anciens habitants historiquement
connus de cette contrée. Nous cherchâmes à vérifier
nos conjectures, et nous en reconnûmes de plus en
plus la justesse en visitant sur le même mont l'enceinte
sacrée de *Circé la cyclopéenne*, Κίρκη περὶ τῆς Κυκλώπων
γῆς, comme dit Plutarque[1], représentée par le modèle
n° 1 de la collection pélasgique; les diverses constructions
du bourg San-Felice, puis les constructions de la ville
de Fondi, et de beaucoup d'autres villes par nous reconnues pour pélasgiques dans les excursions fréquentes
que nous fîmes ensemble, sous le point de vue archéologique, et particulièrement à Ferentino et à Alatri.

Non contents de cette première visite au sommet du
mont Circé, nous y retournâmes plusieurs fois, n'y ren-
contrant jamais que quelques bouviers venus des marais Pontins sur le mont pour y chasser les chevreuils
comme on le faisait anciennement, ainsi que le dit Polybe. Ces animaux y sont attirés par la manne dont sont
chargées les feuilles des arbres de la forêt située au pied
de la montagne; cette manne se forme principalement
sur le feuillage du *fraxinus ornus*, où elle se perle, et
où on la recueille; mais bien peu de ces chasseurs gra-
virent le sommet du pic, et j'en donnerai pour preuve
le squelette d'un sanglier par nous trouvé au fond d'une

---

[1] En son traité : *Que les bêtes ont l'usage de la raison*. Œuv. Mor.

citerne, et qui n'y aurait sans doute pas été abandonné
si le sentier du plateau eût été plus fréquenté. Il ne
reste sur ce plateau que l'aire et quelques débris d'un
temple, et, auprès, une citerne dans laquelle les eaux
qui découlaient du toit, étaient conduites par un petit
aqueduc en briques, dont il subsiste encore deux arcades
retrouvées en 1812 par M. de Prony. Presque tous les
blocs de la *cella* ont été précipités du haut du mont vers
le rivage pour être embarqués et employés aux travaux
des marais Pontins. Mais le grand mur de revêtement de
la roche, composé de constructions cyclopéennes et de
toutes les restaurations des divers âges, est demeuré
debout pour perpétuer, aux yeux de l'observateur, les
preuves comparées de leurs époques et même de leurs
dates successives. La principale façade de ce mur a quarante-cinq mètres de longueur sur douze de hauteur;
elle est composée de trois retraits comme les soubassements des temples d'Alatrium, d'Alba Fucensis, de
Segnium, et d'autres dont les trois étages sont de construction pélasgique, surmontés d'un temple romain en
pierres carrées. Nous remarquâmes dans les restaurations faites de siècle en siècle au grand mur de l'*ara Circes*,
toutes les sortes de maçonneries décrites par Vitruve,
toujours insérées postérieurement ou ajoutées au mur
primitif. Cette construction en blocs irréguliers nous rap-
pela celle de l'autel de Junon de Faleri, reconnue comme
œuvre pélasgique; Ovide[1] la caractérise par ces mots :

Ara per antiquas facta sine arte manus,

Autel fait sans art par des mains antiques,

[1] *Les Amours,* liv. III, élég. XIII, v. 10.

et Pausanias[1], par ces deux mots : ἀργῶν λιθῶν, « en
« pierres sèches et non taillées. »

Avant de faire connaître à Rome l'idée que j'avais
conçue, je voulus la communiquer au chevalier d'A-
gincourt, et recevoir sur cela ses conseils. Il ne par-
tagea nullement mon idée : « Comment, me disait-il,
« aurait-on tardé jusqu'à vous à révéler le secret de l'o-
« rigine pélasgique d'une construction que tout le monde
« a reconnue pour romaine, c'est-à-dire pour celle que
« Vitruve a décrite sous la dénomination d'*incertum*?
« Comment le comte de Caylus ne l'aurait-il pas fait
« considérer comme pélasgique, ainsi que la construc-
« tion des murs d'Argos, de Mycènes, et de tant d'autres
« villes qu'il a observées dans son voyage du Levant,
« quand, au contraire, en parlant des aborigènes de l'I-
« talie et des Pélasges de la Grèce, ce savant voyageur
« exprimait en ces termes les motifs de son incertitude :
« *On sait que les Pélasges ont existé; on trouve des ouvrages*
« *qu'ils doivent avoir construits : mais comment en distinguer*
« *les dates générale et particulière? Comment oser étendre*
« *et proposer des conjectures quand on ne peut s'appuyer sur*
« *aucune différence?* Comment Fréret et l'abbé Barthé-
« lemi auraient-ils fait remonter à l'Égypte l'art de cons-
« truire en blocs de pierres? à l'Égypte, où l'on n'a
« jamais découvert les murs d'une seule acropole sem-
« blable à celles dont la Grèce et les environs de Rome
« sont couverts? Comment enfin l'abbé Barthélemi, qui
« a observé attentivement Palestrina pour en étudier la
« célèbre mosaïque, n'aurait-il pas été frappé des rap-

[1] Liv. III, chap. XXII.

« ports de la construction de ses remparts avec celle
« des villes primitives de la Grèce, dont Cyriaque d'An-
« cône fournissait des moyens de comparaison dans ses
« dessins ? »

Quoique j'eusse bien le sentiment et, pour ainsi dire,
la conscience de ma découverte, je n'étais pas cependant
préparé à répondre aux objections, ni en état d'ouvrir
une discussion sur ce sujet, et encore moins de la soutenir. Je pris le parti de me taire ; je priai même le chevalier d'Agincourt de n'en parler à personne, surtout au
célèbre Visconti que je rencontrais souvent chez notre
savant ami l'abbé Monsacrati, et enfin d'oublier une
idée paraissant plus bizarre que réelle. Néanmoins, je
poursuivis secrètement mes recherches, et recueillis
sur les lieux mêmes, pendant neuf ans, toutes les notes
susceptibles d'étendre l'idée de la théorie tenue soigneusement renfermée en moi seul, jusqu'à l'an 1800,
époque de mon retour en France.

Dans ce temps précisément, l'académicien Dupuis venait de lire à l'Institut de France deux mémoires, dont
le premier avait pour objet de prouver qu'on devait à
l'antique nation pélasge la civilisation de presque toutes
les contrées de l'ancien monde, et particulièrement de
la Grèce, de l'Italie et de l'Espagne ; mais il manquait
à Dupuis les moyens de faire reconnaître à des signes
matériels, certains, et tels que les désirait le comte de
Caylus, quels étaient les monuments contemporains
des rois pélasges ; ces signes que le comte de Caylus
recherchait avec raison, mais qu'il n'avait point saisis
en parcourant la campagne de Rome, étaient précisé-

ment ceux que j'avais découverts. Ce docte archéologue
n'avait pas conçu la moindre idée des conséquences
fournies par la nature même des constructions cyclopéennes, quoiqu'il eût visité les plus anciennes villes
ruinées de la Grèce, et qu'il y eût nécessairement acquis
l'habitude de leurs divers styles, dont les modèles en
relief sont exposés aujourd'hui dans la collection pélasgique de la bibliothèque Mazarine.

Les études grecques semblaient prendre de la force;
l'académicien Larcher travaillait à publier la seconde
édition de sa traduction d'Hérodote, quand un autre académicien, le baron Guilhem de Sainte-Croix, vint apprendre à ses deux confrères (Dupuis et Larcher), qu'un
botaniste voyageur était nouvellement arrivé de la Sabine et du pays originairement grec des Herniques, et
qu'après avoir employé les neuf années de son séjour
en Italie à comparer les murs de toutes les villes de ces
régions bien historiquement pélasgiques, il les avait
trouvés d'une construction géométriquement différente
de celle de tous les murs étrusques, romains et goths
élevés successivement les uns sur les autres. Cet observateur, ajoutait-il, avait toujours remarqué que ce genre
de murailles se trouvait servir de substruction dans
tous les remparts où la succession des temps avait su-
perposé différents styles d'architecture, et il se croyait
autorisé à conclure de là que ces murailles ne pouvaient
être, en Grèce principalement, que la construction
poétiquement nommée *cyclopéenne* par Euripide et par
les traditions mythologiques de Pausanias, mais que
l'on appellera *pélasgique*, pour parler le langage de l'his-

toire, cela étant confirmé par toutes les indications de l'ancienne topographie la plus exactement vérifiée, de nos jours même, en Italie, en Grèce, dans les îles de l'Archipel et en Asie.

L'effet produit à Paris, dans le monde savant, par cette importante nouvelle, fut assez singulier. Ennius-Quirinus Visconti, qui venait d'être acquis à la France, avoua d'abord franchement, ainsi qu'il convenait à un homme doué comme lui d'un génie supérieur, qu'après avoir mûrement examiné les faits, le mémoire lu sur cette question récemment soumise au jugement de l'Institut de France *lui avait* (ce sont ses propres expressions) *fait tomber les écailles des yeux*. Il ajouta que, durant tout le temps de son séjour à Rome, il allait, chaque année, passer l'automne dans la ville pélasgique d'Alatri, mais qu'il avait, avec tous les antiquaires d'Italie, considéré les remparts de cette ville comme ayant été bâtis par les Romains, sans avoir jamais réfléchi sur les questions que pourrait susciter le nouveau langage résultant de la lithologie raisonnée des constructions diverses et des époques historiques révélées par cette même lithologie aux scrutateurs de l'histoire primitive de la région.

Dupuis, satisfait de trouver dans ma découverte la confirmation palpable du fonds de vérité dont il avait profité pour fortifier le premier de ses deux mémoires à l'Institut, voyait, d'un autre côté, un fait qui détruisait la théorie purement hypothétique du second; car alors il ne fallait plus aller au fond de l'Éthiopie chercher le berceau immédiat d'une civilisation dont les vieux murs des villes de notre Europe montrent les communications intermédiaires, et qui, venue de l'ancienne terre de Chanaan a traversé l'Asie Mineure et la Grèce, jusqu'à la Sabine, comme le prouvent les connexités historiques et topographiques établies sur le témoignage continuel des listes généalogiques des premiers rois fondateurs.

C'était aux académies réunies qu'il appartenait de proposer une question aussi intéressante et si neuve; c'est ce qui eut lieu en 1804, quand la classe des beaux-arts, après une réunion générale, fit imprimer, publier et répandre dans toute l'Europe savante un examen détaillé de la question. Il nous a paru essentiel de faire précéder l'explication des monuments pélasgiques par un extrait de cet examen dont la publication fut un des motifs qui nous déterminèrent à en former la collection.

ÉCLAIRCISSEMENTS *demandés par la classe des beaux-arts de l'Institut national de France, sur les constructions de plusieurs monuments militaires de l'antiquité.* (Paris, 1804, in-4°.)

« Une théorie qui, comparant les antiques monu-
« ments militaires de l'Italie avec ceux de la Grèce, offri-
« rait pour résultats de nouvelles lumières sur la filiation
« des peuples et sur l'histoire des arts, est soumise de-
« puis trois ans à l'examen de l'Institut national.

« Cette théorie, considérée sous le point de vue relatif
« aux travaux dont la classe doit essentiellement s'oc-

« cuper, tire ses principes fondamentaux des caractères
« d'une espèce de construction formée de blocs énormes
« de figure polygone irrégulière et sans ciment, que les
« anciens ont nommée construction cyclopéenne.

« M. Louis Petit-Radel, auteur de cette théorie, en
« jeta les premières idées dans un mémoire qu'il lut à la
« classe de littérature et des beaux-arts, le 18 avril 1801.

« La classe de littérature et des beaux-arts nomma,
« pour examiner ce travail, une commission formée de
« MM. David-Leroi, Dupuis et Ameilhon.

« Le rapport des commissaires, adopté par la classe,
« porte en substance que, si les observations des voya-
« geurs qui visiteront, dans la suite, les lieux que l'au-
« teur a parcourus; que si les discussions des savants
« qui pourront examiner en critiques sévères son travail,
« s'accordent avec tout ce qu'il avance dans ce mémoire,
« il aura eu la gloire d'établir le premier un point d'his-
« toire de la plus haute importance, et dont, jusqu'à
« présent aucun savant ne s'était occupé.

« La classe de littérature et des beaux-arts a publié
« l'analyse de ce rapport dans la notice de ses travaux
« qu'elle a fait distribuer à la séance publique du 6 oc-
« tobre 1801.

« M. Petit-Radel, en suivant ce travail, s'est attaché
« principalement à développer les idées qu'il avait con-
« çues sur l'antiquité reculée de plusieurs monuments
« militaires de l'Italie et de la Grèce, que tout le monde
« avait sous les yeux, et dont personne n'avait jusqu'ici
« caractérisé les différences ni les rapports. On vit
« alors avec quelque surprise, dans les principes d'une

« théorie comparée et appuyée du témoignage de cent
« trente-trois monuments, de murs de villes, le résultat
« de dix années d'observations et de voyages entrepris
« de l'aveu du gouvernement français, qui avait accordé
« à l'auteur, pour ce sujet, des passe-ports littéraires.

« M. Fauvel, artiste français qu'un séjour de quinze
« années en Grèce a mis à portée de faire de nom-
« breuses observations sur les antiquités de cette con-
« trée, a confirmé, à son retour, l'existence de onze mo-
« numents de la Grèce, que l'auteur alléguait en preuve,
« et qu'il avait avec sagacité devinés en quelque sorte,
« en comparant les descriptions des classiques grecs aux
« dessins qui se trouvent dans l'ouvrage de Cyriaque
« d'Ancône, et avec ceux du même auteur, encore iné-
« dits, que M. Dufourny, membre de la classe, lui a
« communiqués.

« Muni de ces nouvelles preuves, M. Petit-Radel lut
« à la même classe un mémoire intitulé : Recherches
« sur les monuments que le peuple pélasge a laissés dans
« l'Italie, la Sicile et la Grèce, et sur les rapports nou-
« veaux que la critique de ces monuments doit établir
« dans l'histoire des siècles héroïques, et dans celle des
« beaux-arts.

« Une nouvelle commission, composée de MM. Da-
« vid-Leroi, Mongez et Ameilhon, fut nommée pour
« examiner ce mémoire. Il résulte du rapport fait par
« ces commissaires, le 1ᵉʳ octobre 1802, que le témoi-
« gnage de M. Petit-Radel acquiert un nouveau degré
« de force par celui des divers auteurs et voyageurs
« existants. . . . . . . ; que les fortifications de beaucoup

« de villes grecques, dessinées dans le pays par M. Fau-
« vel (actuellement correspondant de l'Institut national
« et vice-commissaire des relations commerciales à
« Athènes), ont offert la même espèce de construction,
« la même grandeur dans les blocs, la même disposi-
« tion militaire que celles des villes d'Italie. Le rapport
« se termine ainsi :

« Vos commissaires jugent que M. Petit-Radel a éten-
« du et fortifié les preuves qu'il n'avait qu'ébauchées et
« seulement indiquées dans le mémoire précédent. Si
« les développements qui lui restent encore à nous don-
« ner pour mettre le complément à son travail achèvent
« d'entraîner les suffrages des savants, et leur font adop-
« ter sa théorie comme une vérité démontrée, *il lui sera*
« *permis de se flatter d'avoir fait en histoire une découverte*
« *véritablement digne d'occuper une place dans le tableau des*
« *progrès des sciences humaines.*

« L'analyse de ce rapport fut publiée dans la notice
« des travaux de la classe pendant le dernier trimestre
« de l'an 1802. Animé par ces encouragements, M. Petit-
« Radel a depuis continué sans relâche ses travaux et ses
« correspondances littéraires avec les savants de l'Italie;
« M. le duc de Sermonetta, don Francesco Caetani,
« prince de Caserta, à qui Rome doit l'établissement
« d'un observatoire et d'une académie des sciences phy-
« siques, s'est réuni avec M. d'Agincourt, savant fran-
« çais, établi à Rome depuis trente ans, pour seconder
« l'auteur dans ses recherches les plus actives. Ils lui
« ont même adressé à ce sujet des actes de notoriété
« publique, où plusieurs monuments de construction

« cyclopéenne se trouvent décrits et mesurés par des
« experts.

« Des modèles en relief pouvant contribuer à rendre
« les démonstrations plus sensibles, M. Petit-Radel s'est
« appliqué à faire exécuter de cette manière, et d'après
« des dessins très-exacts, la série des monuments sur les-
« quels il appuie les points fondamentaux de sa théorie.
« Après avoir déposé ces modèles à l'Institut national,
« il s'est présenté de nouveau, le 4 novembre 1803, à
« la classe d'histoire et des langues anciennes, et, le 3
« décembre 1803, à celle des beaux-arts, pour discuter
« dans un travail très-étendu les divers points de sa
« théorie en présence, pour ainsi dire, des monuments.

« Une telle suite de travaux employés à rechercher et
« à comparer les rapports que des objets aussi grands,
« aussi nombreux, peuvent avoir avec les siècles incon-
« nus de l'histoire, ont autorisé l'auteur à espérer d'avoir
« prouvé :

« 1° Que sur les sommets de la partie de l'Apennin
« située entre le Tibre et le Liris, dans la même contrée
« où Denys d'Halicarnasse rapporte que les premières
« colonies grecques fortifièrent beaucoup de citadelles,
« il en existe encore dont la construction doit remonter
« à ces époques reculées.

« 2° Que le caractère particulier de construction qui
« les distingue des monuments militaires étrusques ou
« doriens, ayant été reconnu aussi dans les antiques for-
« teresses encore existantes de la Grèce, et les mêmes
« qui ont été désignées par les auteurs sous le nom de
« construction cyclopéenne, l'origine grecque de cette

« espèce de construction se trouve confirmée en Italie
« par le parallèle des monuments grecs.

« 3° Que cette construction cyclopéenne n'étant point
« originaire de l'Égypte, où elle ne se trouve pas, la
« comparaison des monuments de la Grèce où elle se
« trouve doit faire conjecturer qu'ils sont d'une époque
« antérieure à l'arrivée des colonies égyptiennes sur le
« sol grec.

« 4° Que les Grecs primitifs paraissent avoir em-
« prunté des Égyptiens le système de construction par
« assises horizontales et régulières, mais que la construc-
« tion cyclopéenne par blocs polygones irréguliers est
« la seule que l'on puisse considérer comme proprement
« et originairement grecque.

« 5° Que, tous les caractères de cette même construc-
« tion ayant été observés dans les ruines de plusieurs an-
« tiques monuments militaires situés hors de la Grèce
« et de l'Italie, on peut, en suivant leurs traces, fonder
« de nouvelles conjectures sur les rapports que les
« Grecs primitifs durent avoir avec ces contrées.

« 6° Que ces monuments attribués sans fondement
« aux Étrusques, aux Latins, aux Romains, même aux
« Goths et aux Sarrasins, étant comparés avec les mo-
« numents dont l'époque est bien déterminée par l'his-
« toire, peuvent jeter de grandes lumières sur tous ceux
« de même nature dont l'origine et la date sont encore
« incertaines.

« La classe des beaux-arts de l'Institut national, ré-
« férant à la classe d'histoire et de littérature ancienne
« le soin de prononcer sur les conséquences historiques

« auxquelles cette théorie peut donner lieu, et ne l'en-
« visageant que sous les rapports qui peuvent intéresser
« l'histoire de l'art, croit ne devoir discuter que les
« points pour ainsi dire matériels des constructions qui
« constituent la preuve du fait.

« Il ne s'agit plus de décider si ces constructions en
« grands blocs de figure polygone irrégulière sont diffé-
« rentes de celle que Vitruve décrit sous le nom d'*in-*
« *certum,* et si elles sont absolument les mêmes que
« dans les forteresses les plus anciennes de l'Italie et de
« la Grèce.

« La classe des beaux-arts a reconnu que l'auteur
« est le premier qui ait mis hors de doute ces deux
« points importants pour l'histoire de l'art, et qui ait
« démontré que ces deux espèces de construction sont
« d'une nature essentiellement différente.

« Mais il s'agit de savoir si, dans la contrée qu'il a
« observée, ces monuments remontent réèllement aux
« époques reculées qu'il leur assigne, ou si l'usage de
« cette manière de bâtir ne se serait pas perpétué par
« imitation jusqu'aux siècles mêmes des monuments ro-
« mains ; enfin si, supposant contemporains l'usage et le
« mélange de deux constructions très-diverses, cette pos-
« sibilité ne jetterait pas quelques doutes sur les con-
« séquences historiques que l'auteur fait dériver des
« caractères différentiels des deux espèces de construc-
« tion auxquelles il rallie les monuments militaires de
« l'antiquité.

« La classe des beaux-arts de l'Institut national, dé-
« sirant procéder avec la maturité qu'il convient d'ap-

« porter dans l'examen d'une question de cette impor-
« tance, et seconder autant qu'il est en elle le vœu que
« le premier consul a dernièrement manifesté pour les
« progrès des travaux de l'histoire, après avoir nommé
« une nouvelle commission, composée de MM. Visconti,
« Heurtier, Dufourny, a arrêté, dans sa séance du 13 jan-
« vier 1804, la rédaction des trois questions suivantes,
« qu'elle adresse aux savants, aux artistes, et générale-
« ment à tous ceux qui aiment l'étude de l'antiquité.

PREMIÈRE QUESTION.

« *Dans quelles villes ou lieux de l'Italie trouve-t-on des en-*
« *ceintes antiques, construites en pierres parallélipipèdes régu-*
« *lières, disposées par assises horizontales et sans ciment?*

DEUXIÈME QUESTION.

« *Dans quelles villes ou dans quels lieux trouve-t-on des*
« *enceintes formées de grands blocs ou quartiers de pierres*
« *de figure polygone irrégulière, sans ciment, ce que les an-*
« *ciens auteurs appelaient des enceintes cyclopéennes?*

TROISIÈME QUESTION.

« *Lorsque, dans une construction quelconque, ces deux*
« *genres de construction se trouvent réunis, quel ordre ob-*
« *serve-t-on dans leur disposition respective ; c'est-à-dire :*
« *quelle est celle qui sert de fondement à l'autre, ou qui, dans*
« *tout autre mélange occasionné par des restaurations, porte*
« *le caractère d'une plus grande ancienneté?*

« Ces trois questions sont suivies de quelques déve-

3

« loppements des points principaux à considérer, de la
« note des principaux monuments à examiner, et enfin,
« les savants, artistes et voyageurs sont invités à adres-
« ser leurs observations à l'Institut national de France,
« par la voie des légations. »

Durant la même année 1804, et sous le même point
de vue, l'académie des Lincei de Rome faisait distribuer
dans toute l'Italie une feuille ayant pour titre : *Invito
agli amatori delle belle arti e delle antichità* (Invitation
aux amateurs des beaux-arts et des antiquités), dont
voici la traduction :

« Un antiquaire ultramontain (c'est un habitant de
« Rome qui parle) ayant observé en diverses villes
« d'Italie plusieurs murs anciens, qui jusqu'à présent
« sont qualifiés, d'après Vitruve, d'*opera incerta*, c'est-à-
« dire composés de petites pierres unies entre elles avec
« de la chaux (c'est ce que montrait la construction
« que le chevalier d'Agincourt avait gravée de sa propre
« main en tête de la feuille); le même ultramontain
« ayant encore observé d'autres murs antiques cons-
« truits en blocs de figure carrée ou parallélogramme,
« que l'on considère ici comme des constructions latines
« ou romaines; enfin cet antiquaire en ayant observé
« d'autres composés de gros blocs taillés en poly-
« gones irréguliers, il est vrai, mais tellement ciselés
« et bien travaillés, qu'ils se combinent et s'unissent
« entre eux sans avoir exigé l'emploi d'aucun ciment,
« comme on le voit dans la gravure; ayant, de plus, ob-
« servé que les villes ainsi bâties sont considérées par
« les historiens comme étant d'une fondation très-an-

« cienne, attendu qu'on n'en trouve aucune dont l'ori-
« gine soit assignée ni au temps de la république, ni au
« temps des empereurs, on peut croire que leurs murs
« datent des temps antérieurs à l'établissement des Latins
« en Italie, et présumer qu'ils auront été construits par
« les Pélasges qui ont occupé ces régions dès les temps
« les plus anciens. Quiconque fera quelque observation
« relative à cette invitation est prié d'en adresser les do-
« cuments authentiques à M. l'abbé Scarpellini, secré-
« taire de l'académie des Linceï à Rome. »

L'objet de cette invitation fut parfaitement rempli
par les soins de nos amis. Le duc Caetani prit la peine
d'imprimer la feuille, de ses propres mains, à sa typographie domestique; le chevalier d'Agincourt voulut
graver aussi de sa main les spécimens de constructions
à peine connues : les évêques, les curés et les architectes de tout le pays des Èques, des Herniques, des
Volsques et des Sabins, recueillirent et légalisèrent les
pièces officielles propres à constater les résultats des
recherches faites et publiquement provoquées par eux.

Ce fut alors, par suite de l'intérêt toujours croissant
pour des matières d'une aussi haute critique, qu'après
être devenu membre de l'Institut de France je lus, à la
séance publique du 3 juillet 1807, un discours, reproduit par le Moniteur, dans lequel je fis connaître l'état
des recherches entreprises sur les monuments cyclopéens de l'Italie et de la Grèce; on put dès ce moment
se faire une juste idée de l'importance des études commencées à ce sujet.

Enfin, la recherche des monuments cyclopéens de la

3.

Sabine de Varron fixa tellement l'attention de l'Académie des inscriptions et belles-lettres, que, sur le rapport de trois commissaires, MM. Visconti, Quatremère
de Quincy et Mongez, la compagnie vota les fonds nécessaires pour envoyer, de Rome sur les lieux, l'architecte
Simelli, de Rieti, avec mission de rechercher les monuments de la Sabine, d'en lever les plans, d'en dessiner
géométriquement les constructions et même les vues
perspectives. Les découvertes de cet architecte, et les
dessins par lui envoyés à l'Académie, ont fourni les
moyens de faire exécuter les premiers monuments figurés de notre collection, les plans topographiques des
monuments les plus propres à constater l'existence des
villes pélasgiques, citées par Varron comme étant déjà,
pour la plupart, ruinées de son temps, et situées entre
Rieti et les fleuves de l'Anio, du Tibre, et même jusqu'au Liris, mais non au delà, comme il le dit lui-même.
Les colonies pélasgiques n'avaient pas dépassé le Liris à
l'occident; au nord, elles s'étaient arrêtées à la ligne trans-
versale des villes de construction cyclopéenne d'Ameria,
de Spoleto et de Cortona, ce qui s'est encore tout récemment vérifié avec la plus grande exactitude par le
témoignage d'autres savants français, anglais et allemands, lesquels ont ainsi augmenté la certitude des faits
topographiques, et en ont étendu les conséquences.

C'est donc en l'année 1807 que fut commencée l'exécution en relief des monuments pélasgiques; les circonstances étaient alors favorables, c'était même une
nécessité.

Tous les voyageurs distingués se trouvant alors à

Rome prirent tellement part à la controverse de cette grande question, qu'au même temps où la commission de l'Académie des inscriptions examinait la Sabine, et que cinquante-deux de ses monuments étaient déjà dessinés et envoyés à Paris par l'architecte romain Simelli, les monuments du pays des Herniques l'étaient simultanément par M. Middleton, venu pour cet objet des États-Unis d'Amérique; par M. Dodwell, architecte anglais, et par Mme Dionigi, artiste paysagiste romaine, laquelle, comme elle en convint depuis, induisit en erreur, par l'infidélité de ses premiers dessins pittoresques, le burin de l'habile graveur Gmellin.

· Or, il résulta de ce concours divers ouvrages publiés (format atlantique), qui furent présentés à l'Académie des inscriptions et belles-lettres, mais dont la publication excita longtemps la critique et l'opposition la plus animée d'une section de la philologie germanique, dont le Journal encyclopédique de Millin se rendit l'organe, on dirait presque le complice, pendant plusieurs années. Ces querelles auraient dû cesser absolument quand l'artiste romaine eut positivement avoué, dans les livraisons de son *Latium*, que le dessin imaginaire reproduit par Millin, et devenu l'objet des discussions, était purement pittoresque et n'avait absolument rien de conforme au monument.

Pendant que ces recherches se poursuivaient sous le contrôle de vérifications multipliées et rigoureuses, dans les environs de Rome, le Moniteur universel, le Magasin encyclopédique et le Nouveau Mercure allemand, étaient les principaux ouvrages périodiques où s'agitaient vive-

ment ces questions polémiques en France et en Allemagne. Le Moniteur surtout accueillait presque seul
avec impartialité tout ce qui lui était adressé pour ou
contre cette théorie. Mais le rédacteur du Nouveau
Mercure allemand, croyant apparemment l'honneur
national compromis parce qu'un Français avait osé publier le premier des idées aussi hardies, les accueillit
d'abord avec ironie, comme une instruction profitable,
disait-il, aux savants architectes et antiquaires de l'Allemagne, tels que les Hirt, Genelli, Gentz, Rode, Stieglitz,
Weinbrenner et autres. Mais M. Hirt fut le plus directement provoqué par M. Bœttiger, lorsqu'à la fin d'un long
article consacré, en 1805, à cette question alors nais-
sante, le savant rédacteur du journal s'exprimait ainsi :

« Un homme instruit, qui réunirait les connaissances
« de l'architecture à celles de l'archéologie, rendrait
« un grand service aux nombreux amateurs de ces deux
« sciences, s'il voulait pousser ces explications plus loin.
« J'ose ici, continuait M. Bœttiger, inviter nommément
« M. Hirt, de Berlin, à communiquer aux lecteurs de ce
« journal son opinion sur cette matière. »

Je ne sais si le savant académicien a répondu plus
tard à cette invitation dans quelque ouvrage périodique,
il ne m'est du moins rien parvenu de relatif à ce sujet,
si ce n'est ce passage de la deuxième édition de l'Histoire de l'architecture, publiée à Berlin en 1821, dans
lequel il s'explique en ces termes [1] : « On trouve en d'au-
« tres parties de la Grèce, et dans l'Italie moderne, des
« restes considérables de murs d'enceinte, entièrement

[1] Tom. I, pag. 195.

« semblables aux murs cyclopéens du territoire d'Argos.
« Selon Dodwell, une partie de l'enceinte d'Orchomène
« est cyclopéenne, tandis qu'une autre partie construite
« postérieurement est garnie de tours; M. Squire a vu
« des murs cyclopéens à Candie, Cérigo, Mélos, au
« mont Sipyle près de Smyrne, et même en Paphla-
« gonie, près de Sinope et d'Amisus (ce qui préparait
« déjà la découverte de M. Texier à Soandos, en 1834).
« Mais si, d'un côté, les traditions mythologiques expli-
« quent l'existence des constructions cyclopéennes dans
« les parties de l'Italie situées en deçà et au delà du Tibre;
« d'un autre côté, ces constructions fournissent une
« preuve nouvelle de l'établissement des peuples pé-
« lasges en Italie, dans les temps les plus reculés. »

Heureusement pour la défense de la question, depuis
mon retour à Paris, j'avais pour correspondant à Rome
Edwards Dodwell, mon ami, qui ne négligeait rien
pour surveiller les démarches de M. Sickler, littérateur
saxon, lequel s'était acquis la confiance de M. Millin,
mon confrère à l'Institut, auteur du Magasin encyclopédique, pour y consigner toutes les observations paraissant contraires à la nouvelle théorie historique.
M. Sickler lui adressait les dessins, en lui recommand-
dant de ne me les faire connaître qu'après leur impression dans son journal; cette publication sert de preuve
continuelle et durable des moyens infidèles mis en
usage pour discréditer ma théorie, et la couvrir même
de ridicule. L'animosité de l'opposition perçait jusque
dans ce que publiait alors la classe la plus savante de
la Germanie; on peut en juger par le passage suivant du

Commentaire sur Vitruve, publié à Leipsick, en 1808,
par M. Gottlieb Schneider, note 1re, sur le chapitre VIII
du livre II. Le savant commentateur voulut enchérir
sur tous les autres. Voici ses propres expressions dont
je crois devoir conserver l'originalité latine : *Postquam*,
dit-il, *hæc scripseram, vidi in eundem errorem quem in
Perralto, Galliano, Rodio reprehendi, contagione quadam
exemplorum alienorum aut versionum inductum Gallum.
Petit-Radel impediïsse et pæne obstruxisse sibi viam quam
affectabat ad perquirendam antiquissimam Pelasgorum his-
toriam, insistens vestigiis structuræ antiquissimæ quam poly-
gonam irregularem appellat, per Græciam dispersis et in
ruinis antiquissimorum oppidorum et monumentorum reli-
quis. Ponam ipsa verba excerpta ex relatione virorum doc-
torum qui de conatibus civis sui antiquarii ad Institutum lit-
terarium parisiense præjudicium suam detulerunt, positum
in Ephemeride Milliana.* Voici la traduction de ce passage : « J'avais écrit ceci, quand je vis qu'entraîné par
« une certaine contagion des exemples ou des versions
« des autres, le Français Petit-Radel était tombé dans
« la même erreur que Perrault, Galiani, Rodius, et
« qu'il s'était presque fermé le chemin qu'il semblait
« vouloir prendre pour découvrir l'histoire très-antique
« des Pélasges, en s'arrêtant aux vestiges d'une très-
« ancienne construction qu'il appelle *polygone irrégulière*,
« vestiges qui sont dispersés par toute la Grèce, et en
« s'attachant aux ruines subsistantes des villes et des
« monuments les plus anciens. Je citerai les paroles
« mêmes du rapport fait à l'Institut par des savants
« chargés d'examiner les recherches de leur compatriote,

« paroles qui se trouvent dans le Magasin encyclopé-
« dique de Millin [1]. »

Nonobstant les aveux de Mme Dionigi, provoqués publiquement par Edwards Dodwell, et appuyés des dessins véridiques exécutés par lui-même à la *camera lucida*,
qui ne peut tromper comme le crayon vague d'un
paysagiste, il fallut encore recourir au jugement de
l'Académie des inscriptions ; voici les décisions par elle
rendues et exprimées en un rapport fait à la séance du
14 août 1811, dans les termes suivants :

« M. Petit-Radel, notre confrère dans la classe d'his-
« toire et de littérature ancienne, a demandé l'opinion
« de la classe des beaux-arts, sur le véritable sens de
« certains passages de Vitruve [2], qu'un savant étranger
« vient d'interpréter et d'employer pour renverser en
« partie les preuves que notre collègue allègue en faveur
« de la haute antiquité des constructions existantes en
« Grèce et en Italie, et qu'il distingue par l'épithète de
« *Cyclopéennes*. La classe, adhérant aux désirs de M. Petit-
« Radel, a nommé dans son sein une commission com-
« posée de trois membres, M. Dufourny, M. Heurtier,
« de la section d'architecture, et M. Visconti, rappor-
« teur, auxquels elle a prié de se joindre M. Quatremère
« de Quincy, membre de la classe d'histoire et de litté-
« rature ancienne. Cette commission s'étant réunie plu-
« sieurs fois, et ayant examiné les passages de Vitruve
« qui font le sujet de la question, m'a chargé de pré-
« senter à la classe le résultat de cet examen.

[1] *Magasin encyclopédique*, huitième année, n° XII, pag. 521, etc.
[2] Liv. II, chap. VIII.

« Persuadé que Vitruve n'a fait mention, en aucun
« endroit de son ouvrage, de ces constructions ancien-
« nes, formées de blocs énormes de figure polygone
« irrégulière, artistement réunis sans ciment, notre con-
« frère Petit-Radel s'étant fondé à y reconnaître cette
« manière de bâtir que Pausanias avait remarquée dans
« les murs de Tirynthe, et qu'on regardait de son temps,
« suivant une ancienne tradition, comme l'ouvrage des
« Cyclopes, M. Petit-Radel, par suite de cette opinion,
« s'est livré, dans ses voyages, à des recherches labo-
« rieuses qu'il a réduites en système ou corps de preuves,
« pour déterminer l'époque où ce genre de construction
« a été usité, l'époque où il a pu cesser d'être employé,
« et pour désigner enfin les Pélasges comme le peuple
« qui a élevé ces monuments.

« M. Sickler, Saxon, docteur en philosophie, voya-
« geur à Rome, bien loin d'adopter les idées de notre
« confrère, pense, au contraire, que ces constructions
« sont en plusieurs endroits l'ouvrage des Romains, et
« qu'en d'autres endroits elles peuvent avoir été élevées
« par différents peuples, à des époques postérieures
« à la fondation de Rome. Si Vitruve, ainsi que
« M. Sickler le pense, a parlé de ce genre de construc-
« tion comme d'une manière de bâtir qui ait été em-
« ployée même de son temps, il est clair que, sous ce
« point de vue, les preuves de notre confrère s'affaibli-
« raient si elles ne s'évanouissaient entièrement. Si, au
« contraire, il est constant que Vitruve n'a fait mention
« nulle part des constructions de ce genre, les induc-
« tions de M. Petit-Radel doivent être prises en consi-

« dération, et ce serait par d'autres autorités et par
« d'autres moyens qu'il faudrait les attaquer pour les
« détruire.

« M. Sickler n'est pas éloigné des antiquaires qui, à
« l'exemple de Ciampini, sont d'avis que Vitruve a dé-
« signé les constructions de ce genre par le nom d'*opus*
« *incertum*, ou *antiquum* (construction de forme incer-
« taine, ou construction antique); mais il trouve encore
« plus probable de reconnaître ces construtions dans
« l'*emplecton* (construction entrelacée) de Vitruve [1].

« Il paraît constant à votre commission que Vitruve
« n'a eu en vue la construction en grands blocs irrégu-
« liers et sans ciment, ni lorsqu'il a parlé de l'*incertum*,
« ni lorsqu'il a parlé de l'*emplecton*. Vitruve, dans le cha-
« pitre VIII du livre II, d'où ces paragraphes sont tirés,
« ne traite d'aucun genre de construction en pierres de
« taille, mais seulement de constructions en briques, *la-*
« *teritiæ*, et de celle qu'il désigne par l'épithète de *cæ-*
« *mentitiæ*, c'est-à-dire de construction formée de pierres
« qui ne sont ni taillées ni équarries, mais simplement
« brisées, et, pour s'exprimer en latin, *non ex lapide secto,*
« *sed ex lapide cæso, unde cæmentum*. Il annonce expres-
« sément cette intention en terminant le chapitre VII,
« lorsqu'il est prêt à entrer en matière : *Nec solam ea*
« *in quadratis lapidibus sunt observanda, sed etiam in cæ-*
« *mentitiis structuris;* et chapitre VIII : *Structurarum genera*
« *sunt hæc, reticulatum, etc...* »

« Dans le même chapitre, où il suit le détail des con-
« structions *cæmentitiæ*, il oppose l'*opus incertum* à l'*opus*

[1] *Magasin encyclopédique*, 1811, tom. II, pag. 301.

« *reticulatum,* c'est-à-dire, la construction dont les pare-
« ments sont composés de petites pierres de figure in-
« déterminée, incertaine, *incertum,* à la construction en
« réseau, *reticulatum,* dont les pierres, qui forment les
« parements et qui ont la figure de petits losanges, pré-
« sentent l'apparence des mailles d'un filet ou réseau,
« et sont placées perpendiculairement sur leur diago-
« nale. Il suppose ces deux espèces de constructions
« garnies· l'une et l'autre de ciment dans les joints, et
« de blocage cimenté dans l'épaisseur du mur, comme
« les monuments le confirment. Il est clair que si la
« construction incertaine et la. construction en réseau,
« dont il subsiste un grand nombre d'exemples, s'oppo-
« sent l'une à l'autre, comme deux espèces du même
« genre qui ne diffèrent que par la figure et la disposi-
« tion des pierres dans les parements, si l'une et l'autre
« sont garnies de blocage et de ciment, si Vitruve pres-
« crit que, dans l'une et l'autre, le blocage qui les garnit
« soit composé de très-petits morceaux, pour qu'ils se
« lient mieux avec la chaux et le mortier, et que celui-ci
« y trouve une plus grande difficulté à se dessécher, il
« est clair, dis-je, qu'il n'a point voulu parler de ces
« blocs énormes que les constructions examinées par
« M. Petit-Radel nous présentent, constructions dont le
« plus ou le moins de solidité doit dépendre de toute autre
« cause que du desséchement du mortier, s'il y en avait.

   « Vitruve n'a pas voulu traiter non plus de ces grandes
« constructions en blocs polygones irréguliers, lorsqu'il
« a distingué une autre espèce de construction sous le
« nom d'*emplecton.* L'architecte romain donne ce nom

« à une construction qui appartient au genre qu'il appelle
« *structuræ ordinariæ*, ou construction disposée en ran-
« gées (de *ordo*, rang), comme l'a bien remarqué Per-
« rault, dont l'explication a été dernièrement confirmée,
« de manière à n'en pouvoir douter, par les savantes ob-
« servations de M. le professeur Schneider. Vitruve com-
« pare ces constructions, disposées en rangées ou en
« corps d'assises d'une petite hauteur, aux constructions
« en briques, *lateritiæ*, qu'elles imitent, et il en distingue
« trois espèces : l'*isodomum*, dans laquelle les assises ou
« rangées sont toutes égales en hauteur; la *pseudisodomum*,
« dans laquelle les corps d'assises varient de dimensions,
« quoique chaque assise soit composée de pierres d'une
« hauteur égale; enfin l'*emplecton*, ou la construction en-
« trelacée, dans laquelle les assises ou rangées sont com-
« posées de pierres inégales, de manière qu'une rangée
« semble, par la différente hauteur de ses pierres, se mê-
« ler ou s'entrelacer avec la rangée supérieure. Vitruve,
« en s'arrêtant à cette troisième espèce de construc-
« tion à rangées, *ordinariæ*, a remarqué une différence
« importante qui existait dans la manière dont l'*emplec-
« ton* était exécuté par les Romains, et la manière em-
« ployée par les Grecs; remarquons qu'il est question
« de oiment dans l'une et dans l'autre. Il préfère la mé-
« thode grecque à celle des Romains, parce que, dit-il,
« ceux-ci posent de champ les pierres qui forment les
« parements (*arrecta coria locantes*), et ils garnissent le
« dedans d'un blocage qui ne peut pas tenir assez soli-
« dement aux deux parements. Les Grecs, au contraire,
« ne garnissent pas de blocage ces constructions; mais

« les pierres dont ils les forment sont couchées. (*plana*
« *collocantes*); plusieurs d'entre elles se prolongent iné-
« galement dans l'épaisseur du mur, et quelques-unes
« vont même d'un parement à l'autre. Cette différence
« rend l'*emplecton* des Grecs plus solide, tandis que celui
« des Romains n'est censé pouvoir durer que quatre-
« vingts ans. Les constructions en briques, continue-t-il,
« sont bien plus solides.

« Ces raisonnements, ces détails, ces comparaisons,
« montrent évidemment que Vitruve n'a pas entendu
« désigner par le nom d'*emplecton*, les constructions en
« grands blocs sans ciment, mais seulement une espèce
« de construction, *cœmentitiæ* et *ordinariæ*, comme il l'a
« dit expressément à la fin du chapitre vii précédent, et
« dans le même chapitre viii, c'est-à-dire qu'il a rangé
« l'*emplecton* dans le nombre des constructions compo-
« sées de petites pierres (*cœmentitiæ*), et où les petites
« pierres sont disposées en cours d'assise (*ordinariæ*),
« caractères qui ne peuvent pas convenir aux construc-
« tions qui font l'objet des recherches de notre savant
« confrère.

« Ainsi, les passages de Vitruve, indiqués par M. Sic-
« kler, ne pouvant pas se rapporter aux mêmes construc-
« tions gigantesques sur lesquelles M. Petit-Radel a fixé
« depuis plusieurs années l'attention des artistes et des
« antiquaires, les opinions et les conjectures de notre
« confrère ne peuvent recevoir aucune atteinte de l'ap-
« plication de ces passages.

« A ce seul résultat se borne le travail de votre com
« mission. Elle n'a dû se proposer d'autre but que de

« fixer, autant que possible, le véritable sens de quelques
« expressions tant soit peu équivoques d'un auteur clas-
« sique qui a fait, depuis la renaissance des arts, la base
« de l'enseignement dans les écoles d'architecture. Au
« reste, la commission, en donnant son avis sur l'inter-
« prétation de ces passages, ne prétend préjuger d'aucune
« manière le fond d'une question sur laquelle les opi-
« nions des savants sont encore partagées. »

Le rapport est signé : Quatremère de Quincy, Dufourny, Heurtier, commissaires, et Visconti, rapporteur.

Il parut ensuite, mais à diverses époques, d'autres
opinions favorables ou contraires à la théorie. D'abord,
au tome second de son Dictionnaire d'architecture, article *Incertum*, publié en 1820, dans l'Encyclopédie
méthodique, M. Quatremère, resté fidèle à la doctrine
développée dans le rapport précédent, s'exprime ainsi :
« On a longtemps appliqué le nom d'*opus incertum* à ces
« restes de murailles antiques qu'on trouve dans les
« ruines d'un grand nombre de villes grecques ou ro-
« maines, et qui sont formées d'énormes blocs de pierres
« irrégulièrement taillées, dont l'aspect offre aussi des
« joints incertains et irréguliers. Il paraît constant, d'a-
« près le passage de Vitruve [1], qu'il ne donne ce nom
« qu'à un genre de maçonnerie formée de petites pierres
« ou de moellons irréguliers dans les joints, et liés par
« du ciment. »

Malgré cette opinion si clairement énoncée, malgré
les rapports académiques signés par lui avec Visconti

_____
[1] Liv. II, chap. viii.

et les autres commissaires de l'Institut, et quoiqu'il en
fût toujours résulté, par suite des théories nombreuses
établies sur les monuments de près de quatre cents
cités, que toutes les villes de construction cyclopéenne
portaient seules le caractère de leur antiquité pélasgique,
voici néanmoins comment M. Quatremère s'est exprimé
dans le passage suivant de l'article *Polygone irrégulier*,
au troisième volume de son Dictionnaire, publié en 1825.

« On a essayé de faire d'une telle bâtisse le caractère
« diagnostique d'un peuple (les Pélasges), d'une époque
« de l'art, ou d'une classe de monuments en particulier;
« mais tout système à cet égard est aussi difficile à sou-
« tenir qu'à recevoir. S'il s'agit d'un peuple, on voit une
« pareille méthode, indiquée souvent par la nature
« même des matériaux, se produire par toute la terre
« avec quelque différence sans doute, mais telle que
« toute méthode, même la plus uniforme en comporte.
« Si l'on prétend que la construction en polygones irré-
« guliers fut presque uniquement d'un certain âge, et
« des siècles reculés de l'art de bâtir, en Grèce et ailleurs,
« la chose ne peut guère être douteuse, tant il entre dans
« cette méthode de cet art sans art que l'instinct dut ins-
« pirer de tout temps aux peuples à qui la nature en
« fournit les moyens et les matériaux. Mais que jamais
« depuis et dans les temps postérieurs on n'ait employé
« cette construction, c'est ce qui, d'une part, ne saurait
« être prouvé, et de l'autre ne paraîtra pas probable,
« surtout si l'on réfléchit que cette manière d'assembler
« les pierres fut constamment celle qu'on adopta pour
« la confection des voies romaines; quelle raison aurait

« empêché de s'en servir dans les constructions verti-
« cales? »

Pour détruire ou du moins pour affaiblir l'impression singulière causée par la lecture de ce passage, eu
égard à son opposition avec ce qui est exprimé dans le
rapport académique précédent, nous nous empressons
de dire que dans la dernière édition du même Dictionnaire, annoncée en 1833 [1], cet article a été réduit aux
trois premières lignes, résultat sans doute d'une tardive
conviction; mais le doute était lancé, et un doute de
l'auteur du Jupiter olympien, dans un ouvrage didac-
tique, ne saurait être négligé ni passé sous silence.

J'avais pensé que toute l'Allemagne aurait partagé
l'opinion de M. Sickler, mais je me suis détrompé
quand j'ai vu M. Niebuhr exalter tellement l'antiquité
des monuments cyclopéens qu'il ne craint pas de les
regarder comme l'ouvrage d'une nation antérieure aux
temps historiques. Cette opinion a été développée par
M. Niebuhr dans son Histoire romaine [2]. Le rédacteur
de l'analyse de cet ouvrage écrivit, dans les Annales
encyclopédiques de Millin [3], une dissertation assez étendue, dont je ne rapporterai que la fin, conçue en ces
termes :

« Les peuples qui ont construit les monuments cyclo-
« péens et ceux des Étrusques devaient être riches en
« instruments de fer; les sciences, l'industrie et l'archi-
« tecture avaient certainement fait des progrès chez eux;

---

[1] *Journal de la librairie*, n° I, art. 39.
[2] *Roemische Geschichte*. Berlin, 1811 et 1812.
[3] Tom. VI, année 1817, pag. 147 et suiv.

« mais ce qui mérite le plus notre admiration, c'est la
« persévérance, la prévoyance de l'avenir, le désir de
« faire un ouvrage pour l'éternité.

« La parfaite ressemblance qui existe dans la cons-
« truction des murs du Péloponnèse et ceux du Latium
« fait croire que les peuples qui les ont érigés sont d'une
« origine commune, et qu'ils ont apporté leur art d'Asie,
« leur patrie primitive. Il n'y a pas de raison suffisante
« pour attribuer à l'architecture des Cyclopes, qui se
« servaient de polygones irréguliers, une plus haute an-
« tiquité qu'à celle des Étrusques, qui assemblaient de
« grands parallélipipèdes en couches horizontales......
« On a rencontré des murs qui sont construits dans les
« deux ordres : Cosa, la seule ville d'Étrurie (avec Sa-
« turnia) qui ait des murs cyclopéens, n'est pas des plus
« anciennes (sans doute comme appartenant l'une et
« l'autre à la seconde expédition pélasgique). Cependant
« il est probable que les forts du Latium ont existé avant
« l'invasion des Étrusques, et qu'ils ont arrêté leurs con-
« quêtes. Or, si cette invasion a eu lieu, comme on le
« croit communément, un ou deux siècles avant la
« guerre de Troie, les murs du Latium sont plus an-
« ciens que ceux d'Argos et de Mycènes. Dans tous les
« cas, les murs des Herniques et des Étrusques en Ita-
« lie, et ceux du Péloponnèse, sont les monuments les
« plus anciens de la civilisation européenne. »

Je regrette beaucoup de voir l'auteur de cet article
garder l'anonyme ; j'ai tout lieu de croire qu'il est d'un
savant allemand, M. Vinckler, coopérateur de M. Millin.
Il n'eût pas commis sans doute l'anachronisme qui lui

montre les murs du Latium plus anciens que ceux d'Argos et de Mycènes, s'il eût eu connaissance du *Tableau généalogique et synchronique* dans lequel j'ai rangé les principaux faits de l'histoire grecque avant la guerre de Troie. Néanmoins, il a été honorable pour moi de voir admettre, en 1817, mes opinions historiques dans le même journal où elles avaient été naguère si vivement combattues. Terminons la suite des rapports académiques et des opinions individuelles auxquels a donné lieu, dans toute l'Europe savante, la question historique des monuments cyclopéens par la pièce suivante; bien qu'antérieure par sa date à quelques-unes des précédentes, elle vient les sanctionner toutes par le nombre et l'importance de ceux qui ont coopéré à sa rédaction.

Rapport historique sur les progrès de l'histoire et de la littérature anciennes, depuis 1789, et sur leur état actuel; fait à l'Empereur, le 20 février 1808, par la classe d'histoire et de littérature anciennes de l'Institut; publié à Paris en 1810.

Les membres de la commission étaient : M. Visconti, pour la philologie grecque et latine, et pour les antiquités; M. Silvestre de Sacy, pour les langues et la littérature orientales; M. de Sainte-Croix, pour l'histoire ancienne; M. Brial, pour la diplomatique et l'histoire du moyen âge; M. Lévesque, pour l'histoire moderne; M. Gosselin, pour la géographie ancienne; M. de Pastoret, pour la législation; M. de Gérando, pour la philosophie.

4.

Extrait de ce rapport[1] :

« Il faut encore regarder comme appartenant aux an-
« tiquités topographiques les travaux et les observations
« de M. Louis Petit-Radel sur les murs de construction
« cyclopéenne, composée d'immenses quartiers de pierres
« en polyèdres irréguliers. Nous lui devons la connais-
« sance certaine d'un grand nombre de ces monuments,
« plus ou moins ruinés, qui existent encore dans la
« Grèce et dans l'Italie. Il a, le premier, conçu l'idée de
« faire distinguer les diverses constructions ou plutôt
« les substructions des murs des villes antiques, quelles
« sont les parties anciennement ruinées qu'on doit re-
« garder comme appartenant aux époques des fondations
« primitives de ces villes. Partant du principe que des
« constructions faites dans des systèmes absolument
« opposés et exclusifs doivent appartenir à des colonies
« différentes, il montre que ces ruines, formées, comme
« on l'a dit, de blocs polyèdres irréguliers et sans ciment,
« attribués jusqu'alors par tous les antiquaires, soit aux
« Étrusques, soit aux Romains, soit même aux Goths et
« aux Sarrasins, sont les mêmes constructions cyclo-
« péennes qui ont été décrites par les écrivains grecs,
« et dont l'origine remonte incontestablement à la plus
« haute antiquité : d'où il conclut que, ces construc-
« tions étant semblables, et dans les assises inférieures
« des murs des plus anciennes villes de la Grèce, et
« dans celles des murs des plus anciennes bourgades de
« l'Italie, il doit s'ensuivre que plusieurs de ces mo-
« numents furent l'ouvrage des antiques dynasties aux-

[1] Pag. 73.

« quelles les anciennes traditions, recueillies par Denys
« d'Halicarnasse, attribuent la civilisation primitive de
« ces contrées.

« Sans prononcer sur le degré de certitude des opi-
« nions proposées par l'auteur, nous dirons qu'on ne peut
« les taxer d'être fondées sur des suppositions gratuites,
« et que la manière dont il envisage l'ensemble de l'his-
« toire des temps héroïques s'accorde très-bien avec ce
« que nous en connaissions déjà, et avec les nombreux
« points de vue qu'il présente, à l'aide d'une critique
« ingénieuse dont il ne doit les éléments à aucun auteur
« ancien ni moderne. »

Signé DACIER, *secrétaire perpétuel.*

Les questions adressées en 1804 à l'Europe savante,
par la classe des beaux-arts de l'Institut national, ont
reçu leur réponse; les preuves à l'appui de la théorie,
exigées dans les divers rapports académiques cités précédemment, ont été fournies en grand nombre par les
découvertes et les témoignages des voyageurs et des savants, dont on verra la liste ci-après, et qui ont donné
à ce problème historique une solution plus certaine
et plus concluante qu'on n'aurait jamais osé l'espérer.

On avait d'abord regardé comme un paradoxe d'antiquaire l'opinion qui attribuait aux Pélasges certains
monuments que Pausanias avait cités comme existant
encore de son temps dans la Grèce. Les auteurs anciens
ne nous ayant transmis aucun détail touchant le génie
militaire de ce peuple, on supposait, avec Thucydide,
et nonobstant le passage dans lequel Euripide parle des

murs cyclopéens d'Argos, que les anciens Grecs, hordes indisciplinées, ne connaissaient pas l'usage des fortifications.

Et voilà cependant que ce paradoxe est devenu une vérité historique hors de l'atteinte du doute; sur plusieurs points de l'Europe et de l'Asie, on retrouve les nombreux monuments des Pélasges, leurs portes, leurs tours, le système souterrain de leurs casemates, leurs aqueducs avec les regards et les réservoirs qui les complètent, leurs hiérons ou enceintes sacrées de six cents mètres et plus de circuit, dont l'unique porté d'entrée est relevée d'un seuil, ainsi que leurs autels successivement surmontés par des temples helléniques, étrusques ou romains, surchargés eux-mêmes d'une troisième construction, élevée dans le bas âge par les Chrétiens, qui les convertirent en églises. On découvre des bancs de pierre vive, consacrés à des oracles établis à l'instar de celui de Dodone; et, dans leurs vieux remparts, des bas-reliefs représentant les divinités des Pélasges, enchâssés originairement entre les blocs polyèdres irréguliers et sans ciment. La Sabine et la région des Herniques possèdent seules de tels monuments de l'art le plus antique, car les deux lions de la porte de Mycènes sont d'origine persane, et, par conséquent, leur sculpture est moins ancienne que celle des bas-reliefs de la porte d'Alatri. Voilà le résultat, absolument ignoré auparavant, des recherches commencées en 1792, et si puissamment provoquées par les *Questions* de l'Institut de France.

Les savants allemands qui, en 1805, reprochaient à

l'auteur de la théorie d'avoir voulu donner des leçons d'archéologie aux architectes leurs compatriotes, s'apaiseront peut-être en présence de ce résultat, surtout à la vue de la liste détaillée des témoignages recueillis successivement et placés à la suite de cette *exposition*. Elle leur apprendra que les voyageurs eux-mêmes et les archéologues des divers pays ont seuls réellement fait avancer la découverte, et que l'auteur est ainsi devenu simplement le collecteur et le rédacteur des matières fournies par une société composée de tous les savants, excités par ses principes et guidés par ses indications, qui se sont associés à l'extension de ces recherches. Si un pareil résultat, appuyé sur le témoignage de tant de noms, dont plusieurs jouissent d'une grande célébrité, amène le lecteur à cette conclusion : l'histoire des antiques Pélasges est maintenant démontrée par un plus grand nombre de monuments que celle des Romains, quoique celle-ci le fût déjà plus qu'aucune autre histoire moins ancienne, cette conséquence sera l'ouvrage du lecteur plutôt que celui de l'auteur lui-même; mais on n'oubliera pas sans doute qu'il ouvrit la carrière, l'éclaira par ses premiers aperçus, et conduisit ensuite de doute en doute, de faits en faits, à la solution du problème.

DEUXIÈME PARTIE.

DEUXIÈME PARTIE.

TÉMOIGNAGES.

CHRONOLOGIE

DES VOYAGEURS, ANTIQUAIRES ET SAVANTS, DES ACADÉMIES ET
DES JOURNAUX PÉRIODIQUES QUI, SOIT PAR LEURS RECHERCHES
ET LEURS DÉCOUVERTES, SOIT PAR LEURS QUESTIONS, LEURS
CRITIQUES OU LEURS CITATIONS, ONT CONCOURU AU DÉVELOP-
PEMENT DE LA THÉORIE DES MONUMENTS CYCLOPÉENS OU PÉ-
LASGIQUES.

Un petit nombre d'auteurs anciens, tels qu'Euripide
et Pausanias, en Grèce, Varron et Denys d'Halicarnasse, en Italie, ont cité, comme les ayant vues, les
ruines d'un grand nombre de villes en construction
cyclopéenne. Dans les temps modernes, Cyriaque d'Ancône fut le premier qui, parcourant la Grèce en 1436,
y dessina divers monuments pélasgiques. Ses dessins
ont été conservés dans son ouvrage intitulé : *Inscriptions
de Cyriaque d'Ancône.* Depuis ce voyageur jusqu'à l'é-
poque à laquelle je fis la découverte d'un monument
de ce genre, vingt à vingt-cinq voyageurs environ
paraissent avoir remarqué cette construction ; encore
l'ont-ils décrite sous d'autres noms que le sien. Ces
voyageurs sont, entre autres, Léon-Baptiste Alberti,

dans sa Description d'Italie, en 1498 ; Octavius Ar-
changelus, dans sa Traduction des Épîtres attribuées
à Diodore de Sicile, en 1600 ; Cluvier, *Italia antiqua*,
en 1624 ; Casali, dans son livre *De veteribus chris-
tianorum ritibus*, en 1644 ; Alessandro Vitrici, évêque
d'Alatri, et Gabriel Naudé, cités par Casali ; Raphaël
Fabretti, dans son ouvrage *De columna Trajani*, en 1683 ;
Spon et Wheler, Voyage de Grèce et du Levant, en
1685 ; Demouceaux, cité dans les Mémoires de l'Académie des inscriptions pour avoir remarqué les ruines
de Tirynthe, en 1688 ; Tournefort, Voyage du Levant,
en 1708 ; Fourmont, Journal manuscrit de son voyage,
en 1729 ; Volpi, dans son *Latium antiquum* ; John Armstrong, dans son Histoire civile et naturelle de l'île de
Minorque, Londres, 1756, et Amsterdam, 1769 [1] ;
Galiani, traducteur italien de Vitruve, en 1757 ; Piranesi, architecte romain, dans ses *Antichità di Cora*, en
1761 ; Chandler, Voyage en Grèce, en 1764 ; Winckelmann, dans ses Observations sur l'architecture des
anciens, en 1768 ; Houel, Voyage en Sicile, en 1782 ;
Lechevalier, Voyage de la Troade, en 1782. Mais non-
seulement ces voyageurs n'ont pas reconnu dans cette
construction celle que l'antiquité nomma cyclopéenne,
aucun d'eux n'a même soupçonné ses rapports avec l'histoire des colonies grecques, ni son origine pélasgique ;
et Cyriaque, quoique très-savant et très-habile, n'en a
pas même cité un seul monument en Italie, sa patrie.
J'ai donc, sur tous ceux qui m'ont précédé, l'avantage,

---

[1] On trouve dans cet ouvrage le dessin et la description d'un monument cyclopéen existant à deux milles (deux kilomètres et demi) d'Alaior.

et c'est le seul que je réclame, d'avoir rendu son vrai nom à la construction cyclopéenne, d'avoir démontré qu'elle est identique dans la Grèce et l'Italie, et de l'avoir rattachée à son origine reconnue [1].

1792.

Don Pedro Marquez, architecte mexicain, auteur d'un livre intitulé *Des maisons de campagne de Pline le jeune*, et don Pedro Velasquez, architecte espagnol, pensionnaire du roi d'Espagne, étaient avec moi dans ma première excursion au mont Circé; le premier me dit qu'il trouvait beaucoup de ressemblance entre les anciens monuments du Pérou et ceux qui étaient sous nos yeux, et que je reconnaissais pour cyclopéens.

1793.

M. Scrofani, voyageur sicilien, dessine la vue de Nauplia et de la Palamide; son dessin nous offre la construction cyclopéenne. Présenté longtemps après à l'Institut de France, ce dessin a prouvé que le voyageur Fourmont avait rendu fidèlement les mêmes murs dans la perspective qu'il donna de ce lieu en 1730.

1794.

M. Séroux d'Agincourt, antiquaire français, fut le premier à qui je révélai ma découverte à Rome; il combattit d'abord mes idées, mais en devint ensuite un des plus zélés défenseurs. Il m'a envoyé successivement de précieuses observations dans sa fréquente

---

[1] Voyez l'histoire de la Découverte, première partie.

correspondance. Voici ce qu'il dit relativement à ma théorie dans son Histoire de la décadence de l'art, publiée en 1823 [1] :

« Les bornes que je me suis prescrites m'interdisent « de remonter aux constructions des temps les plus re- « culés de l'histoire, et par conséquent de parler de ces « murs cyclopéens dont les énormes matériaux et l'in- « génieux assemblage étaient déjà si dignes de fixer « l'attention des antiquaires, lorsque M. Petit-Radel, « savant français, que j'ai vu pendant plusieurs années « livré à la recherche et à l'étude de ces singuliers mo- « numents, en a tiré un parti tout nouveau pour l'ex- « plication d'un grand nombre de points aussi obscurs « qu'importants de l'histoire et de la chronologie des « temps anciens. Sans doute ce beau travail, dont il a « établi les bases avec tant de perspicacité pendant son « séjour à Rome, et qu'il a depuis mis tant de cons- « tance à étendre et à compléter, ne tardera pas à être « livré au public. »

1800.

MM. Larcher, de Sainte-Croix, Visconti, Gossellin et Ameilhon, membres de l'Institut de France, aux- quels, à mon arrivée à Paris, je communiquai mes idées sur les constructions cyclopéennes, les approuvent et m'engagent à rédiger sur cette matière des mémoires pour en faire la lecture à l'Institut.

[1] Partie de l'architecture, pag. 152, note.

1801.

Institut de France. La classe de littérature et des beaux-arts nomme trois commissaires, MM. David-Leroy, Dupuis et Ameilhon, pour rendre un compte raisonné du premier mémoire que j'ai soumis à cette société savante, le 19 mars 1801. La lecture de ce rapport a été faite à la séance publique de cette classe, le 4 septembre suivant.

M. le duc Caetani et de Sermonetta, prince de Caserta, savant italien, mon hôte à Rome et mon ami, devint partisan de ma théorie dès le principe; il n'a point cessé jusqu'à sa mort de favoriser les recherches relatives aux monuments pélasgiques, et de m'en faire connaître les résultats par de nombreuses lettres que j'ai conservées.

M. Fauvel, consul français à Athènes, me communique ses observations sur les murs d'Éleusis, de Mycènes, de Tirynthe, de Midea, d'Hisie, de Delphes, de Melos, d'Eleuthère, de Mégare, de Salamine, et par suite de Tripodiscus et de la tour cyclopéenne qu'il a le premier observée à Thèbes. Ce savant a continuellement fourni des renseignements sur ces matières. Il a fait en Grèce ce qu'avait fait M. d'Agincourt à Rome. Par suite des recherches qu'il a provoquées à l'appui de ma théorie sur les deux âges de construction des murs cyclopéens et de ceux qui sont bâtis en pierres parallélipipèdes, tous les voyageurs, sans exception, qui ont visité la Grèce ont adopté l'idée de ces deux périodes bien distinctes d'antiquité. Le même M. Fauvel, qui, dès 1801, embrassa mes idées, m'envoya encore un croquis, fait par lui sur les lieux mêmes, le 20 janvier 1832, d'un mur de Bérécynthe, près de Smyrne, et de la vue d'une roche située à l'ouest de cette ville. Il terminait ainsi la lettre qui accompagnait ce dessin :

«Voilà, mon cher collègue, le résultat de mon «voyage impromptu aux environs de Smyrne. Si mes «forces, qui baissent journellement avec ma vue, me «permettent d'y retourner, je ferai mon possible pour «satisfaire à quelques-unes de vos demandes. Agréez, «en attendant, l'assurance du plaisir que j'aurai à vous «être utile dans vos recherches.»

M. le comte de Choiseul-Gouffier m'envoie les dessins des murs cyclopéens d'Éleusis, de la porte de Mycènes et du bas-relief des lions, le plan et la coupe du trésor d'Atrée. Il annonça ma théorie dans son Voyage de la Grèce [1]; et il termine la note qui me concerne par ces mots : «C'est beaucoup d'avoir ainsi «retrouvé quelques feuillets de plus de l'histoire. De «telles découvertes seront toujours précieuses, dussent-«elles laisser subsister encore de nombreuses diffi-«cultés.»

M. Stieglitz, architecte et antiquaire allemand, publie à Weimar l'Archéologie de l'architecture. Dans cet ouvrage [2], il décrit la construction cyclopéenne sans la nommer. En 1805, cet architecte est compté parmi les adversaires de ma théorie dans le Nouveau Mer-

[1] Tom. II, pag. 99; 1809.
[2] Tom. I, pag. 95 et 599.

cure allemand. En 1820 il publia ses Entretiens ar-
chéologiques, où sont discutés les principes de ma
théorie.

1802.

M. Mongez, commissaire de l'Institut avec MM. David Leroy et Ameilhon, fait un rapport sur mon second
mémoire. Le dernier de ces trois académiciens, adoptant mes idées et prenant goût à ces études, lut, quelques années après, à l'académie dont il était membre,
un mémoire dans lequel il prouve que l'émigration des
Pélasges, de la Grèce en Italie, fut occasionnée par les
révolutions physiques de la terre, telles que les déluges
d'Ogygès et de Deucalion.

M. Torcia, bibliothécaire du roi de Naples, présent
à la lecture de mes premiers mémoires, a cité à l'Institut les monuments de soixante-quinze villes ruinées
ou habitées de l'Italie dont il attesta de vive voix la
construction cyclopéenne. La plupart de ces monuments
ont été depuis parfaitement reconnus pour tels.

M. Antoine-Laurent de Jussieu, de l'Académie des
sciences, me communique des dessins faits dans l'Amérique du Sud par son oncle, Joseph de Jussieu, en
1749, représentant les remparts de la forteresse de
Cusco, au Pérou, et diverses ruines de monuments à
Tambo, qui, comparés avec les gravures des monuments
dits des Incas, à *Callo*, font connaître que les anciens
Péruviens ont construit leurs monuments dans le même
style en usage chez les Grecs et les Italiens durant
la période des arts qui paraîtrait s'être écoulée entre

l'usage de la construction cyclopéenne et la construction
en blocs régulièrement dirigés en assises horizontales.

Winckelmann, antiquaire allemand, dans ses Observations sur l'architecture des anciens, imprimées à la
suite de l'Histoire de l'art, traduite de l'allemand [1],
décrit, sans les nommer, les constructions cyclopéennes
de Fundi, d'Alba Fucensis, d'Hazylia, etc.

M. Thiébaut de Berneaud, ex-secrétaire-général de
l'Académie italienne, aujourd'hui bibliothécaire de la
bibliothèque Mazarine, m'a transmis, de 1802 à 1807,
plusieurs dessins des monuments pélasgiques qu'il a
découverts durant ses voyages en Italie; tels sont les
murs de Spoleto, Ameria, Gubbio, Todi, Castelluccio
dit Montetti, en Toscane; et ceux de Cosa, d'Archippe,
Ordeonia, Egnatia, du port de Canusium (aujourd'hui
Barletta), etc., dans la grande Grèce. Ces renseignements, communiqués dans le temps à l'Institut de
France, sont mentionnés en son Voyage à l'île d'Elbe [2],
ainsi que dans un rapport fait à l'Académie des beaux-
arts par M. Le Breton [3], et dans son Coup d'œil historique, agricole, botanique et pittoresque sur le Monte-
Circello [4].

1803.

L'académie des Lincei de Rome charge le duc de
Caetani de m'annoncer que M. Scarpellini, secrétaire

[1] Paris, 1802; tom. II, pag. 362.

[2] Pag. 172.

[3] Moniteur du 13 octobre 1809.

[4] Paris, 1814; pag. 15-17.

de cette académie, a reçu d'elle la commission de recueillir et de m'adresser tous les renseignements qu'on pourra rassembler relativement à ma théorie. M. Scarpellini me les adressa dans le courant de l'année.

MM. Mortale, chanoine, Nardoni, professeur d'éloquence, Bernardini, notaire, Della-Casa-Dei, évêque d'Alatri, me communiquent des renseignements légalisés sur les murs cyclopéens de la ville d'Alatri.

MM. le marquis de Longhi, antiquaire, Campo-Vecchio, chanoine, Angelini, notaire, Buschi, évêque de Ferentino, me font pareillement parvenir des renseignements légalisés sur les murs cyclopéens de Ferentino.

M. l'abbé Pietro Prince, habitant de Cora, près de Rome, m'envoie des observations détaillées sur les remparts cyclopéens de Cora.

M. Hawkins, minéralogiste anglais, me rapporte, de son voyage en Grèce, des plans et des dessins d'Olympie.

M. Bartholdi, voyageur prussien, fait connaître, dans son Voyage[1], ses observations sur les murs cyclopéens de celle des deux Pharsale qu'on distingue dans le pays par le surnom de l'*antique;* il y mentionne [2] la forteresse d'Oreas-Castron, située dans le défilé de Tempé; les ruines de Pœdicès, près d'Athènes [3]; les ruines de Messène, etc.... Ce voyageur, pour caractériser la construction cyclopéenne, se sert encore du mot impropre *incertum;* mais ces mêmes monuments ont été

---

[1] Tom. Ier, pag. 8 de la traduction française publiée à Paris en 1807.

[2] Pag. 90.

[3] Pag. 262.

reconnus depuis pour être de construction cyclopéenne,
par MM. Dodwell et Pouqueville.

M. Larcher, de l'Académie des inscriptions et belles-
lettres, d'abord peu favorable à ma théorie, contre laquelle il écrivit, en 1803, des remarques qu'il m'envoya, s'en rapprocha ensuite tout à fait, comme on le
voit par une note qu'il a rédigée (peu de temps avant
sa mort arrivée en 1812), à l'article de Tirynthe, de
sa traduction d'Hérodote [1], laissée par testament à
MM. Debure, libraires. « Remarquez, dit ce savant,
« dans la note indiquée, que ces Cyclopes (ceux qui
« construisirent les murs de Tirynthe), ne sont pas les
« mêmes que ces géants fabuleux n'ayant qu'un œil,
« dont il est parlé dans Homère; ce sont, selon Strabon
« et Pausanias, des hommes forts et robustes, qui ga-
« gnaient leur vie du travail de leurs mains, des *gas-
« trochires*; on les employait principalement à élever ces
« murs massifs qui servaient à la défense des villes. Ils
« étaient originaires de Thrace, où ils formaient une
« peuplade plus ou moins nombreuse. La guerre les
« ayant forcés de s'expatrier, il se retirèrent les uns
« d'un côté, les autres d'un autre. Le plus grand nombre
« se réfugia cependant dans l'île de Crète, d'où ils pas-
« sèrent en Grèce avec des Lyciens. Strabon se trompe
« évidemment, ou plutôt ses copistes, lorsqu'il les fait
« venir en Grèce de la Lycie. Ces Cyclopes sont, je
« crois, les inventeurs ou du moins les plus anciens
« auteurs que l'on connaisse de ces constructions poly-
« gones qu'on remarque dans les anciennes villes de la

[1] Tom. VIII de la nouvelle édition inédite qu'il se proposait de donner.

« Grèce, telles que Mycènes, Nauplia, etc..... cons-
« tructions que M. Petit-Radel a le premier expliquées
« avec beaucoup de sagacité, etc..... »

M. Palissot, dans ses Mémoires littéraires publiés
en 1803, rend compte de tout ce qui était connu de
ma découverte à cette date, ainsi que de tous les mémoires et rapports auxquels elle avait déjà donné lieu.

1804.

A la date du 28 janvier 1804, la classe des beaux-
arts de l'Institut de France fait imprimer et distribuer,
dans toute l'Europe savante, quinze cents exemplaires
des *Éclaircissements* qu'elle demande sur les constructions des monuments de l'antiquité, avec des développements sur les questions qu'elle propose. A ces Éclaircissements se trouve jointe la liste des villes de l'Italie
et de la Grèce qui étaient alors citées comme offrant
de véritables monuments cyclopéens.

M. Heurtaud, de l'Institut de France, architecte,
me communique ses dessins des murs de Cora, de
Fundi, avec des renseignements sur la partie la plus
ancienne des murs de Peruggia, près de la porte dite
del Sole.

M. Rondelet, de l'Institut de France, architecte, dans
son Traité de l'art de bâtir, donne un dessin des murs
de Fundi, parle de ceux de Cora, et me remet en outre
un dessin d'un mur maritime voisin de Gozzo de Malte :
mais il n'a toujours vu dans ces constructions cyclopéennes qu'une variété de l'*incertum* de Vitruve.

M. Nierup, bibliothécaire du roi de Danemarck, et M. Siobörg, professeur à Lunden, en Suède, promettent de faire des recherches sur les antiquités du Nord. Ces recherches n'ont produit aucun monument analogue à ceux de l'Italie et de la Grèce; d'où il résulte qu'on ne trouve dans aucune contrée de l'Europe septentrionale, des villes défendues par des remparts et des tours de construction cyclopéenne; il en résulte encore que ce n'est pas dans cette partie de l'Europe qu'il faut chercher l'origine des anciens habitants de la Grèce, comme tant de savants l'avaient pensé.

M. Olivier, de l'Institut de France, décrit, dans son Voyage du Levant, les murs cyclopéens de Buthrotum en Épire, et les diverses constructions antiques avec lesquelles les ruines de ces murs ont été réparées.

M. Clérisseau, architecte français, me montre son dessin des murs d'Archippe, ville située sur les bords du lac Fucin.

1805.

M. Ostini, dessinateur romain, qui a accompagné M. Dodwell dans ses voyages, fait connaître le plan et l'élévation de l'un de ces monuments sépulcraux en forme de ruche à miel, qu'on appelle en Sardaigne *Noraghi*, comme ayant des rapports traditionnels avec *Norax*, ancien conducteur de colonies, dont il est parlé dans Pausanias.

M. le chevalier Edwards Dodwell, architecte et voyageur anglais, d'abord contraire à mes idées relativement aux rapports d'origine commune que j'établissais entre les monuments de la Grèce et ceux de l'Italie, a fini par adopter entièrement mes idées à ce sujet. Durant son séjour dans ces deux pays, il a soigneusement fait distinguer les quatre styles de construction qui règnent dans les murs des villes antiques; le nombre des monuments qu'il a observés se monte à plus de trois.cents. On lui doit, non-seulement de nouvelles recherches sur les constructions de Lycosures, «la ville la plus ancienne «qu'il y ait eu sur la terre,» selon Pausanias[1], Λυκόσουρά ἐστι πρεσϐυτάτη, καὶ ταύτην εἶδεν ὁ ἥλιος πρώτην; mais encore les premiers dessins des monuments de Sicyone, de Mégare, de Tirynthe et de beaucoup d'autres villes de la Grèce. Il a dessiné en Italie les murs de Norba, de Ferentino, l'hiéron de Segni, monument très-important pour la théorie, ceux du mont Circé et beaucoup d'autres. Il a entretenu avec moi une correspondance très-suivie; lors de son passage à Paris en 1815, il a exposé pendant plusieurs jours tous ses dessins dans la galerie de la bibliothèque Mazarine. En 1819, il publia son Voyage classique et topographique en Grèce, pendant les années 1801-1805. A sa mort, cet ami, zélé défenseur de ma théorie, laissa de nombreux plans et dessins qui ont été publiés, ainsi qu'il l'avait recommandé en mourant, comme supplément à son Voyage, sous le titre de *Vues et Descriptions des ruines cyclopéennes ou pélasgiques en Grèce et en Italie;* in-fol., 1834.

M. Bonstetten, antiquaire suisse, publie son Voyage

[1] Liv. VIII, chap. XXXVIII.

sur la scène des six derniers livres de Virgile (Paris, 1805), dans lequel il prouve, conformément aux idées que j'avais énoncées dans mes premiers mémoires, que le Latium a été formé par les éruptions des volcans sous-marins, et a remplacé un golfe environné de montagnes; il y fait aussi mention des constructions antiques du mont Circé.

M. Wieland, associé étranger de l'Institut de France, donne, dans le Nouveau Mercure allemand, dont il est rédacteur, un extrait des découvertes faites en Grèce par M. Gropius, dessinateur prussien; il y joint une gravure où sont représentées la porte de Mycènes et une portion du mur de la Larisse d'Argos.

MM. Hirt, Genelli, Gentz, Rode, Stieglitz, Weinbrenner, architectes allemands, sont cités dans le Nouveau Mercure allemand, année 1805, comme contraires à ma théorie.

M. Bœttiger, correspondant de l'Institut de France, à Dresde, donne dans le même Journal, et à la suite de l'article où les noms précédents se trouvent cités, l'analyse des Éclaircissements demandés par la classe des beaux-arts. Il critique beaucoup les prétentions qu'il me suppose, d'avoir voulu donner des leçons aux antiquaires et aux architectes allemands, entre autres aux six artistes qui viennent d'être nommés.

M. Laveau, auteur du Nouveau Dictionnaire de la langue française, Paris, 1820, réfute, dans le Moniteur du 27 avril 1805, les attaques dirigées contre ma théorie par le Nouveau Mercure allemand.

M. Lechevalier, auteur du Voyage de la Troade, alors

attaché au ministère des relations extérieures, depuis
l'un des bibliothécaires de la bibliothèque de Sainte-
Geneviève, met le plus grand zèle à solliciter les recherches relatives à ma théorie, et il m'adresse les
renseignements qu'il a recueillis.

M. Viot, consul français à Barcelone, sur l'invitation
de M. Lechevalier, fait faire des recherches en Espagne
et sur la côte barbaresque, qui ont pour résultat le
détail joint aux deux noms suivants.

M. le marquis de Marty, antiquaire espagnol, adresse
à M. Lechevalier, qui me les envoie aussitôt, des dessins relatifs à la ville de Tarragone, où sont représentés
l'élévation, la coupe et le plan de toute l'enceinte antique de cette ville. D'après les observations que cet
antiquaire a jointes à ses dessins, on voit que les anciennes constructions de Tarragone sont en gros blocs
bruts sans ciment, et surmontées d'ouvrages romains,
d'abord en pierres parallélipipèdes sans ciment, puis
du *reticulatum* de Vitruve avec ciment.

M. Devoize, consul français à Tunis, sur l'invitation
de MM. Lechevalier et Viot, fait des recherches sur
les monuments cyclopéens qui pouvaient exister sur le
territoire de cette régence. Ses observations montrent
que les constructions auprès de Zawan ont quelque
ressemblance avec celles de Tarragone. Cela paraît
d'autant plus probable, que Zawan, comme Tunis,
occupe le sol où était l'ancienne Carthage, avec laquelle Tarragone[1] avait probablement une origine com-

---

[1] Voyez les textes que j'ai réunis dans l'article de Tarragone, aux
Explications particulières.

mune. M. Devoize me fit parvenir, en outre, quelques observations sur les constructions cyclopéennes des villes de Palmyre, Laodicée, etc.

M. Prela, médecin du pape Pie VII, m'a dit que sa ville natale, Mariana, en Corse, était de construction cyclopéenne surmontée d'ouvrages romains.

1806.

M. le baron de Dalberg, ministre de Bade à Paris, m'écrit pour me demander quelques exemplaires de mes mémoires à l'Institut, au nom du frère du prince-électeur, résidant à Aschaffenbourg, qui désire en faire usage pour ses Recherches sur l'origine des peuples.

M. Jean Bon de Saint-André, voyageur français, indique, par une lettre insérée dans le Magasin encyclopédique de 1806 [1], plusieurs monuments antiques en construction cyclopéenne qu'il a vus aux environs de Sinope de Pont et aux pays voisins.

M. Schneider, philologue allemand, éditeur de la traduction allemande de Vitruve, critique mes opinions sur l'origine et l'antiquité des monuments cyclopéens.

M. Allier, consul français à Héraclée de Pont, me communiqué un dessin de la construction cyclopéenne d'un édifice semi-circulaire qu'il a observé à Délos en 1797. Cette construction, qui paraîtrait compliquée à plaisir, n'a été admise que d'après une attestation signée qui nous en assure l'exactitude. Tournefort [2] dit avoir

---

[1] Tom. III, pag. 359.
[2] Tom. I, pag. 306 de son Voyage.

remarqué la singulière irrégularité de cette construction. Ce monument a quatre-vingt-un mètres de diamètre; le sol sur lequel il repose est incliné. Il paraît
que ce fut, dès les plus anciens temps, un lieu d'assemblée; c'est du moins le sentiment de Thucydide, qui
pense qu'Homère faisait allusion à ces assemblées dans
son hymne à Apollon.

M. Münter, professeur à Copenhague, propose, dans
le Magasin encyclopédique de 1806 [1], d'ajouter à la
liste des monuments cyclopéens un mur situé près de
Fiesole, en Toscane.

M. Bardini, littérateur italien, dans sa brochure intitulée *Descrizione di Fiesole*, donne, à l'appui de ma
théorie, quelques détails sur les restes de constructions
cyclopéennes qui se trouvent dans cette ville. Ces détails avaient paru auparavant dans les Nouvelles littéraires de Florence. Les ruines antiques de Fiesole ont
aussi été décrites par M. Inghirami, antiquaire italien.

1807.

M. Castellan, de l'Institut de France, publie ses
Lettres sur la Morée. Il communique les dessins des
murs d'Epidaurus, de Limera en Laconie, dont Cyriaque d'Ancône avait seulement fait mention, de ceux
de Minoa; mais il considère ce genre de construction
comme appartenant à l'*incertum* de Vitruve.

MM. Dufourny, Heurtier et Visconti, commissaires,
font, le 11 avril 1807, un rapport à la classe des

---

[1] Tom. I, pag. 397.

beaux-arts sur l'ouvrage de M. Castellan. Voici l'extrait
« de ce rapport : « La belle découverte d'une muraille
« de construction polygone ou cyclopéenne, dans les
« environs de *Napoli di Malvasia*, confirme de plus en
« plus la correspondance de cet endroit avec l'ancienne
« Minoa, correspondance qui n'avait pas échappé à nos
« géographes. Strabon dit, en parlant de cette place,
« qu'elle était fortifiée; et ce mur que M. Castellan a
« découvert est sans doute un reste des anciennes for-
« tifications de Minoa.

« Nous ne saurions cependant partager l'opinion de
« l'auteur, qui considère la construction en blocs poly-
« gones irréguliers comme plus facile à exécuter que la
« construction par assises horizontales; elle pourrait
« l'être, en effet, si l'on ne remarquait pas dans la
« construction polygone ou cyclopéenne une exactitude
« si parfaite dans les joints des grands quartiers de
« pierre qu'elle fait l'étonnement des observateurs. Cette
« exactitude suppose la plus grande intelligence, et le
« travail nécessaire pour aplanir un bien plus grand
« nombre de côtés et pour faire coïncider un bien plus
« grand nombre d'angles de toutes dimensions que la
« construction parallèle ou par assises n'aurait exigé.
« Nous ne pouvons approuver non plus qu'il ait con-
« fondu, comme Piranesi et quelques autres l'ont fait, la
« construction polygone des âges les plus reculés avec
« l'*opus incertum* de Vitruve et des Romains, construc-
« tion composée de petits morceaux de pierre placés
« pêle-mêle et cimentés ensemble avec du mortier, et
« qui ne ressemble à la première que par la seule irré-

« gularité des matériaux. Les énormes dimensions des
« pierres et le manque absolu de ciment forment au
« contraire le caractère essentiel de la construction cy-
« clopéenne. Nous invitons M. Castellan à profiter des
« observations savantes et multipliées que notre con-
« frère M. Petit-Radel vient de faire sur ces ouvrages
« de l'architecture la plus ancienne, si peu connus avant
« lui. »

M. de Ginguené, de l'Institut de France, étant le rapporteur annuel de la classe d'histoire et de littérature
ancienne, a rendu un compte toujours favorable de
mes mémoires dans les rapports successifs qu'il a faits
sur les travaux de cette classe, à dater du 7 juillet 1807
jusqu'au 2 juillet 1813.

Don Francisco Amorosos, secrétaire du roi d'Espagne, adresse à l'Institut de France des dessins et des
détails sur l'hiéron de Vénus à Paphos, dans l'île de
Chypre. La construction est en grandes pierres disposées par assises régulières.

MM. Le Bas et Debret, architectes français, m'en-
voient d'Italie de nouveaux dessins des murs de Cora
et de Fundi.

M. Williams Gell, voyageur anglais, pendant son séjour à Rome, publie la Géographie et les antiquités
d'Ithaque, Londres, 1807. Cet ouvrage contient les
plus intéressants dessins des monuments cyclopéens de
l'île d'Ithaque, de ceux de Mycènes et de Tirynthe. Il
nous apprend aussi qu'il a observé les murs d'Abæ, en
Phocide. Il est bon de faire remarquer que cet écrivain, après avoir adopté d'abord la dénomination de

construction cyclopéenne pour tous les monuments en blocs irréguliers, sans direction horizontale et sans ciment, dans son Itinéraire de la Grèce publié en 1810, se rétracte ensuite et veut restreindre cette dénomination aux seuls murs en blocs irréguliers et sans taille, tels que ceux de Tirynthe, prétendant que toute construction qui présente une taille raisonnée, bien qu'irrégulière, ne peut dater tout au plus que du temps de la guerre de Troie. Ce changement se lie naturellement à l'opinion nouvelle (adoptée par M. Gell), que les monuments cyclopéens bien taillés d'Ithaque doivent être attribués à Ulysse. Ce voyageur ne serait pas tombé dans une semblable erreur s'il s'était rappelé qu'Euripide donne le nom de cyclopéens aux murs de la Larisse d'Argos, qui sont en blocs bien taillés et du même genre que ceux d'Ithaque. Du reste, par l'exactitude de ses plans de Mycènes et de Tirynthe, M. Gell fournit d'excellentes bases pour établir la discussion sur l'antiquité comparée des murs de la ville d'Ithaque et de l'acropole.

M. Reuilly, membre correspondant de l'Institut de France, m'écrit qu'il a vu dans la Chersonèse taurique des restes de constructions semblables à celles que représentent les planches jointes aux Éclaircissements demandés par l'Institut de France.

1808.

MM. Visconti, Mongez et Quatremère de Quincy, commissaires nommés par la classe d'histoire de l'Ins-

titut, font un rapport sur l'utilité qu'il y aurait à rechercher dans la Sabine s'il existe encore quelques ruines
des villes fondées par les Pélasges, que Varron, cité
par Denys d'Halicarnasse, alléguait comme preuve de
la réalité des établissements pélasgiques sur ce territoire. La classe d'histoire, acquiesçant au vœu de ses
commissaires, prie M. d'Agincourt, son correspondant
résidant à Rome, de charger quelque artiste romain de
faire ces recherches, et elle assigne les fonds nécessaires pour atteindre ce but, ainsi que pour l'exécution
des plans et des dessins.

Quelques années plus tard, M. Quatremère se ré-
tracta et se montra contraire à ma théorie dans l'article
Polygone de son Dictionnaire d'architecture, ainsi que
je l'ai dit précédemment [1].

M. Middleton, voyageur américain, adresse, en 1808,
à l'Institut de France, ses dessins des monuments de
Segni, de Norba, de Ferentino. Il publia, en 1812,
son ouvrage sur les monuments cyclopéens ayant pour
titre : *Ruines grecques en Italie, description des murs cyclo-*
péens et des antiquités romaines, ainsi que celles de l'ancien
Latium. De retour aux États-Unis, il publia, en 1814,
sur quelques incidents relatifs à ses recherches, une
brochure en forme de lettre qui me fut adressée sous
cette inscription : *Lettre à un membre de l'Institut natio-*
nal, à Paris.

M. Guenepin, architecte, pensionnaire de France à
Rome, trace un nouveau dessin des murs antiques de
Fundi, qui m'est envoyé par M. d'Agincourt.

[1] Voir la première partie, pag. 48.

M. Gropius, peintre et voyageur prussien, publie ce qu'il a découvert des monuments cyclopéens sur le mont Sipyle, en Asie Mineure. Il donne également connaissance de l'existence de plusieurs tombeaux en construction cyclopéenne, et d'autres en polygones réguliers du même style que le tombeau d'Atrée à Mycènes. Il ajoute que ces deux constructions sont identiquement semblables aux différents murs des enceintes des villes ruinées près desquels ces tombeaux sont situés. Un extrait des observations de ce voyageur avait déjà paru dans le Nouveau Mercure allemand, en janvier 1805.

M. Tricon, antiquaire de Smyrne, après avoir vérifié les monuments découverts par M. Gropius sur le mont Sipyle, découvre lui-même, plus loin (à environ un myriamètre), sur la montagne, une autre enceinte de monuments cyclopéens, qui ne peuvent être que l'hiéron de Cybèle. Parmi les détails curieux de cette découverte, on doit compter surtout le monument probable d'un oracle, dont le plan et les diverses particularités sont absolument pareilles aux deux autres hiérons découverts dans la Sabine. Il en sera question ci-après. Ces renseignements, donnés par M. Tricon, sont des plus importants pour la critique historique et comparée des monuments cyclopéens.

M. le comte de Laborde, de l'Institut de France, dans son Voyage pittoresque et historique d'Espagne, offre le plan de l'antique Sagonte et des dessins des murs de Tarragone.

M. Dacier, dans le rapport fait à l'empereur, le 20 février 1808, sur les progrès de l'histoire et de la littérature anciennes, parle favorablement des principes de ma théorie. J'ai cité précédemment la partie de ce rapport qui me concerne.

Madame Marianna-Candidi Dionigi, paysagiste romaine, fait répandre le prospectus de son ouvrage intitulé *Voyage dans quelques cités du Latium qu'on dit avoir été fondées par le roi Saturne*. L'auteur y donne les plans levés par l'architecte M. Campo-Vecchio, en 1803, pour le duc Caetani. Ils sont accompagnés de détails sur les monuments de Ferentino, Alatri, Atina, Arpino, etc. Madame Dionigi, ayant publié et fait graver comme authentique une vue trop librement pittoresque du mur de l'évêché de Ferentino, causa bien involontairement la première méprise de M. Sickler, dont il sera bientôt parlé. Mais, sur l'invitation de M. Dodwell, l'artiste romaine a remédié au mal en joignant à la livraison suivante un exemplaire de son prospectus où elle avertissait, par une note écrite à la main, que cette vue n'était que pittoresque. On se rappelle que c'est à madame Dionigi que l'on doit le premier dessin des plus anciens bas-reliefs existant en Italie, lesquels confirment clairement l'origine arcadienne et pélasgique de la ville d'Alatri, dont la porte fait partie d'un mur pélasgique.

1809.

M. Cretté, ministre de l'intérieur, me fait savoir, par une lettre datée du 9 mai, qu'il approuve mon Cours d'antiquités monumentales à la bibliothèque Mazarine.

M. Simelli, architecte romain, choisi par M. d'Agincourt, à l'invitation de la classe d'histoire de l'Institut,
pour faire des recherches sur les monuments de la
Sabine, adresse à la classe le journal de son voyage et
de ses observations. Il en résulte que, dans une tournée
de trente-quatre jours, cet artiste a parcouru toute la
vallée qui s'étend de Rieti à Albe des Marses, sur les
bords du lac Fucin. Les résultats de ces recherches
sont compris dans cinquante-deux dessins de constructions cyclopéennes. M. Simelli a joint à ses dessins des
renseignements qui ont parfaitement rempli l'objet des
questions rédigées par les commissaires nommés par
la classe d'histoire, à qui un rapport raisonné en a été
fait.

M. Luigi Martelli, antiquaire italien, habitant de
Flamignano, dans le pays de Cicoli, est cité dans la
relation de M. Simelli comme lui ayant fourni des
renseignements sur les monuments de ce canton.
M. Martelli a aussi contribué, en 1829, à faire connaître, par ses indications, la véritable situation de
l'antique Suna, au même pays de Cicoli, dans la plaine
d'Osuna, où M. Dodwell a dessiné trois terrasses en
construction cyclopéenne, dont l'une porte un monument conique également cyclopéen.

M. Smirck, artiste anglais, est cité par M. Hirt dans
son Traité d'architecture, comme ayant, en 1809, dessiné les murs de Mycènes et de Tirynthe.

M. le baron de Rennenkampf et son frère, M. Alexandre, Livoniens, durant leur voyage en Italie, dessinent
et décrivent les monuments d'Alatri; ils me communi-

quent leurs notes à leur passage à Paris; ils m'étaient adressés par mon ami d'Agincourt, pour que je leur montrasse la collection de mes monuments.

1810.

M. Micali, antiquaire de Florence, dans son ouvrage intitulé : *L'Italie avant la domination des Romains*, donne, dans son atlas, les dessins étrusques des murs de Rusella, de Populonium, de Volterra, de Fiesole; il y donne aussi une esquisse du mur de Cosa, choisi dans une partie qui présente la construction pélasgique, dont la ruine a été restaurée en matériaux placés par lits horizontaux d'une taille parfaitement conforme à celle des murs étrusques représentés dans les autres planches du même ouvrage. Il donne enfin le dessin d'une porte des murs de l'acropole de Segni absolument semblable, ainsi que la partie du mur d'enceinte dessinée sur le mont Circé dont il sera parlé ci-après. M. Micali[1] prétend que l'opinion qui me fait attribuer aux Pélasges l'origine des monuments cyclopéens de l'Italie manque de fondement. Il croit que ces constructions sont le résultat du perfectionnement progressif des arts chez les peuples contemporains et voisins des Romains. Il a été répondu avec détail à ces objections dans le Moniteur universel de 1812, n° 110.

M. Sickler, littérateur saxon, écrit que mon opinion sur l'origine pélasgique des constructions cyclopéennes est absolument erronée. Il lui a été de même répondu dans le numéro du Moniteur que je viens de citer.

---

[1] Dans sa note relative à la planche 10 du tom. Ier de son ouvrage.

MM. Feodor, Gmellin, Reinhart, artistes allemands, voyageurs en Grèce et en Italie, sont cités par M. Sickler, dans le Magasin encyclopédique, comme partageant ses opinions contre ma théorie.

M. Millin, de l'Institut de France, publie, dans son Magasin encyclopédique[1], la première lettre de M. Sickler, et ensuite toutes les opinions opposées à ma théorie.

M. le baron de Gérando, de l'Institut de France, m'adresse le dessin d'un mur de la ville de Spoleto, dans lequel on voit un ouvrage romain en pierres parallélipipèdes, portant l'inscription du magistrat qui le fit construire, et, sous ce mur, quelques assises, de hauteurs inégales, d'une construction cyclopéenne.

M. Fontana, professeur à Spoleto, a fait le dessin de cette substruction, et il y a joint quelques explications.

Le docteur Philippe Petit-Radel, mon frère, passant à Spoleto, vérifie et constate les observations faites sur les murs de cette ville; il observe aussi les murs antiques de Fundi, et fait mention des uns et des autres dans son Voyage en Italie, publié en 1815[2].

M. le comte de Lasteyrie, de l'Institut de France, me fournit les dessins d'un mur de Saturnia, ville de fondation pélasgique, et d'un mur de Cosa, ville aussi reconnue pour pélasgique, aujourd'hui appelée *Ansidonia*. J'ai fait exécuter ces deux dessins en relief; ils sont décrits et expliqués ci-après.

M. Fourcade, consul français à Sinope de Pont,

---

[1] Tom. I, pag. 241.

[2] *Ibid.* pag. 326, et tome II, pag. 561.

communique à l'Institut ses recherches et ses observations sur les monuments cyclopéens qu'il a reconnus dans les constructions maritimes de cette ancienne ville, ainsi que dans celles d'Amisus. Il a aussi remarqué que les tombeaux des plus anciens rois de la contrée sont de cette même construction. Il en dit autant des tombeaux qu'il a vus dans la Crimée.

M. le vicomte de Châteaubriand, de l'Institut de France, visite et reconnaît les ruines cyclopéennes de Mycènes, qu'il décrit dans son Itinéraire de Paris à Jérusalem [1].

M. le colonel Vialla de Sommières a observé des ruines de constructions cyclopéennes au Monte-Negro, près de Scutari, et il les décrit dans son Voyage historique et politique au Monte-Negro.

M. de Jassand, vice-consul à Smyrne, me communique le dessin de la construction régulière de la porte et du mur de Priène, en Asie Mineure. Il y joint le dessin du mur de la ville de Mélos, dans lequel on observe qu'une construction semblable est établie sur un soubassement de construction cyclopéenne.

M. Brianchon, capitaine d'artillerie, fait des observations sur des portions de murs antiques à Tolède, en Espagne, dont la construction pourrait bien appartenir au même style cyclopéen que celui des murs que l'on a découverts depuis peu à Sagonte.

[1] Tom. I, pag. 129-133.

1811.

M. Depping, littérateur français, dans son Histoire générale d'Espagne, fait mention des restes de constructions cyclopéennes à Tarragone, et les envisage sous le point de vue de ma théorie.

M. Gibert, membre de l'Institut de France, dans son Prospectus raisonné, ou Aperçu d'un nouveau système des temps qui concilie la chronologie des trois textes de l'Écriture sainte, et par suite celle-ci avec celle des traditions profanes, cite les principes de ma théorie historique qu'il trouve être en rapport avec ceux qu'il adopte dans son ouvrage.

MM. Dufourny, Heurtier, Quatremère de Quincy et Visconti sont de nouveau désignés par la classe des beaux-arts de l'Institut pour examiner jusqu'à quel point M. Sickler pouvait se croire fondé à publier que l'*incertum* et l'*emplecton* dont parle Vitruve ne sont autre chose que des constructions connues de nos jours sous la dénomination de monuments cyclopéens. Après une discussion étendue sur la matière, M. Visconti conclut « que, les passages de Vitruve indiqués par M. Sickler « ne pouvant se rapporter aux mêmes constructions « gigantesques sur lesquelles M. Petit-Radel a fixé de- « puis plusieurs années l'attention des artistes et des « antiquaires, les opinions et les conjectures de ce der- « nier ne peuvent recevoir aucune atteinte de ces pas- « sages. » Ce rapport a été imprimé dans le Moniteur, en 1812, nº 110.

M. Martin, capitaine du génie, lève le plan du mont

Circé, que M. l'adjudant du génie Grongnet dessine. Ces deux ingénieurs ne s'occupèrent de cet objet, en 1811, que pour juger de l'emplacement de deux batteries de canon et de quelques postes militaires. Les plans que M. Grongnet leva et dessina quelque temps après, à la demande de M. le marquis de Fortia d'Urban, pour éclaircir la théorie pélasgique, sont plus détaillés et plus appropriés à ce but.

M. le marquis de Pina, voyageur français, visite Fundi et observe que l'intérieur des anciens murs de cette ville était brut.

M. Grasset de Saint-Sauveur, ancien consul français, publie son Voyage aux îles Baléares, etc., où il fait une nouvelle description d'un monument cyclopéen de l'île de Minorque déjà décrit et dessiné, en 1807, par M. Armstrong.

L'abbé Capmartin de Chaupy, antiquaire italien, dans son ouvrage sur la maison de campagne d'Horace, dit avoir découvert l'antique ville de Cures, en Italie; la construction en est pélasgique. Cet antiquaire a vu quatre phallus aux quatre angles des murs de cette ancienne ville; or, selon Hérodote et Pausanias, ce signe était la représentation du dieu Pan chez les Pélasges, originaires d'Arcadie.

M. Mazois, architecte français, remarque et dessine les trois constructions différentes qui correspondent aux trois peuples successivement fondateurs de la ville de Pompeï. La construction cyclopéenne ne s'y trouve pas. Ces trois peuples sont, suivant l'ordre qu'ils tiennent dans un passage de Strabon, les Osques, ensuite les Étrusques, puis les Samnites, vaincus eux-mêmes par les Romains. En dessinant la partie des murs de Pompeï, qui fut déterrée pendant son séjour à Naples, cet architecte a fourni les moyens de résoudre plusieurs points de critique qui découlent de ce texte de Strabon.

1812.

M. de Prony, de l'Institut de France, parcourant l'Italie, visite et reconnaît la plupart des monuments cyclopéens; il monte au sommet du mont Circé et y retrouve toutes les ruines dans l'état où je les avais vues en 1792.

M. Raoul-Rochette, de l'Institut de France, dans une lettre datée du 30 juillet 1812, m'expose son opinion sur l'origine des premiers colons de la Sardaigne et il est amené à conclure, conformément à mes idées, que ces colons sont des Pélasges partis d'Arcadie. Il publia, en 1815, son Histoire critique de l'établissement des colonies grecques, écrite pour le concours proposé par la classe d'histoire et de littérature ancienne de l'Institut sur cette question : « Rechercher tout ce que « les auteurs anciens peuvent nous apprendre sur l'his- « toire de l'établissement des colonies grecques, tant de « celles qui, sorties de quelques villes de la Grèce, se « sont fixées dans le même pays, que de celles qui se sont « établies dans d'autres contrées; indiquer l'époque et les « circonstances des établissements de ces colonies; faire « connaître celles qui ont été renouvelées ou augmen- « tées par de secondes émigrations, celles qui ont été « fournies par différentes villes, soit à la même époque,

« soit dans des temps postérieurs, et enfin les colonies
« des colonies. » L'auteur, dans la composition de son
ouvrage, part de ce point, qu'il considère les Pélasges
comme le peuple le plus anciennement et le plus uni-
versellement cité dans les origines de la Grèce; et il
reconnaît en eux la trace des Grecs primitifs, les mêmes
que les Hellènes. Dans cet ouvrage, que l'Institut couronna en 1815, notre savant confrère suit en tout et
développe les principes que je posai dès la lecture de
mon premier mémoire à l'Institut. En 1820, M. Raoul-
Rochette rédigea son mémoire intitulé : *Quelques éclaircissements sur l'époque de l'émigration d'Œnotrus,* que, du
consentement de cet académicien, j'ai mis à la suite de
mon examen analytique.

1813.

L'Académie d'archéologie de Rome continuant de
s'occuper de ·ces questions, M. Dodwell y lit un mémoire pour rétablir quelques points relatifs aux monuments cyclopéens, et pour communiquer les rapports
qu'il a découverts entre les monuments existants en
Italie et ceux de la Grèce.

M. le marquis de Fortia d'Urban, mon ami et mon
confrère à l'Institut, publie à Rome, en 1813, un Discours sur les monuments cyclopéens, appelés par lui
Saturniens. Ce discours est accompagné de deux planches. L'auteur rend compte, à l'Académie d'archéologie
de Rome, de ses opinions sur les constructions pélasgiques; il passe en revue avec brièveté, mais avec exactitude, les principaux passages des anciens auteurs qui

font mention des Pélasges et de leurs constructions. En reconnaissant que j'ai le premier ouvert la carrière à cette théorie historique, il me félicite d'avoir abandonné les Cyclopes et de m'être arrêté et fixé aux Pélasges. Je n'ai jamais considéré le nom de Cyclopes que comme la dénomination poétique des hommes que l'histoire désigne par celle de Pélasges, et je reconnais de plus avec l'auteur que, selon toute probabilité, ils vinrent des côtes phéniciennes, ainsi que je l'ai démontré dans l'exposition précédente, et comme le prouvent plusieurs textes des auteurs classiques cités dans les explications qui terminent cette notice. Du reste, à quelques légères différences près, les opinions de mon honorable confrère sont conformes aux miennes. M. de Fortia ayant fait lever, en cette année 1813, le plan du mont Circé, a bien voulu m'en communiquer, quelques années après, la carte manuscrite, et il a porté l'obligeance jusqu'à la faire graver pour moi, afin de rendre plus faciles les nouvelles recherches qu'on pourra faire sur ce promontoire célèbre. Il m'a aussi prêté les dessins détaillés que M. Grongnet fit pour lui, des divers monuments du mont Circé, ainsi que ceux de l'île de Malte, lesquels, exécutés en relief, font partie de la collection pélasgique.

M. Georges Grongnet, ingénieur français et membre ordinaire de l'Institut archéologique de Rome, rapporte qu'étant allé à la chasse avec M. Agretti, il découvrit les murs cyclopéens volcaniques situés environ à 800 pas ouest de Frascati. Il lut, en 1811, à l'Académie dont il était membre, un Discours historique et critique sur l'origine et sur les progrès de la fameuse question des très-antiques murs polygones irréguliers dits *cyclopéens* ou *pélasgiques*. Ce discours est dédié à M. le marquis de Fortia d'Urban. M. Grongnet a été aussi en correspondance avec moi et j'ai de lui quelques lettres.

M. Agretti, avocat italien, a écrit, sur les murs cyclopéens des environs de Frascati, une Dissertation, lors de la découverte qu'en fit M. Grongnet. Cette dissertation est jointe au mémoire publié par ce dernier.

M. Paris, architecte, correspondant de l'Institut de France, a fourni les détails architectoniques dont M. de Fortia d'Urban s'est servi dans son discours cité plus haut.

M. Teuiller, capitaine du génie, entretient l'Académie ionienne, séant à Corfou, de mes idées sur les monuments cyclopéens; il engage cette compagnie savante à demander qu'on entreprenne des recherches en Épire, dont les monuments nous étaient alors absolument inconnus. En Italie, ce voyageur a vérifié la construction des murs de Cosa, lesquels lui avaient apparu en mer resplendissants de blancheur.

1814.

L'Académie ionienne de Corfou, après avoir entendu la lecture des Éclaircissements demandés par la classe des beaux-arts de l'Institut de France, décide que l'auteur de la théorie qui s'y trouve analysée sera inscrit au nombre de ses membres, et elle m'en adresse le diplôme d'associé.

La société des Dilettanti de Londres fait dessiner la

construction de la Cella de Rhamnus, en Attique. En 1817, la même société publie les Antiquités inédites de l'Attique.

M. Clarke, voyageur anglais, publie le tome III de son Voyage dans la Turquie et l'Asie Mineure; il y passe en revue les différentes villes de la Grèce. Il parle des monuments d'Argos, de Mycènes et de Tirynthe; mais, dans le parallèle qu'il établit entre la construction cyclopéenne et les monuments en pierres brutes, il émet l'idée singulière que les monuments de ces contrées ont eu les Celtes pour auteurs, et il fait remonter cette origine aux Phéniciens, par l'intermédiaire des Celtes.

M. Cousinery, consul français à Thessalonique, dans une lettre à M. Barbié du Bocage, annonce qu'il a découvert les constructions cyclopéennes du temple de Cybèle Sipylienne. Il ajoute que le tombeau qui passe pour être celui de Tantale est beaucoup mieux construit, quoique cyclopéen, que les murs de l'enceinte de même construction. Il a ensuite trouvé une pierre sur laquelle deux phallus sont sculptés, et il croit que cette pierre était autrefois placée sur le sommet même du tombeau de Tantale.

M. Van Senep, négociant hollandais, lève de nouveau le plan de l'hiéron de Cybèle Sipylienne dont il vient d'être parlé.

Les Annales des voyages[1] mentionnent la découverte des monuments pélasgiques, et renvoient à mes Mémoires pour les détails.

[1] Tom. III de la sixième souscription, cahier 67, pag. 16, note 1.

1815.

Lord Spencer-Stanhope, voyageur anglais, membre correspondant de l'Académie des inscriptions et belles-lettres, communique à cette académie les dessins du Voyage en Grèce qu'il a publié, et, entre autres, les plans et les élévations des ruines d'Éleuthère, d'Élatée, de Platée, de Thoricum et de Cranea.

M. Herbert Marsh, antiquaire anglais, publie à Cambridge son ouvrage intitulé : *Horæ pelasgicæ*.

1816.

M. Niebuhr, dans son Histoire romaine[1] dit : « J'ap-« prends que l'on trouve, en Sardaigne, des murs cyclo-« péens d'un genre particulier qui, vraisemblablement « ne peuvent pas plus être attribués aux Carthaginois « qu'aux *Iolai*. » Et ailleurs[2] il ajoute : « L'opinion qui « attribue aux géants les murs des villes cyclopéennes « construites en roches immenses et anguleuses, de-« puis Préneste et Ardea jusqu'à Alba, dans le pays des « Marses, l'opinion qui leur attribue aussi la construc-« tion des murs tout à fait semblables de Tirynthe, n'est « absolument que la manifestation d'une raison simple « et non prévenue. »

M. le baron de Schlegel, littérateur allemand, dans les Annales littéraires d'Heidelberg[3], fonde plusieurs

---

[1] Traduction de M. de Golbéry, pag. 241.
[2] *Ibid.* pag. 244.
[3] N° 53.

de ses raisonnements sur les principes de ma théorie, quoique sans la citer, ni me nommer, pour faire la critique des opinions émises par M. Niebuhr dans son Histoire romaine. Il agit de même dans les Annales encyclopédiques rédigées par M. Millin [1].

M. Pouqueville, consul français à Janina, membre correspondant de l'Académie des inscriptions et belles-lettres, fait connaître le résultat de ses recherches. Afin de l'engager à les diriger sous le point de vue le plus spécial et le plus utile à l'objet de la théorie pélasgique, je lui avais adressé, en 1807, les gravures des monuments qui avaient été précédemment dessinés dans la Sabine pour satisfaire aux questions proposées par l'Institut. J'y avais joint la brochure des Éclaircissements, que j'accompagnai de notes particulières pour l'avertir de ne pas s'arrêter sur les débris d'architecture ornée, dans ses recherches de l'hiéron de Dodone, comme avaient fait infructueusement les voyageurs qui l'avaient précédé. Je lui conseillai de ne pas perdre de vue que, les hiérons et les oracles de la Sabine ayant été construits à l'instar de celui de Dodone, on devait nécessairement retrouver sur son territoire des vestiges de constructions semblables à celles de la Sabine et bâties sur les mêmes plans. En adoptant ces points de critique, M. Pouqueville a retrouvé, à Kardikaki, les seuls monuments de tout le territoire propres à témoigner l'existence des anciens édifices où toutes les colonies pélasgiques allaient consulter l'oracle.

Ce savant voyageur, à qui j'avais recommandé sur-

[1] Pag. 147 de l'année 1817.

tout de comparer attentivement la nature, la diversité et le nombre des constructions réunies aux remparts des villes antiques, m'a fait part de ses observations sur trente et une villes, dans les murs desquelles la construction cyclopéenne se trouve constamment établie sous des ruines de constructions helléniques en pierres d'un très-gros volume et disposées en lits horizontaux. Ces constructions sont surmontées à leur tour par des ruines romaines en briques, et par d'autres ruines de petites pierres taillées datant du Bas-Empire; enfin on les voit couronnées par des ouvrages slavons, turcs et vénitiens. Quelques monuments réunissent toutes ces constructions perpendiculairement disposées les unes sur les autres, ce qui paraît mettre le sceau à la démonstration du point de critique le plus important de la théorie.

M. Pouqueville a, de plus, fait connaître les monuments cyclopéens des villes de l'Épire et de la Macédoine, dont on n'avait encore aucune idée. J'en avais seulement soupçonné la construction, d'après un bas-relief de la colonne trajane qui me paraissait indiquer cette construction dans les murs de la Dardanie et de la Pélagonie.

Le nombre des monuments cyclopéens observés en Grèce, par M. Pouqueville, s'élève à cent trente-quatre; en y joignant les vingt-deux villes purement de construction hellénique qu'il a soigneusement distinguées des autres, ce savant voyageur aura fourni à lui seul la connaissance de cent cinquante-six monuments de villes antiques. Aucun voyageur n'a répondu avec autant de zèle aux Questions adressées à toute l'Europe savante par l'Institut de France.

Je transcris ici un témoignage dont j'ai reçu la note écrite de la main de M. Pouqueville :

« Lors du voyage que je fis, de 1790 à 1800, dans « le Péloponnèse, je n'avais nulle idée des monuments « cyclopéens, et je ne voyais dans ces constructions « que des maçonneries de la nature *incertum* de Vitruve, « erreur qui m'avait été suggérée par mon ami M. Fau- « vel, qui lui-même vacillait sur la dénomination qu'il « devait leur appliquer.

« Ce fut d'après un mémoire et une note de M. Petit- « Radel, qui me furent envoyés en 1807 par M. Barbié « du Bocage, que je recherchai et reconnus l'hiéron de « Dodone, d'après la figure de l'hiéron de la Sabine, et « je crois l'avoir trouvé à Kardikaki. »

Le résultat complet des recherches de M. Pouqueville est consigné dans son Voyage de la Grèce.

M. le docteur Vlaïco, antiquaire de Corfou, résidant à Prasto, l'ancienne Prasiæ, fait des observations d'après lesquelles il faut inscrire cette ville au nombre des villes pélasgiques. On doit au même docteur la connaissance des monuments cyclopéens de Gœranthræ, dans le même canton de la Laconie. Les observations de M. Vlaïco ont été communiquées par M. Pouqueville.

1817.

M. Francis Beaufort, capitaine anglais, membre de la Société royale de Londres, publie, en 1817, un ouvrage intitulé : *Caramanie*, ou courte description de la côte méridionale de l'Asie Mineure et des restes d'antiquités qui s'y trouvent. Il y fait connaître le premier l'existence de villes cyclopéennes sur cette côte, célèbre par les anciennes colonies de Xanthus, fils de Triopas, roi d'Argos, et de Triptolème, premier fondateur de Tarse en Cilicie. M. Beaufort a observé, en ce pays, beaucoup de ruines antiques, entre autres celles d'une ville entourée de murs la plupart en construction cyclopéenne ; et, parmi ces ruines, il a remarqué beaucoup d'inscriptions grecques. Tous ces monuments sont d'une importance d'autant plus grande, qu'ils sont limitrophes de la Lycie, occupée, dès l'an 1742 avant l'ère vulgaire, par la colonie de Xanthus [1].

M. Dubois, artiste français, me communique ses observations sur les murs cyclopéens de Parium, dans l'Hellespont.

1818.

M. John Macdonald Kinneir, voyageur anglais, publie à Londres son Voyage en Asie Mineure, dans lequel il confirme la haute antiquité des monuments d'Amisus, observés longtemps auparavant par M. Fourcade. Il ajoute aussi des notes sur les murs de Cerasonte [2].

Don Juan Ramis y Ramis, Espagnol, membre de l'Académie d'histoire de Mahon, publie un ouvrage intitulé : *Antiquités celtiques de l'île de Minorque*, depuis les temps les plus reculés jusqu'au IVe siècle de l'ère chré-

[1] Voyez à ce sujet le *Journal des Savants*, mai 1819, pag. 70.
[2] *Journal des Savants*, mai 1819, pag. 115.

tienne. « L'île de Minorque, dit cet historien, présente
« une grande quantité de tours rondes, principalement
« dans la partie méridionale. L'origine de ces édifices
« doit remonter à la plus haute antiquité, si l'on en juge
« d'après leur construction faite sans ciment, et seule-
« ment au moyen de pierres extraordinaires, inégales et
« mal taillées. Quelques-uns de ces édifices sont assez
« hauts, et, dans l'état de ruine où ils se trouvent, leur
« circonférence est de trois cents palmes (soixante-six
« mètres). Ils sont désignés dans le pays par le nom de
« *Talayots* ou *Atalayas.*

« Outre ces édifices, dit encore le même antiquaire,
« il en existe un dans cette île, qui est unique peut-être
« dans toute l'antiquité ; il est fait en forme de nef, cons-
« truit en pierres sèches et la plupart sans taille. On
« n'y trouve aucune trace d'écriture ou d'hiéroglyphes,
« ce qui peut faire conjecturer qu'il est, ainsi que les
« autres, d'une époque antérieure à celle de Cadmus. »

Le père Juan Tartarullo, capucin, artiste de l'île de
Minorque, lève le plan et fait le dessin de l'édifice de
la *nef* qu'on observe dans cette île, et dont il est question dans l'ouvrage de don Juan Ramis.

1819.

M. le chevalier de Gamba me fait part du souvenir
qui lui est resté de la construction cyclopéenne par lui
observée sous un mur de construction romaine, à Sagonte, aujourd'hui *Murviedro*, en Espagne. Il me pro-
met que, durant son prochain séjour en Crimée, il
fera faire ou fera lui-même des recherches sur les

monuments des bords du Pont-Euxin et des défilés du Caucase.

M. Brochant d'Antilly, consul français à Valence, en Espagne, chargé de reconnaître le monument précédemment indiqué par M. de Gamba, écrit à l'un des chefs du ministère des relations extérieures qu'il fera faire au plus tôt les recherches qui lui sont demandées.

M. Jaubert de Passa, conseiller de préfecture à Perpignan, m'informe, à son retour de Valence, que, par suite des recherches dont il s'était chargé d'après l'invitation de M. Brochant d'Antilly, il a découvert que le mur du terre-plein du temple de Diane, à Sagonte, est revêtu d'une construction cyclopéenne, dont la ruine est surmontée d'un mur en blocs carrés et parfaitement conformes à ceux du théâtre bâti par les Romains dans la même ville. Cette observation a fourni la preuve matérielle de la fondation de la colonie grecque de Sagonte, fixée à environ deux cents ans avant la guerre de Troie, suivant Pline et Bocchus, cité par ce naturaliste. Le même M. Jaubert a décrit et dessiné les ruines d'Emporiæ.

M. le comte de Clarac, conservateur des antiques du Musée royal de Paris, me communique ses dessins des murs cyclopéens d'Albe des Marses et d'une porte bâtie en ogive par encorbellement, formant galerie allongée, qui se voit à Arpinum, au sommet de l'acropole. Ce monument, tout à fait semblable à celui de la galerie qui règne sur le flanc de la forteresse de Tirynthe, ajoute un nouveau point de comparaison entre

7.

l'architecture des monuments les plus anciens des deux contrées.

M. Pertudier, chef d'escadron dans l'artillerie française, me fait part de ses observations sur les murs de Cyzique et de Prusa, en Bithynie.

M. Tromelin, voyageur anglais, observe la construction cyclopéenne à Cranaï ou Cranaé, ancienne forteresse de l'île de Céphalonie.

M. Cockerell, voyageur anglais, lève les plans d'un grand nombre de villes grecques, entre autres celui de Rhamnus, en Attique.

M. l'abbé Giambatista Bruni, antiquaire italien, publie à Bologne ses Recherches concernant la langue des Pélasges tyrrhéniens. Dans cet ouvrage, en tout conforme aux principes de ma théorie, l'auteur se croit fondé à dire, d'après les textes des anciens historiens, que les Pélasges, qui de l'Hellénie vinrent en Italie, parlaient la langue de leur patrie primitive, laquelle n'était pas la langue grecque d'Homère, mais un idiome composé d'expressions phéniciennes, gètes et thraces; ce qui confirme la probabilité de mon opinion précédemment émise sur le séjour primitif des Pélasges, que j'ai cru devoir fixer dans l'ancienne contrée de Chanaan.

M. Letronne, de l'Institut de France, rendant compte dans le Journal des Savants [1] de l'ouvrage de M. Francis Beaufort, sur la Caramanie, etc. mentionné ci-dessus à l'année 1817, parle des constructions cyclopéennes conformément à ma théorie.

M. le docteur Holland, médecin anglais, auteur d'un

[1] Mai 1819.

Itinéraire en Épire, reçoit de M. Pouqueville les dessins gravés de plusieurs monuments de ma collection, et s'en sert pour se diriger dans les recherches qu'il fait en Thessalie.

M. Wyse, voyageur anglais, me communique un extrait de son journal, qui constate qu'en visitant l'acropole de Pergame, en Asie Mineure, il a trouvé un reste de mur cyclopéen dont les pierres, quoique assez grosses, n'égalent cependant pas celles des ruines cyclopéennes qu'il a observées à Argos, à Mycènes, etc.

M. Jules Didot, voyageur français, me remet un échantillon des murs de Mycènes, avec le dessin d'un mur de Thelpusa en Arcadie, et celui du mur de Pergame de Troie. L'échantillon du mur de Mycènes, apporté par ce voyageur, se voit incrusté sur le modèle n° XLIX de la collection pélasgique.

M. Auguste de Sayve, officier français, me fait part de ses observations sur une partie des murs de Catane qu'il croit être de construction cyclopéenne, et qu'on peut reconnaître, selon lui, au lieu appelé *le Boulevard des Pestiférés*.

M. Barbié du Bocage, de l'Institut de France, qui depuis longtemps mettait beaucoup de zèle à provoquer les recherches relatives à ma théorie, et à me communiquer les découvertes qui sont venues à sa connaissance, entre autres celles de M. Fauvel en Grèce, m'envoie un article de l'ouvrage de M. Gell, sur l'Attique et les pays environnants, où il est question de murs cyclopéens trouvés à Abæ, sur la route qui conduit de Bogduna au pont du Céphise et à Lébadie.

M. Starnati Bulgari, capitaine du génie, attaché à l'état-major du général Donzelot, lève le plan de Kardikaki, en présence du consul français Pouqueville, qui certifie l'exactitude de ce plan, et pense que les ruines cyclopéennes de ce lieu fortifié sont celles de l'hiéron de Dodone.

1820.

M. Lajard, de l'Institut de France, me donne, par une lettre datée du 1er mars, des renseignements sur quelques débris de monuments cyclopéens qu'il a vus à Aix et à Marseille.

M. Stuart, voyageur anglais, publie la relation du voyage qu'il fit, en 1812 et 1813, sous le titre de *Voyage en Albanie et en Grèce*, dans lequel il a réuni plusieurs détails sur quelques villes pélasgiques, sans employer les dénominations dont je fais usage. Ainsi, au chapitre VII du tome II, il dit qu'à Bérat une partie de la construction inférieure des murs est un ouvrage des anciens Grecs, au lieu de dire des Pélasges. Au chapitre IX du même tome, il appelle les substructions de Castri *pseudo-cyclopéennes*, distinction fausse qu'il a empruntée de M. Gell.

M. le chevalier Albert de la Marmora, capitaine des grenadiers de la garde du roi de Sardaigne, m'écrit de Turin que, devant aller dans l'île de Sardaigne, il se propose d'y faire des recherches topographiques relativement à ma théorie, et il me demande communication des dessins cités dans les rapports de l'Institut. Après avoir reçu de moi ces dessins, le zélé voyageur mit tant d'activité dans ses investigations, qu'au commencement de 1821 il avait dessiné treize vues de monuments de la Sardaigne, prises à la *camera lucida*. Il confia aussitôt ces dessins cartonnés et scellés de son cachet à un courrier qui lui paraissait présenter la garantie la plus sûre pour me les remettre; mais ils ne me sont jamais parvenus, par suite, soit de la négligence, soit de la mauvaise foi du courrier. Quelques années après, M. de la Marmora, étant venu à Paris, m'apprit qu'il avait envoyé des dessins et comment ils s'étaient perdus. Il s'empressa de m'en donner quelques copies qu'il avait destinées à des amis, et, à son retour en Sardaigne, il fit de nouveaux dessins qui, joints à ses notes, m'ont servi pour composer ma Notice sur les nuraghes. Rien n'égale la complaisance et l'activité qu'a mises M. de la Marmora à me donner tous les détails nécessaires sur ces étonnantes constructions dont personne jusque-là ne s'était occupé. Par suite de ces recherches attentives et de ces découvertes, il paraît que le nombre des nuraghes de la Sardaigne s'élève au moins à six cents.

M. Müller, architecte allemand, publie à Berlin une Histoire de l'art de bâtir chez les anciens, dans laquelle il mentionne les constructions cyclopéennes.

M. Hirt, architecte allemand, publie, dans la même ville, une nouvelle édition de son Histoire de l'art de bâtir chez les anciens, dans laquelle il dit que les constructions cyclopéennes ont été ainsi nommées parce que les Pélasges les faisaient exécuter par une caste de mineurs. «On sait, dit-il, qu'en s'enfonçant dans les

« entrailles de la terre les mineurs portent une lampe
« qui est leur œil unique, et de là leur vient le nom
« de Cyclopes. » Cette explication de M. Hirt est tout à
fait arbitraire, il lui serait impossible de l'appuyer d'un
seul texte ancien.

M. Robert Walpole, voyageur anglais, publie à Londres ses Voyages en diverses contrées de l'Orient, dans
lesquels il cite [1] l'inscription de Midas en lettres pélasgiques [2].

M. Jomard, de l'Institut de France, m'écrit pour me
demander des notes sur les publications qui ont été
faites relativement aux monuments cyclopéens, afin de
les adresser à la Société asiatique de Calcutta, et d'engager par là cette Société à faire des recherches dans
l'Inde.

M. Wittington, voyageur anglais, observe à Pathmos
une acropole située au-dessus de l'isthme qui sépare
les deux parties de l'île. C'est une construction en blocs
réguliers et semblables à ceux qui ont été employés
à l'acropole de Samos, excepté que les blocs, au lieu
d'être calcaires, sont d'un porphyre grossier qui se
trouve dans l'île [3].

1821.

M. Christian Müller, voyageur allemand, publie à
Leipsick la relation de ses voyages sous ce titre : Voyage

[1] Pag. 207.
[2] Voir le *Journal des Savants*, novembre 1820.
[3] *Journal des Savants*, octobre 1820.

en Grèce et dans les îles Ioniennes; il mentionne dans cet ouvrage les monuments pélasgiques qu'il a rencontrés.

M. Brocchi, de Bassano, ancien inspecteur des mines du royaume d'Italie, me communique quelques notes relatives à mon Mémoire sur les volcans du Latium, desquelles il résulterait que ces anciens volcans ont été sous-marins; ce qui, du reste, était connu depuis longtemps.

M. le lieutenant-colonel Leake, voyageur anglais, membre de l'Académie des sciences de Berlin, publie à Londres sa Topographie d'Athènes, avec plusieurs remarques sur les antiquités de cette ville. Le titre de l'ouvrage ferait croire que l'auteur se limite uniquement à l'examen de l'Attique; mais, dans une introduction fort étendue, il cite nommément presque toutes les villes où se trouvent des restes de constructions cyclopéennes. Les opinions de M. Leake sur les Pélasges sont conformes aux miennes, à l'exception de cette particularité, qu'il en fait une nation différente de celle des Grecs, tandis que le langage de l'histoire est formel pour prouver que la nation appelée originairement *pélasgique* est la même que celle qui fut dans la suite appelée hellénique et grecque.

M. Siméon, ministre de l'intérieur, met le plus grand zèle à recommander à M. Thévenin, directeur de l'Académie de peinture à Rome, les recherches sur les monuments cyclopéens d'Ardea et d'Alatri.

1822.

M. Thévenin, de l'Institut de France, directeur de l'Académie de peinture à Rome, par une lettre écrite de cette ville, rend compte des recherches qu'il a fait faire sur les monuments de ces deux villes, conformément à l'invitation de M. le ministre de l'intérieur.

MM. Callet et Lesueur, architectes pensionnaires de France à Rome, font les recherches mentionnées dans les deux alinéa précédents; ils vont visiter les constructions indiquées, et m'adressent, par la voie de l'ambassade française, les dessins des murs d'Ardea, d'Alatri, d'Ameria, etc., accompagnés de leurs notes.

M. Maxime Raybaud, ancien officier supérieur au corps des philhellènes, et aide de camp du président du pouvoir exécutif du gouvernement grec, publie ses Mémoires sur la Grèce, pour servir à l'histoire de l'indépendance, durant l'année 1822. Il y décrit les ruines de Tirynthe, celles de Mycènes et du tombeau d'Atrée; celles de Corinthe; en plusieurs autres circonstances, il mentionne les constructions cyclopéennes de cette contrée.

1823.

Le *Gentleman's Magazine* [1], journal anglais, donne une analyse des questions faites par la classe des beaux-arts de l'Institut de France; il rend compte des découvertes de M. Dodwell, et il indique les recherches

[1] Février 1823.

qu'il croit convenable de faire, en plusieurs lieux de
l'Asie et de la Grèce, pour les compléter.

M. Fosbroke, antiquaire anglais, est cité dans le
même journal [1], pour avoir, dans son Encyclopédie des
antiquités, donné un chapitre sur l'architecture cyclopéenne.

M. Hamilton, antiquaire anglais, est aussi mentionné
dans le même journal, pour avoir établi dans son Archéologie une division des différents styles de construction cyclopéenne.

1824.

M. Gustave Hænel, professeur de droit à l'université de Leipsick, voyageant alors en Italie, visite Cortona, Cori, Norba, Sermonetta, Arpino, Alatri, Ferentino, Palestrina. À Cortona, ce voyageur a vu les
anciens murs, et il a observé particulièrement la porte
qui regarde l'orient, à droite et à gauche de laquelle
il a vu le mur formé de deux constructions différentes, dont la plus basse est en pierres oblongues,
assemblées irrégulièrement. A Norba, il a reconnu trois
enceintes distinctes : la première, qui est la plus voisine
du pied de la montagne, est formée de gros blocs arrondis, incontestablement cyclopéens, interrompus par des
restaurations antiques en pierres régulières et de construction romaine. Dans la partie qui regarde la Norba
moderne, il y a une très-grande porte à linteau plat,
et qui s'unit des deux côtés à la muraille. Les débris de
la deuxième enceinte, plus élevée, sont de style cyclo-

---

[1] Février 1823.

péen. La troisième, qui forme l'acropole, est en pierres brutes arrangées : elle forme une enceinte qui domine le précipice au-dessus des Marais Pontins, et c'est dans cette dernière enceinte que se trouve l'emplacement très-distinct des temples.

1825.

M. Klentze, antiquaire allemand, insère dans le t. III de l'*Amalthea*, recueil périodique imprimé à Leipsick, un article où il s'étend beaucoup en recherches sur les Cyclopes, et dans lequel il s'exprime ainsi [1] : « Il faut « donc convenir que les murs, en forme de polygones « irréguliers, assemblés sans ciment, dispersés sur une « grande partie de l'Europe méridionale, dans l'Archipel « et dans l'Asie Mineure, sont l'ouvrage de ces anciens « Cyclopes ou Tyrrhéniens pélasgiques; assertions déjà « démontrées en partie par les recherches de MM. Petit- « Radel et Dodwell, de madame Dionigi, etc...... »

À la page 105, M. Klentze, continuant le même sujet, s'exprime de manière à faire entendre qu'il n'a pas bien saisi la distinction des temps, ni l'époque de l'introduction en Grèce de la construction en assises horizontales. «On voit encore aujourd'hui, dit-il, les « constructions polygone et horizontale à l'acropole de « Mycènes, dont les murs et la fameuse Porte aux Lions « furent, d'après le témoignage exprès de Pausanias, « attribués aux Cyclopes. La plus grande partie des murs « mêmes sont construits en polygones, et la porte,

---

[1] Page 103.

« ainsi que les murs qui y sont joints, se trouvent être
« en construction horizontale. M. Dodwell, l'un des
« investigateurs les plus actifs et des plus chauds par-
« tisans du système cyclopéen de M. Petit-Radel, est
« obligé de convenir que la construction irrégulière
« ainsi que la perpendiculaire ont existé en même temps
« chez les Cyclopes. »

M. le chevalier Giuseppe Manno, antiquaire italien,
publie le tome Ier de son Histoire de Sardaigne, dans
lequel, parlant des monuments cyclopéens de cette île,
il les attribue à des colonies orientales.

M. Kœhler, membre de l'Académie de Pétersbourg,
y lit, à la séance du 31 août 1825, un Mémoire où se
trouve la description du temple d'Achille à Leucé, île
de la mer Noire. « Ce temple, dit l'académicien russe,
« ainsi que les restes des anciens édifices de Leucé, sont
« construits avec de très-grands blocs de pierre calcaire
« ordinaire, de couleur blanchâtre, grossièrement tail-
« lés, et placés les uns sur les autres sans ciment.....
« Ces ruines ressemblent, dit ailleurs M. Kœhler, à celles
« d'un édifice que j'ai rencontré dans le voisinage et à
« l'ouest du couvent de Saint-Georges; elles ont aussi beau-
« coup d'analogie avec une ruine de figure conique que
« Pallas décrit et dont il donne le dessin et les dimen-
« sions; il ne reste de cette dernière que deux couches
« formées de très-gros blocs grossièrement taillés, d'une
« pierre calcaire, jaunâtre et dure,....... Je ferai, conti-
« nue-t-il, dans une autre occasion, la description de
« plusieurs grandes ruines qui se voient dans la Tauride;
« comme le temple d'Achille de l'île de Leucé et les

« monuments cités, elles sont d'une antiquité très-recu-
« lée et d'une architecture cyclopéenne. »

• 1826.

M. Mimaut, antiquaire français, ancien consul de
France à Cagliari, publie un ouvrage intitulé : *La Sar-*
daigne ancienne et moderne, dans lequel il m'attribue
l'honneur d'avoir porté la lumière sur l'origine des monuments de cette île, par mes observations sur les
constructions de la haute antiquité [1].

M. Gossellin, de l'Institut de France, accepte la
dédicace de ma Notice sur les nuraghes de la Sardaigne,
et m'écrit plusieurs lettres pour me témoigner qu'il
partage absolument toutes les idées émises dans cet
ouvrage. Ce savant a déjà été cité en 1800, pour avoir,
l'un des premiers, goûté ma théorie historique ; ce fut
lui qui présida, le 3 juillet 1807, la séance publique
et générale de l'Institut, dans laquelle je lus les premiers
résultats de mes recherches en Italie.

M. Vergez, officier français, observe la construction
cyclopéenne à Nauplia, dans la partie de la ville qui
avoisine la mer. Je dois ce renseignement à M. Pouqueville.

M. le chevalier de Bronsted, correspondant de l'Institut de France à Rome, m'adresse quelques observations

---

[1] M. Petit-Radel venait à peine de fermer les yeux, qu'une mort
soudaine et prématurée enlevait à la science M. Mimaut, au moment
où, de retour d'Égypte, il allait enrichir son pays d'un nouveau tribut
de ses laborieuses recherches et de ses précieuses découvertes.

sur le petit temple de Rhamnus en Attique, déjà visité par MM. Cockerell et Gaudry.

M. Francesco Orioli, professeur de physique à l'université de Bologne, parle des monuments cyclopéens dans une dissertation intitulée : *Des édifices sépulcraux de l'Étrurie moyenne*, publiée par la Polygraphie de Fiezole. Il convient que cette construction est pélasgique, et que c'est un perfectionnement de la *maceria* (mur grossier, tel que ceux qui de nos jours entourent les jardins ou les vignes); ses opinions sont en tout conformes à ma théorie. Il parle aussi d'un monument cyclopéen qui existait dans l'Aderbidjan ou Médie Atropatène des anciens, monument que les Persans considérèrent comme l'ouvrage de leurs ancêtres les plus reculés; et il cite pour autorité M. Guigniaut [1]. Le même auteur est encore cité par M. Orioli, pour avoir dit que le bas-relief de Mycènes est une représentation relative au culte de Mithra.

Lady Mary Deershurst et lady Augusta Coventry, dames anglaises, visitent et observent les constructions d'Atina, auxquelles Virgile donne l'épithète de *potens*, et elles en dessinent les murs cyclopéens; leur dessin a été ensuite gravé et publié dans les Annales de l'Institut archéologique de Rome.

M. Landresse, littérateur français, rend, dans le Moniteur universel [2], un compte aussi étendu que favorable de ma Notice sur les nuraghes de la Sardaigne.

[1] *Religions de l'antiquité*, ouvrage traduit de l'allemand de Creuzer par J. D. Guigniaut, Paris, 1825; tom. I, page 676.

[2] 29 décembre 1826.

1827.

M. Graslin, consul français à Santander, fait des recherches et des études sur les temps anciens de l'Espagne. Il convient de l'existence en ce pays des constructions que je crois devoir regarder comme de fondation pélasgique; mais, différant de ma théorie sur quelques points, il m'expose ses motifs dans une réponse lithographiée qui m'est adressée nominativement à la date du 15 novembre.

1828.

M. Charles Mac-Forslam, voyageur anglais, décrit les restes des murs cyclopéens d'Erythrée, ville d'Ionie, dans un ouvrage intitulé : *Constantinople et la Turquie en 1828.*

M. Ruspi, architecte italien, dessine la porte dite *dell'Arco*, à Volaterra, aujourd'hui *Volterra;* elle lui paraît restaurée à trois époques successives, par les Étrusques, par les Romains et par les Sarrasins[1].

1829.

M. Huyot, architecte français, mon confrère à l'Institut et mon ami, ayant voyagé en Italie, en Grèce, en Asie, et visité les constructions cyclopéennes de ces contrées, me communique, à son retour, plusieurs dessins, entre autres ceux des murs de Palestrine en Italie, de Tanagra en Béotie, de Cnide ou Triopa en Asie, etc. Je dois, en outre, à son extrême obligeance

---

[1] *Bulletin de l'Institut archéologique,* avril 1831.

une foule de renseignements positifs qu'il s'est procurés durant ses voyages; ils m'ont été doublement précieux pour compléter les notes des autres voyageurs, et pour appliquer ma théorie aux contrées asiatiques.

M. Barrois, membre de la Chambre des Députés, reconnaît, durant son voyage en Orient, des constructions cyclopéennes dans l'Arcadie et l'Attique; il me transmet le détail de ses observations dans une lettre datée du 28 juin.

M. de Stendal mentionne, dans l'ouvrage publié sous le titre de *Promenades de Rome* [1], les monuments cyclopéens de l'Italie, qui lui furent indiqués par mon correspondant et mon ami M. Dodwell.

L'Institut de correspondance archéologique de Rome devient le centre des recherches qui se font en Italie relativement à la théorie pélasgique, et son Bulletin est le dépositaire général des découvertes qui en sont le résultat.

M. Abel Blouet, architecte français, ayant suivi l'armée expéditionnaire de Morée, m'apporte, à son retour, ses dessins des monuments pélasgiques de Sicyone, d'Argos, de Mycènes, de Scillonte, de Sparte et de l'Ithôme de Messène.

M. Quinet, voyageur français, observe aussi divers monuments cyclopéens pendant la même expédition.

M. le comte de Las-Cases, dans son Atlas élémentaire géographique, historique, chronologique et généalogique [2], s'exprime en ces termes :

[1] Paris, 1829.
[2] Paris, 1829; carte n° 1.

« M. Petit-Radel, par sa découverte heureuse des
« constructions cyclopéennes, poursuivie depuis avec le
« plus grand succès dans le monde savant, jette un grand
« degré d'intérêt sur les premiers temps de la Grèce,
« dont l'authenticité se trouve aujourd'hui pleinement
« confirmée par le témoignage même des monuments
« existant encore à présent.

« Il est bien à désirer que les ouvrages auxquels l'idée
« mère de M. Petit-Radel a donné lieu soient bientôt
« suivis du sien, qui doit en être l'ensemble et le com-
« plément. »

1830.

M. Virginio Vespignani, artiste italien, dessine, pour
M. Dodwell, les monuments de la Sabine [1].

M. Orinoli, antiquaire italien, observe à Cesi, en
Ombrie, un mur en gros blocs parallélipipèdes sur
lequel on voit un phallus sculpté en relief [2].

M. Henry Edward Fox, voyageur anglais, démontre
l'origine pélasgique des Samnites; il me donne, en
passant à Paris, les dessins de la Via Salaria, des murs
de Rusella, de Bovianum, de Saturnia et de Luco.

M. Christophe Words-Worth, voyageur anglais, associé du collége de la Trinité de Cambridge, fait des
recherches en Grèce et dans les îles environnantes,
dans l'intérêt de la théorie pélasgique; il visite, étudie
et dessine un assez grand nombre de monuments cyclopéens et m'en envoie les dessins accompagnés de notes.

[1] *Bulletin de l'Institut archéologique de Rome*, mars 1830.
[2] *Id. ibid.*

Ces dessins représentent les constructions de Palatia et de Pronoé, dans l'île de Céphalonie; d'Erétrie, en Eubée; de Larisse d'Argos, de Nauplia; d'Anagyrus, de Rhamnus et d'Eleusis, en Attique; de Delphes, de Myopolis, d'Égine, de Mycènes et de l'Herœum de Junon, près de Mycènes; de Chéronée, de Coronée, d'Orchomène, de Tanagra, en Béotie; de Demetrias, près de Volo; de la citadelle d'Arta; d'Ambracie, de Drémisous, en Épire; de Pharsale, d'Haliarte, de Crissa et de l'hiéron de Vénus, au mont Eryx, en Sicile. Une grande partie des dessins de ce zélé voyageur a été exécutée en relief et se voit dans la galerie pélasgique.

M. Knapp, architecte prussien, dessine plusieurs monuments d'Italie, entre autres ceux d'Atina et de Norba.

M. Stewart, négociant anglais, ayant visité la Perse en 1827, me communique, par l'entremise de M. Saint-Martin, mon confrère à l'Institut, le dessin d'un mur de terre-plein qui soutient la plate-forme des édifices et des colonnes de Persépolis. Cette construction a paru cyclopéenne à M. Saint-Martin. Je l'ai trouvée de la même espèce que les remparts de Saturnia et de Cosa, dessinés par M. le comte de Lasteyrie. C'est le premier monument de ce genre qui, à ma connaissance, ait été observé en Perse. Il fortifie beaucoup les raisons que j'ai de croire aux rapports de Persée avec la Perse, et il révèle, par conséquent, l'origine persane du bas-relief de la porte de Mycènes. Ce dessin a été exécuté en relief et fait partie de ma collection.

M. Carcel, naturaliste français qui accompagna M. Michaud dans son voyage en Orient, renouvelle et

8.

vérifie sur le mont Sipyle les recherches faites par
M. Tricon, et m'adresse ses observations dans une lettre
écrite de Smyrne, en octobre 1830. Ce jeune voyageur n'a pas revu la France; il est mort à Constantinople, en 1831.

MM. Henrique et Théodore Labrouste, architectes
pensionnaires de France à Rome, font pour moi des
dessins très-soignés des murs de Segni et des portes
jumelles de cette ville. J'ai fait depuis graver ces dessins;
ils sont joints aux deux lettres que j'adressai, en 1835,
à M. le duc de Luynes [1], et sont en outre exécutés en
relief.

M. Westphall, voyageur prussien, fait des observations sur les monuments cyclopéens du mont Circé;
elles sont consignées dans le Bulletin de l'Institut archéologique de Rome [2]. Ce voyageur a aussi visité la
Sabine et vu la construction cyclopéenne à Rocca-
Massimi.

Lord Beverley, voyageur anglais, fait des observations sur les monuments du pays des Volsques, qui sont
mentionnées dans le même numéro du Bulletin cité.

M. Stoddart, voyageur anglais, visite en Sicile quelques monuments cyclopéens, entre autres les murs de
Cefalù [3].

MM. Ambrosch et Gerhard, voyageurs prussiens,
donnent des renseignements sur les monuments de Cosa
(*Ansidonia*), de Subcosa (*Orbitello*), de Saturnia et d'A-

[1] *Bulletin de l'Institut archéologique de Rome,* 1835.
[2] Décembre 1830.
[3] *Ibid.*

meria [1]. M. Gerhard a été en correspondance avec moi, en sa qualité de remplaçant de M. de Bunsen au secrétariat de l'Institut archéologique : j'ai de lui quelques lettres relatives à ma théorie historique.

1831,

M. le vicomte de Lapasse, littérateur français, travaillant à une Histoire politique des deux Siciles, m'écrit de Rome pour me demander quelles sont mes opinions sur les premiers colons de la Sicile; si ces colons furent pélasges, et si c'est à eux qu'on doit attribuer la fondation de Cefalù?

1832.

M. Victor Le Clerc, professeur à la Faculté des lettres de Paris, et depuis mon confrère à l'Institut, visite les monuments pélasgiques de l'Italie, et les reconnaît tels que je les avais annoncés. Il m'a dit avoir vu, au musée de Messine, une pierre antique portant gravé le mot grec ΙΕΡΑ; cette pierre faisait très-probablement partie d'un monument des Pélasges primitifs, lesquels s'exprimaient en grec, langue du pays qu'ils avaient quitté. Ce savant professeur, dans un article où il rend compte d'un ouvrage de M. le comte de Tournon, intitulé : *Études statistiques sur Rome et la partie occidentale des États Romains*, s'exprime ainsi en parlant des ruines cyclopéennes du Latium, dont la vue a donné naissance à ma théorie :

[1] *Bulletin de l'Institut archéologique de Rome*, décembre 1830.

« Dès les plus anciens temps, un peuple industrieux
« et puissant habita le sommet de ces montagnes. Inter-
« rogez ces restes sur lesquels s'élèvent Palestrina, Cora,
« Norba, Segni, Alatri, Veroli, Ferentino. Ce sont là
« les murailles que l'érudition appelle cyclopéennes ou
« pélasgiques, et dont les immenses blocs forment des
« polygones irréguliers comme les pierres des murs de
« Tirynthe, comme les dalles qui pavent les rues de
« Pompéïa, de Florence, ou comme l'ancien pavé du
« Forum. Souvent, dans ces débris superposés les uns
« sur les autres, on voit se succéder de siècle en siècle,
« de peuple en peuple, les constructions pélasgique,
« romaine, gothique, sarrasine; histoire immémoriale
« écrite avec des pierres sur des murs indestructibles [1]. »

M. Léon Vaudoyer, architecte français, fait connaître
que la construction de Tarquin, à Segni, diffère de la
construction pélasgique.

M. Gazzera, secrétaire de l'Académie des sciences de
Turin, après avoir lu mon Examen analytique et les
Mémoires qui sont joints à cet ouvrage, m'écrit qu'il
partage entièrement mes idées sur l'antiquité des constructions cyclopéennes.

MM. de Cadalvène et de Breuvery, voyageurs français, découvrent sur la côte de la Syrie, entre les villes
d'Orthosia et de Gabala, à une heure environ du château de Mackhab, quelques tours en ruines, construites
de fragments antiques tirés des débris de l'ancienne
Balanea, dont ils ont retrouvé et visité les vestiges encore subsistants. Ces voyageurs m'ont adressé conjoin-

[1] *Journal des Débats*, 26 septembre 1832.

tement le détail de leurs observations sur les ruines de cette ville incontestablement pélasgique.

J'avais depuis longtemps signalé l'intérêt qu'il y aurait à visiter attentivement les côtes de la Syrie, pour bien étudier de quelle nature sont les restes antiques des villes dont les noms sont conservés dans le Pentateuque, dans les autres livres de la Bible, ainsi que dans les plus anciens historiens grecs. La relation des deux voyageurs que je viens de nommer remplit mes désirs. Ils ont découvert en Syrie les ruines d'une ville où se voient la même construction et la même disposition topographique que dans les plus anciennes acropoles de la Grèce et de l'Italie. De nouvelles recherches sur ces côtes si peu observées confirmeront de plus en plus l'identité des monuments de l'une et de l'autre contrée, et y montreront le point de départ des anciennes colonies pélasgiques.

A leur retour de Syrie et pendant le séjour qu'ils firent à Smyrne, MM. de Cadalvène et de Breuvery ont monté au sommet du mont appelé *Yamana* ou *de la Bonne mère*, et en ont dessiné la vue. Ces deux voyageurs ont encore observé plusieurs villes antiques, entre autres Halicarnasse, dont les murs sont de construction hellénique.

M. Hittorf, architecte français, traduit de l'anglais les Antiquités inédites de l'Attique, ouvrage publié par la Société des dilettanti, dont il a été fait mention précédemment, à l'année 1814.

1833.

M. Schoell, savant écrivain français, dans son Histoire de la littérature grecque profane, depuis son origine jusqu'à la prise de Constantinople par les Turcs,
dit [1] que M. Hirt, dont j'ai parlé ci-devant aux années
1805 et 1820, rédige un mémoire dans lequel il réunit
les divers passages des auteurs qui prouvent que la tradition fait sortir du Péloponnèse tous les héros désignés
sous le nom de Pélasges.

M. Poulain de Bossay, professeur d'histoire au collége
Saint-Louis, à Paris, publie un Atlas de géographie historique, dans lequel sont marqués tous les lieux où il
se trouve des monuments pélasgiques [2].

1834.

M. Feuillet, mon confrère à l'Institut, et bibliothécaire de la bibliothèque de ce même établissement, traduit en français le texte anglais du dernier ouvrage de
M. Dodwell, dont il a été parlé à l'article de ce voyageur.

M. le chevalier de Bunsen, antiquaire allemand, secrétaire de l'Institut de correspondance archéologique
de Rome, ayant renouvelé contre la théorie pélasgique
quelques-unes des objections faites plusieurs années auparavant par M. Sickler, je lui réponds en deux lettres
adressées à M. le duc de Luynes, et insérées au Bulletin
de cet institut [3].

---

[1] Tom. I, pag. 7.
[2] Paris, in-4°; 1832 et 1833.
[3] Tom. VI, pag. 350-367.

M. le duc de Luynes, antiquaire français, partageant
entièrement mes principes sur la théorie pélasgique,
prend parti en ma faveur dans la question de controverse agitée entre M. de Bunsen et moi. Après avoir
lu mes deux lettres explicatives, le duc m'écrit en ces
termes : « C'est avec bien de l'intérêt, Monsieur, que
« j'ai lu votre dernière réfutation du système que l'on a
« voulu opposer à vos longues et savantes études sur
« les monuments pélasgiques. J'y ai trouvé, comme j'en
« étais certain, cette modération de langage, compagne
« nécessaire d'une certitude profonde. Je ne doute pas
« que ce dernier écrit, malgré sa brièveté, ne résume aux
« yeux des savants tous les faits importants consignés
« dans vos travaux, etc. »

M. le duc de Luynes a aussi contribué à l'avancement
des recherches relatives à la théorie pélasgique, en dé-
couvrant les monuments de Pandosia d'Œnotrie.

M. Charles Texier, voyageur français, parcourt aux
frais du gouvernement les contrées occidentales de l'Asie,
pour la recherche des monuments cyclopéens. Dès ses
premiers pas sur cette terre classique, le jeune voyageur découvre Cius et Soandos, dont les murs sont
construits en blocs irréguliers polygones, incontestablement cyclopéens. Ces deux villes sont citées par Strabon,
qui dit de la première [1], qu'elle dut sa fondation à l'un
des compagnons d'Hercule. Un rapport a été fait à l'Académie des inscriptions et à celle des beaux-arts, le 6
et le 7 septembre 1834, sur la lettre de M. Texier,
qui contenait des détails sur cette première décou-

---

[1] *Géographie,* liv. XII, pag. 564.

verte. Trois dessins des murs cyclopéens de Soandos, qui furent envoyés à l'Institut avec cette lettre, m'ayant été communiqués, je les ai fait exécuter en relief, et ils font partie de la collection. Si M. Texier continue ses recherches avec le même bonheur, il aura fait faire un grand pas à la théorie pélasgique.

M. Dureau de la Malle, mon confrère à l'Institut, m'adressant un extrait du Rapport fait par M. Texier au ministre de l'instruction publique, sur la découverte mentionnée dans l'article précédent, s'exprime en ces termes : « Je vous copie le petit article du rapport de « M. Texier à M. Guizot [1] : Cius, l'une des plus an- « ciennes villes de l'Asie, selon Strabon, offre plusieurs « parties intactes de murailles qui donnent un bel « exemple de l'appareil pélasgique à joints irréguliers. »

M. Adrien Balbi, Vénitien, dans son Abrégé de géographie [2], mentionne avec exactitude les lieux où se voient les monuments cyclopéens et les voyageurs à qui l'on en doit la découverte. Il cite MM. Peyron, de la Marmora, Mimaut, Manno, pour les nuraghes de la Sardaigne ; M. Inghirami, pour les monuments de Fiezole ; M. Doron, pour ceux de Cortone ; MM. Harris, Saint-Angell, Képhalides, pour ceux de l'antique Selinonte ; M. Trant, pour ceux d'Argos et de Larisse ; M. Gell, pour ceux de Mycènes ; M. Dodwell, pour Lycosures ; M. Clarke, pour Sicyone ; MM. Cockerell et Leake, pour les monuments voisins de Smyrne ; MM. Beaufort, Clarke, Arundell, etc., pour les monu-

---

[1] *Moniteur,* 19 décembre 1829.
[2] Paris, 1834.

ments de l'Asie Mineure ; M. Dubois, pour Lamaka, dans l'île de Chypre, etc. A l'article de Tirynthe, M. Balbi me cite nominativement, et s'exprime en ces termes :

« Ces ruines imposantes, qu'on regarde comme la
« plus grande construction cyclopéenne de la Grèce,
« nous rappellent les murailles de Norba, celles de
« Cortona, les ruines de Saturnia, de Cora, de Cosa et
« l'hiéron ou sanctuaire de la Sabine, construits dans
« la péninsule italienne par un peuple inconnu, dont
« l'existence a exercé la sagacité et l'érudition de tant
« de savants, à la tête desquels tout le monde s'accorde
« à placer M. Petit-Radel, qui a fait de si importantes
« découvertes sur ce sujet. »

1835.

M. Giuseppe Sanchez, bibliothécaire de la bibliothèque royale Borbonica de Naples, annonce, par une lettre adressée à M. Raoul-Rochette, et lue par cet académicien à la séance de notre académie du 27 mars 1835, qu'il s'occupe de la publication d'une Description historique et statistique de la terre et campagne de Monte-Falcone, de la découverte et de l'antiquité de plusieurs monuments de diverses époques, entre autres d'un mur cyclopéen d'un mille (un kilomètre et demi environ) de longueur.

Ici se terminent les notes fournies par M. Petit-Radel lui-même. Peu de temps après, les sciences et l'amitié le pleurèrent. Sa tombe n'était pas encore fermée, que de nouvelles notes lui arrivaient à l'appui de sa découverte. Nous allons donc ajouter à son travail celles que nous avons recueillies. C'est un devoir qu'il nous faut remplir.

1836.

M. Carlo Promis, architecte italien, publie à Rome les Antiquités d'Albe, auprès du lac Fucin, chez les Èques[1]. L'auteur de cet ouvrage, qui a mesuré chacun des monuments par lui illustrés, en adresse un exemplaire à M. Petit-Radel, dont il ignorait encore la mort, le 19 août 1836, et il accompagne son livre d'une lettre très-honorable pour le savant académicien. « Tous ceux « qui se livrent à l'étude des antiquités anté-romaines, « écrit M. Promis, et surtout de cette partie de la « construction dont l'extérieur irrégulier et surprenant « rappelle tant de souvenirs pour l'histoire, tant de « curieuses combinaisons pour les architectes, tous re- « connaissent combien ils sont redevables à vos savantes « recherches.

« En vous offrant, monsieur, une copie de mon tra- « vail sur la ville d'Alba Fucensis, dans les Abruzzes, « dont les murailles ont été examinées par vous-même, « je ne fais autre chose que vous témoigner, pour ma « part, ce sentiment universel des archéologues et des « architectes ; car vos travaux, monsieur, ont posé les « bases de ces études, et c'est de votre époque que « datera dans la postérité la science nouvelle des cons- « tructions antiques considérées à la fois sous le rapport « historique et monumental, etc. »

[1] In-4° avec trois planches.

Dans cet ouvrage, où la description des monuments cyclopéens si nombreux de cette antique ville tient la principale place, et où, sous onze titres différents, tout ce qu'il importe d'en connaître est traité avec clarté et exactitude, l'auteur, quoiqu'il se montre d'accord avec M. Petit-Radel sur presque tous les points, en diffère sur un seul; il considère[1] la construction polygone comme déterminée par la localité, par les moyens et par la science architecturale d'un pays, plutôt que comme exclusive à un peuple et à une époque. Il convient[2] qu'à la vérité les Pélasges, qui fondèrent beaucoup de villes en Italie, bâtirent en grands blocs irréguliers, posés obliquement et sans ciment; mais il pense que cette sorte de construction n'a pas appartenu exclusivement à ce peuple.

Dans l'Explication des monuments de son cabinet pélasgique, M. Petit-Radel démontre, par les textes des auteurs classiques, que les plus anciens monuments de l'Italie, de la Grèce et de l'Asie sont de fondation pélasgique. Il suit, l'histoire en main, les constructions successives qui se firent, tantôt auprès de ces monuments primitifs, tantôt sur leurs restes, de telle sorte que, malgré la différence de la localité, des moyens et de la science architecturale, on voit la construction cyclopéenne, sous ses divers styles, régner en même temps dans les trois contrées.

M. Canina, antiquaire italien, est cité dans l'ouvrage de M. Promis comme ayant beaucoup contribué à

[1] Page 7.
[2] Page 105.

l'avancement de la théorie pélasgique. Ce savant appuie en effet toutes les recherches faites par M. Petit-Radel; il leur donne même quelques développements nouveaux, non-seulement dans ses deux ouvrages, l'Architecture grecque [1] et l'Architecture romaine [2], mais encore dans les notes que renferment les Annales de l'Institut archéologique.

[1] Part. I et II, chap. I.
[2] Part. III, chap. I.

TROISIÈME PARTIE.

TROISIÈME PARTIE.

EXPLICATIONS.

I.

9

II.

La collection qui forme le Cabinet pélasgique se compose :

1° De quatre modèles qui, n'étant proprement la copie d'aucun monument, servent seulement à faciliter l'interprétation des autres ;

2° De quatre-vingts modèles de monuments pélasgiques, tels que murs, portes, tombeaux, temples, etc. :

En tout quatre-vingt-quatre modèles en relief.

3° D'un tableau peint sur toile représentant la construction pélasgique commencée par les Cyclopes avec la règle flexible de plomb, et continuée par les Phéniciens au moyen de l'équerre ;

4° D'une carte topographique du mont Circé ;

5° De vingt et un dessins coloriés et de quinze dessins non coloriés de vues de constructions pélasgiques :

En tout trente-six dessins.

6° D'un tableau des synchronismes des temps antérieurs à la guerre de Troie [1].

Quelle méthode devais-je employer pour faire passer ma propre conviction dans l'esprit des autres? La

---

[1] Le buste de l'auteur et celui de Ennius Quirinus Visconti font aussi partie du Cabinet, ainsi que nous l'avons dit précédemment.

plus simple et la plus naturelle m'a paru la meilleure. J'avais dit qu'il existait des monuments de l'architecture d'un ancien peuple, que les historiens nous montrent dans l'ombre de l'antiquité la plus reculée sous le nom de peuple *Pélasge;* ayant étudié les traces de ce peuple, j'avais dit que ces monuments devaient se trouver en Italie, en Grèce, dans les îles et sur les côtes de la Méditerranée, ainsi qu'en Asie. Mais ceux qui ne peuvent pas sortir de leur pays, pour aller au loin examiner la vérité de mon assertion, étaient en droit de me demander quelles preuves je donnais de l'existence réelle et actuelle de ces monuments. Pour satisfaire à cette juste exigence, j'ai recueilli et mis sous les yeux du lecteur les travaux et les dessins des savants, des antiquaires et des voyageurs qui, ayant recherché ces antiques monuments d'après mes indications, les ont vus et ont attesté l'état de leur existence actuelle. De plus, voulant rendre plus sensibles les résultats de mes études, parmi les nombreuses vues qui m'ont été communiquées, j'en ai choisi plusieurs que j'ai entrepris de faire exécuter en modèles de haut relief, en tout semblables aux monuments originaux, les dimensions exceptées. Je ne sais à quel nombre ces modèles pourront s'élever par la suite; mais la collection, dans son état présent, me paraît suffisante pour répondre à la première et juste impatience du public, les modèles qui la composent représentant des constructions observées dans tous les pays, où, selon l'histoire, les Pélasges eurent des établissements.

L'existence de ces monuments, affirmée par un grand

nombre de témoins, ne peut être révoquée en doute, surtout quand ces témoins, séparés de pays et de temps, se réunissent pour les mêmes assertions et fournissent des copies parfaitement identiques des mêmes monuments. Mais est-il également sûr et avéré que ces constructions, auxquelles, à la vérité, on ne peut pas contester leur extrême ancienneté, soient néanmoins celles que l'antiquité savante nomma *Cyclopéennes*? Cette seconde question, dont l'importance historique a été promptement appréciée dès qu'elle fut annoncée, est traitée par moi dans la plupart des mémoires que j'ai lus à l'Académie des inscriptions et belles-lettres de l'Institut de France, et c'est à la résoudre affirmativement que je travaille depuis quarante années. Mes écrits polémiques étant entre les mains de peu de personnes, se trouvant d'ailleurs disséminés en divers recueils et ne pouvant par ces motifs satisfaire l'attente du public, j'ai pensé qu'il fallait faire parler à ces modèles de monuments cyclopéens un autre langage, un langage succinct et adapté à leur forme, à l'abri des atteintes du doute et de la crainte de l'esprit de système. En conséquence, j'y ai fait graver les textes d'Homère, d'Hésiode, d'Euripide et de Théocrite; ceux d'Hérodote, de Thucydide, de Xénophon, de Strabon et de Pausanias; ceux de Plaute, de Virgile, d'Horace et d'Ovide; ceux enfin de Varron, de Cicéron, de Denys d'Halicarnasse, de Tacite, de Pline, de Justin, etc. etc... qui démontrent l'origine authentique des monuments représentés.

Quelquefois j'ai été assez heureux pour trouver, dans les témoignages les plus reculés de l'histoire, l'origine expressément marquée des plus anciens monuments de l'architecture cyclopéenne. Toutes les origines n'ont pas été transmises jusqu'à nous, et celle de la fondation de bien des villes s'est même totalement perdue; mais, pour peu qu'il se soit rencontré quelque texte qui, sans la préciser, témoigne du moins de la date la plus rapprochée de la fondation d'une ville, l'analogie et l'identité des constructions m'ont paru alors des motifs suffisants pour la rattacher à l'origine pélasgique.

Les explications qui suivent sont de trois sortes; d'abord je transcris, avec leur traduction, les textes qui sont gravés sur les modèles; ensuite je rapporte, également avec la traduction, ceux que leur étendue ou la disposition du modèle n'ont pas permis d'y placer; enfin j'y ajoute, soit mes propres observations, quand c'est moi-même qui ai vu le monument, soit celles que les voyageurs m'ont adressées ou ont insérées dans leurs ouvrages sur les monuments qu'ils ont vus, décrits ou dessinés.

Quant à l'ordre numérique dans lequel se trouvent les articles qui composent ces explications, il correspond aux numéros qui sont placés sur chacun des modèles; et ceux-ci, à leur tour, ont été classés d'après l'ordre géographique que la marche même de la découverte indiquait.

La première rencontre que je fis des constructions cyclopéennes eut lieu, comme je l'ai déjà dit, en Italie au mont Circé; partant de ce point, je portai mes investigations dans tout l'ancien Latium; les contrées voisines de ce pays furent ensuite visitées. De l'Italie, la

découverte se propagea dans la Grèce, dans les îles et·
sur les côtes de la Méditerranée, puis elle passa sur
divers points de l'Asie : tel est aussi l'ordre selon lequel
les modèles sont numérotés. Ainsi les quarante et un
premiers numéros concernent l'Italie; les trente et un
suivants appartiennent au continent grec ou à son archipel; entre les huit derniers, le premier est tiré de
l'île de Malte, le second de la Sicile, le troisième de
l'Espagne, et les cinq derniers de l'Asie centrale et de
l'Asie Mineure.

Avant d'étudier chacun de ces modèles ainsi que les
inscriptions dont ils sont revêtus, et pour mieux saisir
l'objet que j'ai eu en vue en les écrivant, il est nécessaire
de jeter un coup d'œil sur le Tableau des synchronismes de l'histoire des temps héroïques de la Grèce, qui
fait partie de la collection; on y prendra une idée générale des temps oubliés, qu'il s'agissait de reproduire en
développant, jusqu'à la guerre de Troie, les seize séries
des premiers rois de la Grèce, et, par conséquent, la
date approximative de l'origine des villes qu'ils ont fondées, depuis Inachus jusqu'à l'époque de cette guerre
si fameuse. Les murs de ces villes ayant conservé in-
variablement leur même position, et leurs restaurations
ayant été opérées, soit par superposition, soit par jux-
taposition, leurs dates chronologiques, ainsi exprimées
par les restaurations successives, confirment indubita-
blement le témoignage historique de leur origine, consigné dans le même Tableau des synchronismes.

Je n'entrerai pas dans le détail de ces explications
sans m'être acquitté d'un devoir, en signalant à l'atten-

tion et à l'intérêt du public le zèle et l'intelligence avec lesquels un des gardiens de la bibliothèque Mazarine, M. Étienne Poulain, m'a secondé dans la création plastique des modèles de ces monuments cyclopéens, que plus d'une fois j'ai vus admirés par des architectes célèbres. C'est lui qui, sans avoir jamais été initié dans les arts du dessin et de la sculpture, sans avoir eu en cela d'autres maîtres que mes indications et son adresse naturelle, les a copiés sur des dessins exacts et établis dans l'état où on les voit. Il a réussi à exprimer, aussi bien qu'un artiste consommé aurait pu le faire, toutes les proportions des monuments. C'est donc pour obéir à un double sentiment de justice et de gratitude que, voulant lui laisser tout l'honneur de l'ouvrage de ses mains, j'ai fait sceller son médaillon en bronze sur un des plus beaux modèles, qui est celui de la porte de Ferentinum (n° XVI), avec cette légende, par laquelle j'ai tâché d'exprimer sommairement sa coopération à mes travaux : *Stephanus Poulain, instinctu suopte, cyclopeorum monumentorum plastes.* « Étienne Poulain, sans autre guide que son « propre instinct, a exécuté en plâtre les monuments « cyclopéens. »

III.

EXPLICATIONS PARTICULIÈRES.

MODÈLES EXPLICATIFS DE LA THÉORIE.

A.

MODÈLE DE CONSTRUCTION CYCLOPÉENNE, EN BLOCS POLYÈDRES IRRÉGULIERS MOBILES, TAILLÉS À LA RÈGLE FLEXIBLE DE PLOMB.

Ce modèle a été exécuté dans le but de démontrer la difficulté que devait présenter le travail de la construction pélasgique. Composée de blocs irréguliers assemblés sans ciment, elle était d'une telle solidité, que plusieurs pierres pouvaient en être supprimées sans qu'il en résultât le plus léger éboulement dans la partie supérieure ou dans les parties latérales. C'est peut-être de la vue d'un mur ainsi resté debout malgré la suppression de quelques blocs inférieurs, que naquit l'idée des voûtes par encorbellement, dont le principe, en Europe, paraît avoir été appliqué en premier lieu à Tirynthe, puis au tombeau d'Atrée à Mycènes, et successivement dans les pays voisins.

B.

MODÈLE DE CONSTRUCTION ROMAINE, EN BLOCS PARALLÉLIPIPÈDES MOBILES, TAILLÉS À L'ÉQUERRE.

En donnant ce modèle, on s'est proposé de mettre sous les yeux la construction des Romains, laquelle se composait de blocs parallélipipèdes taillés à l'équerre; elle est dégagée, d'une part, des substructions, soit étrusques, soit helléniques, qui lui étaient antérieures, et, de l'autre, des restaurations, soit gothiques, soit modernes, qui lui sont postérieures.

C.

VILLES PÉLASGIQUES.

Modèle d'un mur cyclopéen sur lequel sont inscrits les noms des principales villes pélasgiques constatées pour telles par le témoignage des voyageurs.

D.

VOYAGEURS.

Autre mur cyclopéen sur lequel sont inscrits les noms des principaux voyageurs qui ont découvert ou visité des villes pélasgiques, ainsi que les noms de ces villes et la date de leur découverte.

MODÈLES EXÉCUTÉS D'APRÈS LES DESSINS
DES VOYAGEURS.

——

ITALIE.

I.

PLATEAU LE PLUS ÉLEVÉ DU MONT CIRCÉ.

Exécuté d'après les dessins de M. Grongnet.

Le mont Circé, aujourd'hui *Monte Circello*, est situé environ à quatre myriamètres et demi sud-sud-est de Rome, et à peu près un myriamètre huit kilomètres sud-sud-ouest de Terracina. Il offre un plateau à sept sommets, dont le plus élevé (celui que représente ce modèle) a cinq cent vingt-sept mètres au-dessus du niveau de la mer. Sa longueur est de sept kilomètres environ, sur près de trois de largeur.

> Εὗρον δ'ἐν βήσσῃσι τετυγμένα δώματα Κίρκης
> Ξεστοῖσι λάεσσι, περισκέπτῳ ἐνὶ χώρῳ.

Ils trouvèrent, dans un vallon, les habitations de Circé construites en pierres polies, sur un tertre élevé[1].

> Ἔχει δὲ πολίχνιον καὶ Κίρκης ἱερὸν, καὶ Ἀθῆνας βωμὸν.

«La ville renferme aussi un temple de Circé et un «autel consacré à Minerve[2].»

Theophrastus Circeiorum insulæ mensuram posuit stadiorum LXXX. « Théophraste a fixé l'étendue de l'île «des Circéens à quatre-vingts stades » (un myriamètre

---

[1] Homère, *Odyss.* liv. X, v. 210.
[2] Strabon, *Géogr.* liv. V, pag. 232.

et demi environ, en supposant le stade de six cents au degré [1]).

EX · AVCTORITATE · IMP · CÆS · M · AVRELII
ANTONINI · PII · FELICIS · AVG.
PARTHIC · MAX · BRIT · MAX · PONT · M
ET · DECRETO · COLL · $\overline{XV}$ · SAC · FAC
SERVIVS · CALPVRNIVS · DOMITIVS · DEXTER
PRO · MAGIST
ARAM · CIRCES · SANCTISSIMÆ · RESTITVIT
DEDICAT · XVII · K . IVL · IMP
ANTONINO · $\overline{IIII}$ · BALBINO · $\overline{II}$ · COSS

Sur l'autorisation de l'empereur Cæsar Marcus Aurelius, Antoninus Pius, heureusement régnant, vainqueur des Parthes et des Bretons, souverain Pontife, et par décret du collége des XV chargés des sacrifices, Servius Calpurnius Domitius Dexter, sous-directeur du collége, a fait rétablir l'autel de la très-sainte Circé. Dédié le XVII avant les calendes de juillet, Antonin étant consul pour la quatrième fois, et Balbinus pour la seconde.

Cette inscription, tirée des ruines du temple, est conservée à la porte de la voie Appia, à Fondi, où je la vis. On croit qu'elle a été originairement encadrée dans les restaurations de l'autel de Circé, comme les inscriptions municipales l'ont été dans les parties réparées des murs de Fondi. Je reconnus par cette inscription que l'autel de la très-sainte Circé, *aram Circes sanctissimæ*, fut rétabli et dédié le 17 des calendes de juillet, sous le règne de Caracalla et sous le deuxième consulat de Balbinus, ce qui fixe cette restauration vers l'an 213 de l'ère vulgaire.

Sur le bord de la plate-forme du modèle on lit ce qui suit :

[1] Pline, *Hist. nat.* liv. III, chap. IX.

« La façade ci-dessous de la roche est supposée masquée par des inscriptions, mais, sur les lieux, on la voit épaulée d'un mur à la base duquel sont les ruines d'une construction cyclopéenne successivement restaurée en ouvrage réticulaire en briques, en maçonnerie confuse mêlée de fortes tuiles. Ces superpositions, faites avec chaux et ciment, marquent à l'œil exercé les divers temps auquels le culte de la très-sainte Circé de l'inscription a persévéré sur ce sommet après l'empire de Marc-Aurèle, comme en d'autres lieux écartés de Rome au temps de Symmaque, dernier protecteur public du culte païen, vers l'an 395 de l'ère vulgaire. »

Au milieu de la même plate-forme, on voit les débris d'un temple, dont les gouttières fournissaient d'eau la citerne que l'on voit plus bas à gauche.

Ce fut, ainsi que je l'ai déjà dit, en juin 1792 que je gravis cette roche pour la première fois, afin d'en rapporter à Rome un palmier-éventail. Cette monocotylédonée, que je rencontrai enracinée entre les blocs de l'*ara Circes*, fut cause que je m'arrêtai à examiner ces antiques constructions, et c'est dès ce moment que fut enfin fixé le caractère distinctif des monuments pélasgiques parmi les autres monuments architecturaux des anciens.

On voit, de ce côté du modèle, les trois degrés de l'autel pélasgique, bâti à l'instar des autels de la loi mosaïque, et les restaurations pratiquées du temps de Marc-Aurèle ou postérieures à lui, qui se reconnaissent à l'emploi continuel de la règle droite.

AD
PROMVNTVR · VENERIS
PVBLIC · CIRCEIENS
VSQ · AD · MARE · M
TERMINO · $\overline{\text{LXXX}}$

J'ai lu cette inscription topographique gravée en
lettres onciales sur la roche vive du chemin des tours
de garde, sur les flancs du mont Circé. Elle se trouve
aussi gravée en plusieurs autres endroits, mais elle ne
s'est conservée nulle part dans son intégrité : le temps
l'a détruite en grande partie et l'a rendue presque inin-
telligible. Ortelius pense, d'après Breventanus, que
promuntur est le même mot que *promontorium*, « promon-
« toire de Vénus publique Circéienne, » et que le reste
de l'inscription devait marquer, ou la distance du lieu
où elle se trouve à l'hiéron de la déesse, ou bien les
distances marquées pour le circuit du promontoire,
qui était, comme on l'a vu, de quatre-vingts stades (un
myriamètre et demi), selon Théophraste.

D'après la tradition recueillie par Hésiode, le pays et
les habitants du Latium avaient tiré leur nom de Latinus, un des fils que Circé eut d'Ulysse, et qui régna
sur eux. Voici le passage d'Hésiode :

Κίρκη δ'Ἡελίου θυγάτηρ Ὑπεριονίδαο,
Γείνατ' Ὀδυσσῆος Ταλασίφρονος ἐν φιλότητι
Ἄγριον, ἠδὲ Λατῖνον ἀμύμονά τε κρατερόν τε,
Οἱ δ'ἤτοι μάλα τῆλε μυχῷ νήσων ἱεράων,
Πᾶσιν Τυρσηνοῖσιν ἀγακλειτοῖσιν ἄνασσον.

Circé, fille du Soleil, fils d'Hypérion, dans son union avec
l'infortuné et courageux Ulysse, enfanta deux fils, Agrius, et
Latinus remarquable par sa justice et par sa vaillance; ils ré-

gnèrent sur les célèbres Tyrrhéniens établis dans les retraites de leurs îles sacrées [1].

· Le poëte n'entendrait-il pas ici, par ces îles sacrées, les établissements des anciens habitants du Latium dispersés et isolés au milieu des forêts?

M. Grongnet, se trouvant à Malte en juin 1833, m'écrivit pour me donner quelques détails sur les diverses observations par lui faites au mont Circé. D'après cet ingénieur, les fondements encore existants du temple de la déesse seraient plus anciens que les colonies pélasgiques; il les croit antédiluviens, et, comme le déluge n'avait pu les ébranler, la colonie conduite par Circé s'en serait servie pour asseoir l'enceinte de l'hiéron. Cette opinion ne peut être appuyée par le témoignage d'aucun auteur, tandis qu'en attribuant ces constructions aux colonies pélasgiques nous avons en notre faveur les textes formels des anciens poëtes, des historiens, des géographes, etc.

Selon le même M. Grongnet, la citadelle de Circé avait deux cents mètres d'étendue, et le temple, construit sur le plateau, cinquante mètres.

On voit, sur ce plateau, l'entrée d'un souterrain que le temps a bouchée; en avant de cette entrée, à droite près du mur, il y avait une ouverture qui semble avoir dû communiquer avec ce souterrain. A l'une des extrémités du modèle, se trouve la bouche d'un puits à peu près comblé à présent, que M. Grongnet dit s'appeler *puits* ou *citerne du crapaud idolâtré.*

[1] *Théog.* v. 1011.

II.

PORTE DE L'HIÉRON DE CIRCÉ.

Exécuté, comme le précédent modèle, d'après les dessins de M. Grongnet.

Limen loci sacri[1].

. . . . .τετυγμένα δώματα Κίρκης
Ξεστοῖσι λάεσσι, περισκέπτῳ ἐνὶ χώρῳ.

Les habitations de Circé étaient construites en pierres polies, sur un tertre élevé[2].

Proxima Circææ raduntur litora terræ,
Dives inaccessos ubi Solis filia lucos
Assiduo resonat cantu, tectisque superbis
Urit odoratam nocturna in lumina cedrum,
Arguto tenues percurrens pectine telas.
Hinc exaudiri gemitus iræque leonum
Vincla recusantum, et sera sub nocte rudentum;
Setigerique sues, atque in præsepibus ursi
Sævire, ac formæ magnorum ululare luporum:
Quos hominum ex facie Dea sæva potentibus herbis
Induerat Circe in vultus ac terga feraram.

Déjà la flotte touche aux rivages de ce fameux séjour, où la fille du Soleil, l'opulente Circé, fait sans cesse résonner de ses chants des forêts inaccessibles, et où, la nuit, retirée sous les toits superbes d'un palais que le cèdre odorant éclaire de sa flamme, sa main promène la navette bruyante entre les fils d'une trame légère. Sur ces côtes, on entend rugir dans les ténèbres des lions pleins de rage, rongeant les fers qui les pressent. Là, grondent

[1] Comme Varron nous le dit (*Lang. lat.* liv. VI) : *Omne templum debet circumseptum esse, nec plus quam unum introitum habere.* «Quelle que soit «l'étendue de la circonférence d'un temple, il n'a jamais qu'une seule «entrée.»

[2] Homère, *Odyss.* liv. X, v. 210.

dans leurs prisons des ours effrayants, des sangliers au poil hé-
rissé; des loups énormes remplissent les airs de leurs longs hurlements. Hommes autrefois, la déesse cruelle, par le charme
puissant de ses enchantements, les dépouilla de leurs formes
pour les revêtir de celles de ces monstres féroces [1].

En arrivant au mont Circé, on rencontre d'abord un
angle de mur cyclopéen à San Felice, du côté de la
mer; ensuite les fondations du mur près de la porte
d'entrée; puis une enceinte au-dessus du village, et enfin, au sommet du mont, l'hiéron de Circé, tout en construction cyclopéenne. Cluvier dit avoir vu ces monuments. Sur le bord de la mer, il y a une enceinte en
pierres carrées, mais non taillées à l'équerre.

Sur la pierre qui surmonte la porte de notre modèle, on lit :

THEORIÆ

MONVMENTVM · HOC

PRIMORDIALE

NACTVS · SVM

AD · MONTEM · CIRCÆVM

ANNO · M̅D̅C̅C̅X̅C̅I̅I̅

J'ai rencontré ce premier monument, sur lequel est fondée
ma théorie, au mont Circé, en 1792.

Ce modèle et les deux suivants sont des parties qui
se rapportent au précédent et qui ne font qu'un avec
lui.

Le dessin de ce modèle se voit à l'angle inférieur et
à gauche de la carte du mont Circé dressée par M. Grong-
gnet, laquelle fait partie de la collection pélasgique.

[1] Virgile, *Énéid.* liv. VII, v. 10.

III.

MUR DE CIRCÉ.

Exécuté d'après les dessins de M. Dodwell.

Αἰαίην δ'ἐς νῆσον ἀφικόμεθ', ἐνθάδ' ἔναιε
Κίρκη ἐϋπλόκαμος, δεινὴ θεὸς αὐδήεσσα,
Αὐτοκασιγνήτη ὀλοόφρονος Αἰήταο.
Ἄμφω δ' ἐκγεγάτην φαεσιμβρότου Ἡελίοιο,
Μητρός τ' ἐκ Πέρσης, τὴν Ὠκεανὸς τέκε παῖδα. κ. τ. λ.

Enfin, nous abordâmes à l'île Æéenne, où demeurait Circé à la belle chevelure, déesse redoutable, enchanteresse, sœur germaine d'Æétès, dont la science est également dangereuse. Tous deux sont nés du Soleil qui éclaire le monde, et de Persée, fille de l'Océan. Ayant pénétré, sans être aperçus, dans le vaste port de cette île, nous descendîmes sur la terre également sans être vus : quelque dieu nous protégeait. Durant deux jours et deux nuits, nous nous reposâmes sur le rivage, accablés que nous étions de fatigues et de craintes. Enfin, quand l'Aurore à la blonde chevelure amena le troisième jour, je saisis ma lance et mon glaive, puis, m'éloignant du navire, je m'avançai vers une éminence d'où je pouvais voir agir les gens et les entendre parler. Je parvins sur un sommet escarpé, et de là j'apercevais au loin une fumée s'élever de la terre au-dessus de l'habitation de Circé; elle montait à travers l'épais feuillage des arbres de la forêt[1].

> Et salis Ausonii lustrandum navibus æquor,
> Infernique lacus, Æææque insula Circæ.

Il faut que sur tes vaisseaux tu parcoures la mer d'Ausonie, que tu franchisses le lac de l'Averne et que tu côtoies l'île d'Æææ, demeure de Circé[2].

---

[1] Homère, *Odyss.* liv. X, v. 135.
[2] Virgile, *Énéid.* liv. III, v. 385.

Selon la tradition antique, dont Homère et Virgile se sont rendus les échos, Circé, sœur du roi d'Æéa, île et ville de la Colchide, près de l'embouchure du Phase, fut mariée à un roi des Sarmates; ayant fait mourir son mari par le poison, elle s'enfuit en Italie, et se construisit une demeure fortifiée sur le mont qui depuis fut nommé Circé. Ce mont fameux formait une île du temps d'Homère, à laquelle ce poëte donnait le nom d'île de *Circé Æéenne*, c'est-à-dire originaire d'Æéa.

IV.

AUTRE MUR DU MONT CIRÇÉ.

Exécuté d'après les dessins de M. Grongnet.

Construction pélasgique sans ciment, surmontée de la construction romaine faite avec du ciment, et appelée *incertum* par Vitruve.

L'inscription gravée sur ce modèle, commençant par ces mots : *Ex auctoritate imp. Cæs. M. Aurelii*, etc., se trouve aussi sur le modèle n° I, à l'article duquel je l'ai copiée et expliquée.

V.

TOMBEAU D'ELPÉNOR, AU MONT CIRCÉ.

Exécuté d'après les dessins de MM. Dodwell et Grongnet.

Τύμβον χεύαντες, καὶ ἐπὶ στήλην ἐρύσαντες
Πήξαμεν ἀκροτάτῳ τύμβῳ εὐῆρες ἐρετμόν.

Ayant élevé un tertre surmonté d'un cippe, nous plaçâmes au sommet une rame travaillée artistement[1].

[1] Homère, *Odyss.* liv. XII, v. 14.

> *At miser Elpenor, tecto delapsus ab alto,*
> *Occurrit regi debilis umbra suo.*

Et le malheureux Elpénor, tombé d'un toit élevé, se présente à son roi comme une ombre sans force [1].

> *Neve gradus adeas Elpenore cautius altos,*
> *Vimque feras vini quo tulit ille modo.*

Plus prudent qu'Elpénor, ne montez pas au haut de la maison, de crainte que, dans votre ivresse, vous n'éprouviez le même sort que lui [2].

> *Sorte sumus lecti : sors me, fidumque Polyten,*
> *Eurylochumque simul, nimiique Elpenora vini,*
> *Bisque novem socios Circæa ad mœnia misit.*
> *Quæ simul attigimus, stetimusque in limine tecti,*
> *Mille lupi, mixtæque lupis ursæque leæque,*
> *Occursu fecere metum; sed nulla timenda, etc.*

On laisse au sort le choix de ceux qui devaient être envoyés, et nous partîmes ainsi pour aller vers les murs circéens, moi, le fidèle Polytès, de même qu'Euryloque, et Elpénor trop ami du vin, et dix-huit autres compagnons. A peine avions-nous atteint les murailles et franchi le seuil du palais, que les hurlements des loups, mêlés à ceux des ours et des lions, nous glacèrent d'effroi; mais nous n'avions rien à redouter, etc. [3].

Τὸ δὲ Κιρκαῖον καλούμενον, εἶναι μὲν ἄκραν ὑψηλήν, δασεῖαν δὲ σφόδρα, καὶ ἔχειν δρῦν καὶ δάφνην πολλήν, καὶ μυρρίνην· λέγειν δὲ τοὺς ἐγχωρίους, ὡς ἐνταῦθα ἡ Κίρκη κατῴκει, καὶ δεικνύναι τὸν τοῦ Ἐλπήνορος τάφον. « On sait « que le mont Circé est un promontoire élevé, couvert « d'épaisses forêts, composées principalement de chênes,

---

[1] Ovide, *les Tristes*, liv. III, élég. 4, v. 19.

[2] *Id. Ibis*, v. 487.

[3] *Id. Métam.* liv. XIV, v. 253.

« de lauriers et de myrtes; ceux qui l'habitent racontent
« que Circé y avait autrefois sa demeure, et ils y mon-
« trent le tombeau d'Elpénor[1]. »

D'après une note jointe au dessin de M. Grongnet,
ce monument présente une superficie de douze mètres
carrés.

VI.

MUR DU FANUM DE FERONIA.

Exécuté d'après les dessins de M. Dodwell.

Le temple de Feronia est aujourd'hui en ruines;
États Romains.

Ce mur est situé à gauche de la voie Appia, avant
d'arriver à Terracina.

> . . . . .*et viridi gaudens Feronia luco.*

. . . . .et Féronia, fière de son bois sacré toujours vert[2].

> *Ora, manusque tua lavimus, Feronia, lympha.*

Nous nous lavâmes le visage et les mains dans tes eaux, ô Féronia[3]!

La déesse Feronia avait un temple au milieu d'une
forêt, entre Circé et Terracina; avant de lui offrir des
sacrifices, on se lavait le visage et les mains dans une
fontaine qui coulait près du temple.

Denys d'Halicarnasse raconte[4] l'origine grecque de
ceux qui, les premiers, vinrent bâtir un temple en
l'honneur de Féronia, dans la forêt qui fut appelée de

---

[1] Théophraste, *Hist. des plantes*, liv. V, chap. VIII à la fin.
[2] Virgile, *Énéid.* liv. VII, v. 800.
[3] Horace, liv. I, sat. 5, v. 24.
[4] *Antiq. rom.* liv. II, pag. 85.

son nom. Il parle en ces mots de la grande célébrité de ce lieu[1] : Ἱερόν. ἐστι κοινῇ τιμώμενον ὑπὸ Σαβίνων τε καὶ Λατίνων, ἅγιον ἐν τοῖς πάνυ, θεᾶς Φερωνείας ὀνομαζομένης, ... Εἰς δὲ τὸ ἱερὸν τοῦτο συνῄεσαν ἐκ τῶν περιοίκων πόλεων κατὰ τὰς ἀποδεδειγμένας ἑορτάς, πολλοὶ μὲν εὐχὰς ἀποδιδόντες καὶ θυσίας τῇ θεῷ, πολλοὶ δὲ χρηματιούμενοι διὰ τὴν πανήγυριν ἔμποροί τε καὶ χειροτέχναι καὶ γεωργοί, ἀγοραί τε αὐτόθι λαμπρόταται τῶν ἐν ἄλλοις τισὶ τόποις τῆς Ἰταλίας ἀγομένων ἐγίνοντο. « (Au milieu de cette forêt) « on trouve un hiéron également vénéré par les Sabins « et par les Latins, qui le tiennent pour un des plus « saints ; il est dédié à la déesse Feronia. . . . . . . A cer- « taines fêtes marquées, les habitants des villes voisines « se réunissaient dans cet hiéron, les uns pour y faire des « prières et des sacrifices votifs à la déesse, les autres « pour y trafiquer, à cause de la foule qui s'y réunissait : « tels étaient les marchands, les artisans, les agricul- « teurs. Il s'y tenait aussi l'un des marchés les plus re- « nommés de toute l'Italie. »

L. Vitellius, positis apud Feroniam castris, excidio Terracinæ imminebat. « Vitellius, ayant établi son camp auprès « des édifices consacrés à Feronia, menaçait de détruire « Terracina[2]. »

[1] Denys d'Halic. *Ant. rom.* liv. III, pag. 128.
[2] Tacite, *Hist.* liv. III, chap. LXXVI.

VII.

MUR DE FUNDI.

Exécuté d'après les dessins de MM. Lebas et Debret; dessiné aussi par MM. Heurtaud, Rondelet et Guenepin, etc.

Fundi, ville du Latium, aujourd'hui *Fondi*, dans la Sabine, États Romains; elle est située sur la route de Rome à Naples; ses murs présentent des tours arrondies, en *incertum* cimenté, surmontant le mur pélasgique, comme on le voit aussi dans le modèle n° VIII. Le lac et les montagnes qui sont dans le voisinage portent le même nom que la ville, dans Tacite.

INSCRIPTIONS.

Q · GAVIVS · Q · F · NANTA
M · CAIVS · G · F · C · BRACCIVS
C · F · ÆD · EX · S · C · FAC · COER ·
EIDEMQ · PROBAR.

C · VALERIVS · C · F · TRIARIVS · M · RVNTIVS
L · F · MESSIA · ITER · C · AFIEDIVS · C · F ·
SEXTI · ÆD · EX · S · C · LOCAVERVNT
M · RVNTIVS · L · F · MESSIANVS · C · AFIEDIVS
C · F · SEXTIANVS · PROBAVERVNT.

Ces deux inscriptions monumentales font connaître les noms des magistrats romains qui élevèrent les murs surmontant la construction pélasgique, et qui donnèrent leur approbation à l'exécution de l'ouvrage. On voit sur le devant du modèle la trace conservée de ces deux inscriptions.

Tout le circuit des murs en ruines est de construction cyclopéenne, surmontée de l'*opus incertum*.

Extrait du Traité historique et pratique de l'Art de bâtir,
par J. Rondelet[1].

« ..... L'appareil à joints incertains est encore plus ir-
« régulier; il a été copié d'après une partie des murailles
« de Fondi, dans le royaume de Naples. Les pierres dont
« il est composé ont jusqu'à huit et neuf pieds (vingt-
« six à vingt-neuf décimètres) de longueur, sur quatre à
« cinq pieds (treize à seize décimètres) de hauteur. C'est
« ainsi que sont bâtis les murs de l'ancienne Cora, près
« de Velletri, et plusieurs autres villes fondées par les
« anciens Étrusques, telles que Voltera, Fiézole et Cor-
« tone, où l'on remarque des pierres qui ont jusqu'à vingt
« pieds (six mètres et demi) de longueur. »

VIII.

AUTRE PARTIE DU MUR DE FONDI.

Exécuté, comme le précédent modèle, d'après les dessins de MM. Le Bas
et Debret; dessiné aussi par MM. Heurtaud, Rondelet, Guenepin, etc.

> *Fundos, Aufidio Lusco prætore, libenter*
> *Linquimus, insani ridentes præmia scribæ,*
> *Prætextam, et latum clavum, prunæque batillum.*

Nous quittons sans regret Fondi et son préteur Aufidius Lus-
cus, riant du fol orgueil de ce greffier, de sa prétexte, de son lati-
clave et de sa cassolette remplie de braise[2].

*Fundi oppidum muro ductum........ Ager ejus jussu
Augusti veteranis est adsignatus cum cultura.* « Fondi, ville
« entourée de murailles...... Par un décret d'Auguste,

---

[1] Paris, 1804, liv. III, sect. 1, pag. 8.
[2] Horace, liv. I, sat. 5, v. 34.

« la campagne qui l'entoure fut assignée aux vétérans
« pour la cultiver et en jouir [1]. »

Silius Italicus, dans le passage suivant, cite Fondi
parmi les villes qui l'environnent :

> . . . . . *Sinuessa tepens, fluctuque sonorum*
> *Vulturnum, quasque evertere silentia, Amiclæ,*
> *Fundique, et regnata Lamo Caieta, domusque*
> *Antiphatæ, compressa freto, stagnisque palustre*
> *Liternum, et quondam fatorum conscia Cyme.*

On voyait là les bataillons de Sinuessa, célèbre par ses ther-
mes ; ceux des rives du bruyant Vulturne, d'Amiclée qui périt par
son silence ; de Fondi ; de Caiète, où régna Lamus ; de Formie,
demeure d'Antiphata et resserrée par la mer ; de Literne, environnée de marécages ; de Cumes, jadis instruite des décrets du
destin [2].

Le docteur Philippe Petit-Radel, mon frère, a visité
les restes des constructions cyclopéennes de Fundi ; il en
a fait la description dans son Voyage en Italie [3].

IX.

MUR DE SETIA.

Exécuté d'après les dessins de M. Dodwell.

Setia, ville des Volsques, aujourd'hui *Sezzia* ou *Sezze*,
États Romains.

Construction cyclopéenne du troisième style, bâtie
sur le penchant d'une montagne, à près de neuf kilomètres des Marais Pontins.

---

[1] Frontin, *Liv. des Colonies*, pag. 6.
[2] Silius Italicus, *Guerre punique*, liv. VIII, v. 526 et suiv.
[3] Tome II, pag. 562.

Pendula Pomptinos quæ spectat Setia campos,
Exigua vetulos misit ab urbe cados.

Setia qui, de son site incliné, regarde les Marais Pontins, ex-
pédie de son étroite enceinte des outres de vin vieux [1].

Cras bibet Albanis aliquid de montibus, aut de
Setinis, cujus patriam, titulumque senectus
Delevit multa veteris fuligine testæ.

Demain il boira certain vin des coteaux d'Albe ou de Setia, dont
on ne peut plus reconnaître ni le terroir ni la date, à cause de l'é-
paisse couche noirâtre dont est chargé le vase qui le renferme [2].

Divus Augustus Setinum prætulit cunctis. « Le divin Au-
« guste préférait le vin de Setia à tout autre [3]. »

Cette ville n'a guère occupé les anciens écrivains que
par la célébrité de ses vins.

« Il y a dans les restes de ses murs, dit M. Dodwell,
« quelques pierres en bossage; il nous paraît que ces
« bossages s'abattaient après la construction. Tout un
« angle du temple de Saturne en est formé, et on aurait
« négligé le polissage dans cette partie, qui n'est pas
« aplanie comme le reste du mur. »

X.

MUR D'ATINA.

Exécuté d'après les dessins de M^mᵉ Dionigi; dessiné aussi par MM. de
Torcia et Knapp, par MM^mᵉˢ Coventry et Deershurst, etc.

Atina, ville des Volsques, aujourd'hui Civittà d'An-
tina, État de Naples, est située sur l'Apennin, vers les

---

[1] Martial, liv. XIII, épig. 112.
[2] Juvenal, sat. 5, v. 33.
[3] Pline, *Hist. nat.* liv. XIV, chap. VIII.

sources du Liris (aujourd'hui le *Garigliano*) et près du lac Fucin.

> *Tela novant: Atina potens Tiburque superbum.*

Des armes sont forgées dans la puissante Atina, dans la superbe Tibur, etc. [1].

> ....*Nec monte nivoso*
> *Descendens Atina aberat.*........

On voyait aussi les guerriers d'Atina descendus de leur montagne neigeuse [2].

> *Mari, quietæ cultor et comes vitæ,*
> *Quo cive prisca gloriatur Atina.*

Marius, toi qui aimes et mènes une vie tranquille, et que l'antique Atina se glorifie d'avoir pour citoyen [3].

Atina tomba en la puissance des Romains l'an 441 de Rome, 312 ans avant l'ère vulgaire, et devint ville municipale.

XI.

PORTE DE L'ACROPOLE D'ARPINUM.

Exécuté d'après les dessins de Mme Dionigi; dessiné aussi par M. de Clarac, etc.

Porte pélasgique de l'acropole d'Arpinum, ville du Latium (aujourd'hui *Arpino*, États Romains), qui vit naître Marius et Cicéron. Le chemin qui passe sous cette porte traverse, immédiatement après, la ruine d'une tour ronde bâtie en briques au moyen âge.

Parmi les constructions antiques de cette ville, on

---

[1] Virgile, *Énéid.* liv. VII, v. 630.
[2] Silius Italicus, liv. VIII, v. 395.
[3] Martial, liv. X, épig. 92.

remarque un monument cyclopéen situé au sommet de l'acropole et qu'on dit être la *casa di Cicerone*, « la mai-« son de Cicéron; » c'est évidemment un reste de l'hiéron bâti primitivement en ce lieu, comme le sont, dans une situation semblable, les monuments du même genre à Signia, à Alatrium, à Ferentinum, à Alba Fucensis, etc. Il paraît que celui d'Arpinum fut, comme l'hiéron d'Ala-trium, dédié à Hermès. Les murs de cette acropole sont de construction cyclopéenne. La porte représentée par ce modèle est nommée dans le pays *dell'Arco;* sa voûte en ogive rappelle les galeries de Tirynthe et les monu-ments souterrains de la ville d'Agrigente. Madame Dio-nigi cite des inscriptions latines trouvées sur les lieux, et qui indiquent qu'un temple de Mercure y existait; ce fait s'accorderait avec le symbole d'Hermès sculpté sur le mur de l'acropole au quartier *dell'Oppio*, mot cor-rompu d'*Oppido*.

Movemur enim, nescio quo pacto, locis ipsis in quibus eo-rum quos diligimus aut admiramur adsunt vestigia. « En ef-« fet nous sommes touchés, je ne sais pourquoi, par les « lieux mêmes où nous trouvons des traces de ceux que « nous aimons ou que nous admirons [1]. »

Atinatum et Arpinatum elogium.

Sumus enim finitimi Atinatibus. Laudanda est vel etiam amanda vicinitas, retinens veterem illam officii morem, non infuscata malevolentia, non assueta mendaciis, non fucata, non fallax, non erudita artificio simulationis, vel suburbano vel etiam urbano. Nemo Arpinas non Plancio studuit. . . . . .

---

[1] Cicéron, *Des lois*, liv. II, chap. II.

Tota denique nostra illa aspera, et montuosa, et fidelis, et simplex, et fautrix suorum regio, se hujus honore ornari, se augeri dignitate arbitrabatur.

« Éloge des Atinates et des Arpinates.

« Mon pays touche à celui des Atinates ; je ne puis « trop louer ni trop chérir ce voisinage, qui a conservé « son caractère de franchise et de loyauté, dont les té- « moignages extérieurs d'affection ne cachent pas d'inten- « tions perverses ; il n'a rien de faux ni de trompeur ; il « n'est point versé dans l'art de la dissimulation, si connu « à Rome et aux environs de cette ville. Il n'est personne « dans Arpinum qui ne se soit intéressé au sort de Plan- « cius... En un mot, toute notre contrée sauvage et mon- « tueuse, franche et simple, se croyait honorée par les « honneurs accordés à Plancius, et illustrée par son élé- « vation[1]. »

Ergo utar tuo consilio, neque me in Arpinum hoc tempore abdam; etsi Ciceroni meo togam puram cum dare Arpini vellem, hanc eram ipsam excusationem relicturus ad Cæsarem.
« Je suivrai donc votre conseil, et, dans cette circons- « tance, je ne me tiendrai pas caché à Arpinum, quoi- « que, ayant le dessein de donner la robe virile à mon « Cicéron et de faire cette cérémonie à Arpinum, je me « proposasse d'employer cette excuse auprès de César[2]. »

Roma patrem patriæ Ciceronem libera dixit.

Rome libre appela Cicéron le père de la patrie[3].

---

[1] Cicéron, *Discours pour Plancius*, chap. IX.
[2] *Id. Lettres à Atticus*, liv. IX, lett. 6.
[3] Juvénal, sat. 8, v. 244.

Δοκεῖ δέ τισιν ἡ εὐφημία, ἀπὸ Κικέρωνος ἀρξαμένη πε-
ριελθεῖν ἐς τῶν νῦν αὐτοκρατόρων τοὺς φαινομένους ἀξίους.
« Quelques-uns pensent que cette appellation honorable
« (de père de la patrie), commença par Cicéron, et fut
« ensuite appliquée à ceux des empereurs qui en furent
« jugés dignes[1]. »

> *Tullius.....................*
> *...........................*
> *Ille, super Gangen, super exauditus et Indos,*
> *Implebit terras voce, et furialia bella*
> *Fulmine compescet linguæ, nec deinde relinquet*
> *Par decus eloquio cuiquam sperare nepotum.*

Tullius......., cet orateur connu au delà du Gange et de
l'Indus, devait remplir la terre de son nom, arrêter par son
éloquence foudroyante la fureur d'une troupe de conjurés et ne
laisser jamais à personne l'espoir de mériter, par le talent de la
parole, une gloire semblable à la sienne[2].

> *At qui, Fibreno miscentem flumina Lirim*
> *Sulfureum, tacitisque vadis ad litora lapsum*
> *Accolit, Arpinas................*

Et l'Arpinate, habitant sur les bords du sulfureux Liris, qui
se mêle au Fibrène, et se décharge paisiblement dans la mer[3].

> *Silius hæc magni celebrat monumenta Maronis,*
> *Jugera facundi qui Ciceronis habet.*
> *Hæredem dominamque sui tumalive, larisve,*
> *Non alium mallet, nec Maro, nec Cicero.*

Silius renouvelle la gloire du tombeau de Virgile, Silius qui

---

[1] Appien, *Guerre civile.* liv. II, pag. 210.
[2] Silius Italicus, liv. VIII, v. 407.
[3] *Id.* liv. VIII, v. 398.

déjà possède le patrimoine de l'éloquent Cicéron. Virgile, pour son tombeau, et Cicéron, pour sa maison, n'auraient pas choisi un autre héritier, un autre maître que lui[1].

Le poëte Silius Italicus avait acheté la maison de Cicéron et celle où se trouvait le tombeau de Virgile, par vénération pour ces deux grands hommes. C'est à quoi Martial fait allusion, en louant peut-être un peu trop pompeusement son ami.

Les murs cyclopéens d'Italie, qui sont voûtés en ogive, soit aiguë, soit tronquée, telle qu'on le voit dans cette porte d'Arpinum, ne se retrouvent guère qu'à Segni, dont les huit portes, qui sont de ces deux styles, environnent le grand autel construit selon le rite biblique et bâti à ciel ouvert, sur les trois degrés duquel Tarquin a élevé des constructions à l'équerre, dont il avait récemment introduit l'usage à Rome même.

XII.

MUR ET PORTE DE L'ACROPOLE D'ALATRIUM.

Exécuté d'après les dessins de MM. Callet et Lesueur; dessiné aussi par Mme Dionigi, MM. Dodwell, Rennenkampf frères, etc.

L'ancienne ville des Pélasges Herniques appelée Alatrium est aujourd'hui connue sous le nom d'*Alatri*, États Romains.

Νὴ τὰν Σεγνίαν
Νὴ τὸ Ἀλάτριον.

Quid tu! per barbaricas urbes juras?

Dans la comédie des Captifs, de Plaute[2], un des per-

---

[1] Martial, liv. XI, épig. 48.
[2] Acte IV, scène II, v. 101.

sonnages jure par Signia et par Alatri, et un autre lui dit :
« Quoi! tu jures par les villes barbares? » faisant ainsi
allusion à leur origine étrangère.

Præter Alatrinatem, Ferentinatemque et Verulanum, om-
nes Hernici nominis populo Romano bellum indixerunt.....
Cæterum hernicum bellum nequaquam pro...... vetustate
gentis gloriæ fuit. « Excepté Alatri, Ferentino et Verula,
« tous les peuples herniques déclarèrent la guerre au
« peuple romain;...... mais l'issue de cette guerre ne
« répondit pas à l'ancienne gloire de cette nation [1]. »

Hernicorum tribus populis, Alatrinati, Verulano, Ferenti-
nati, quia maluerunt quam civitatem, suæ leges redditæ. « Les
« trois peuples herniques d'Alatri, de Verula et de Feren-
« tino, obtinrent de se gouverner selon leurs lois, ayant
« préféré cela au droit de bourgeoisie [2]. »

INSCRIPTIONS.

ANTONINO · PIO · S · P · Q · ALATRINVS

L · FABRICIVS · F · CVR · VIAR
FACIVNDVM · COERAVIT
Q · LEPIDVS · M · F · M · LOLLIVS · M · F · COSS · EX · S · C
PROBAVERVNT

C · IVLIO · AVGVSTI · L · HELENO
EX · DECR · DECVRION · MVNICIPI · ALETRINAT
ET · POLLICITATIONE · SEVIR · ET · MVNICIPVM
ET · INCOL · OB · MERITA · EIVS

---

[1] Tite-Live, *Hist.* liv. IX, chap. XLII et XLIII.
[2] *Id.* liv. IX, chap. XLIII.

L · BETILIENVS · L · F · VAARVS
HAEC · QVAE · INFERA · SCRIPTA
SVNT · DE · SENATVS · SENTENTIA
FACIENDA · COIRAVIT · SEMITAS
IN · OPPIDO · OMNIS · PORTICVM · QVA
IN · ARCEM · EITVR · CAMPVM · VBEI
LVDVNT · HOROLOGIVM · MACÉLVM
......BASILICAM · CALECANDAM · SEEDES......
.......CVM · BALINEARIVM · LACVM · AD
....PORTAM · AGRAM · IN · OPDIDVM · ADOV
ARDVOM · PEDES · $\overline{\text{CCCXC}}$ · FORNICESQ
FECIT · FISTVLAS · SOLEDAS · FECIT
OB · HASCE · RES · CENSOREM · FACERE · BIS
SENATVS · FILIO · STIPENDIA . MERETA
E · SE · IOVSIT · POPVLVSQVE · STATVAM
DONAVIT · CENSORINO.

Ces quatre inscriptions sont tirées de l'ouvrage de Mme Dionigi, qui les a copiées sur des médailles et des pierres déterrées à Alatri. La première concerne Antonin le Pieux, qui contribua à la splendeur de cette ville. La seconde a été faite pour L. Fabricius, en mémoire de quelque travail que ce magistrat fit exécuter; la troisième concerne C. Julius Helenus, affranchi d'Auguste, pour un objet semblable; et la quatrième, qui, selon Mme Dionigi, serait à peu près contemporaine de la rédaction des Douze Tables, fut faite en l'honneur de L. Betilienus, lequel fit restaurer les chemins, les rues et plusieurs monuments d'Alatri.

Cette ville est située sur une colline isolée, d'où l'on observe deux lignes concentriques de murs cyclopéens. Les portes en sont intactes et surmontées d'un linteau droit aussi considérable que tout ce qu'on peut citer de plus gigantesque à Tirynthe et à Mycènes. Sur l'une des portes de la citadelle haute, le linteau est sculpté en relief et présente trois lignes d'Hermès disposées ainsi ⌐T⌐. A droite de la porte aujourd'hui dite de *San Pietro*, on voit une figure aussi en relief, qui paraît représenter le dieu Pan, et une autre figure portant une espèce de *modiam* sur la tête; quand on est entré sous cette porte, on voit, à gauche, et sculptée dans un bloc originairement employé à la bâtisse du mur cyclopéen, une figure ayant la barbe divisée, les cuisses velues, et toute l'apparence d'un faune. Ces figures sont certainement les plus anciens monuments de l'art qu'on puisse citer en Europe. Elles se rapportent évidemment à une colonie pélasgique et arcadienne, dont le culte principal était l'ancien Hermès. L'hiéron de ce dieu était sans doute situé sur l'emplacement qu'occupe de nos jours l'église cathédrale, où il est encore marqué par les deux lignes parallèles de murs cyclopéens dont j'ai parlé plus haut. L'époque de la fondation d'Alatri ne peut avoir une date postérieure à celle de la deuxième colonie pélasgique, qui remonte à l'an 1539 avant l'ère vulgaire.

On voit dans cette ville beaucoup de maisons bâties sur des fondations de construction cyclopéenne, dont les blocs énormes sont à peine couverts par une couche mince de briques ou de plâtre, excepté les fondations de l'église *San Pietro*, qui sont composées d'une ou deux marches d'ouvrage cyclopéen, lesquelles sont cependant si peu élevées qu'il est impossible d'en deviner la destination. L'église est maintenant complétée par un toit et un clocher, surajoutés à la *cella* de

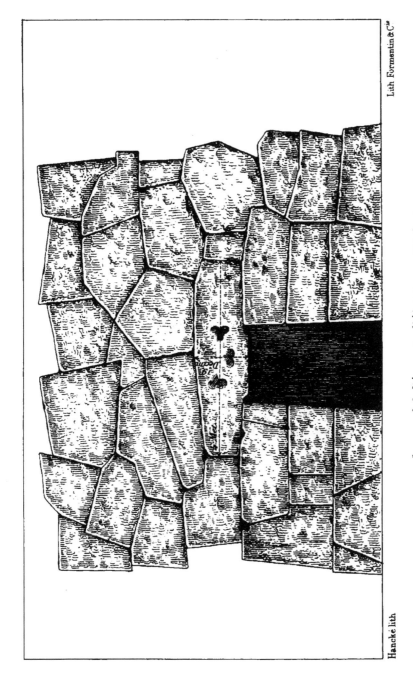

Lith Formentin & Cᵉ

Lupercal de l'Acropole d'Alatrium — (Italie).

l'ancien temple, déjà surmonté lui-même de la construction romaine.

Le linteau de la porte d'Alatri a dix-huit palmes
(quatre mètres) de longueur, sur huit palmes et demi
(un mètre quatre-vingt-dix centimètres) de largeur et
cinq palmes un quart (un mètre vingt centimètres)
d'épaisseur.

A gauche, au pied de ce modèle, on lit l'inscription
suivante :

BIBLIOTHECAE · MAZARINEAE
SERVVS · PVBLICVS
EX · INSTINCTV · NON · ARTE
GYPSO · PLASTES
STEPHANVS · POVLAIN
FACIEBAT · ALIOSQ · EX · TYPIS
MDCCCXXIX.

« Étienne Poulain, l'un des gardiens de la bibliothèque
« Mazarine, dirigé par l'instinct et non par l'art, a, d'a-
« près des dessins, exécuté en plâtre ce modèle, en 1829,
« ainsi que plusieurs autres. »

XIII.

LUPERCAL DE L'ACROPOLE D'ALATRIUM.

Exécuté, comme le précédent, d'après les dessins de MM. Callet et Lesueur; dessiné aussi par Mme Dionigi, MM. Dodwell, Rennenkampf
frères, etc.

> . . . . *et gelida monstrat sub rupe Lupercal,*
> *Parrhasio dictum Panos de more Lycœi.*

Et sous une grotte glacée, il lui montre la grotte de Pan, appelée Lupercal, suivant l'usage d'Arcadie, qui nommait ce dieu
Lycéen [1].

----

[1] Virgile, *Énéide*, liv. VIII, v. 343.

In hujus radicibus templum Lycæo, quem Græci Pana, Romani Lupercum appellant, constituit. « Au pied de cette « montagne (le mont Palatin), il (Saturne) bâtit un « temple à Lycæus, que les Grecs appellent Pan et les « Romains Lupercus [1]. »

Τοῦ Ἑρμοῦ δὲ τὸ ἄγαλμα, ὃν οἱ ταύτῃ περισσῶς σέβουσιν, ὀρθόν ἐστιν αἰδοῖον ἐπὶ τοῦ βάθρου. « L'Hermès que ceux « de Cyllène vénèrent au-dessus de tout est un phallus « debout sur un piédestal [2]. »

EXPLICATION DU SYMBOLE DES MONUMENTS PÉLASGIQUES.

L'antiquaire Casali [3] racontait, en 1644, comment il avait été conduit sur le lieu même, par l'évêque d'Alatri, pour observer un phallus qu'on voit sur le linteau de notre lupercal. Conformément aux préjugés de son temps, comme du nôtre encore, Casali ne voyait là rien autre chose que les symboles obscènes des priapées libertines de la latinité. Mais, quand on sait que Strabon révélait aux Grecs mêmes que Priape était une divinité nouvelle, qu'Hésiode, antérieur de neuf cents ans, n'avait pas même nommée; quand Hérodote assure que l'ithyphallus était le symbole primitif de la théogonie pélasgique; quand Pausanias nous atteste que les Cylléniens de la primitive Arcadie représentaient l'ancien Hermès sous la forme d'un phallus isolé de toute autre figure; lorsqu'enfin, sur les murs d'Alatrium, ville des

---

[1] Justin, *Hist.* liv. XLIII, chap. Ier.
[2] Pausanias, liv. VI, chap. 26.
[3] *De profanis Ægyptiorum ritibus*, pag. 84.

Pélasges Herniques comme Ferentinum, on voit des
reliefs du triphallus de Pan et de Sylvain sortir des
blocs mêmes de la construction cyclopéenne primitive :
tout alors ne nous démontre-t-il pas que les monuments
de la ville d'Alatri n'ont pu provenir immédiatement
que de la colonie arcadienne de Nanas, qui partit de
Cyllène vers l'an 1550 avant l'ère vulgaire? d'où il résulte clairement qu'en 1834 ces monuments ont acquis 3,384 ans d'antiquité historiquement constatée.

Consultez, sur l'époque de cette colonie, notre Examen analytique et le Tableau comparatif des temps
héroïques de la Grèce, qui se trouvent à la bibliothèque Mazarine.

Quant au genre abstrus des recherches qu'on avait
d'abord traitées d'imaginaires, voici en propres termes
ce qu'en dit feu notre célèbre confrère l'académicien
Visconti, dans la préface du troisième volume de son
Museo Pio Clementino :

*Conviene che l'antiquario sappia dissoterrare le nozioni non
enunziate, ma che solo dalla combinazione resultano d'idee
e di notizie per lungo spazio disgiunte, e da sagace fantasia
ravvicinate, come scintille che dal concorso sprigionsi dal
ferro e dal selce.* « Il importe que l'antiquaire sache con-
« quérir les notions non exprimées, mais résultant seu-
« lement de la combinaison d'idées et de faits séparés
« par un long espace et rapprochés par un esprit plein
« de sagacité, comme les étincelles brillent au choc du
« fer contre le caillou. »

XIV.

BAS-RELIEF DE PAN À ALATRIUM.

Exécuté, comme les deux précédents, d'après les dessins de MM. Callet et Lesueur; dessiné aussi par Mme Dionigi, MM. Dodwell, Rennen-kampf frères, etc.

ΠΑΝ ΑΠΟΣΚΟΠΟΣ.

Pan qui observe de loin ou Pan le Gardien (*custos*).

Bas-relief originairement compris dans le mur primitif de la porte d'Alatri.

> *Obtendensque manum, solem infervescere fronti*
> *Arcet, et umbrato perlustrat pascua visu.*

Et portant la main au front, pour se garantir des ardeurs du soleil, il parcourt les campagnes en se couvrant la vue [1].

> *Stringimus absumptum fluctuque et tempore castrum*
> *Index semiruti porta vetusta loci,*
> *Præsidet exigui formatus imagine saxi*
> *Qui pastorali cornua fronte gerit.*

Nous passâmes auprès d'un château, détruit par la pluie et le temps, où se trouve une antique porte (seul vestige de ce lieu ruiné), au-dessus de laquelle on voit une petite statue en pierre du dieu qui porte des cornes sur son front vénéré des bergers [2].

Les Pélasges venus d'Arcadie avaient apporté le culte de leur dieu principal, qui était Pan.

> *Pan, deus Arcadiæ.*

Pan, dieu de l'Arcadie [3].

---

[1] Silius Italicus, liv. XIII, v. 341.
[2] Rutilius Numat. *Itinéraire*, liv. I, v. 227.
[3] Virgile, *Bucol.* églog. IV, note sur le vers 58.

Pana deum pecoris veteres coluisse feruntur
Arcades, Arcadiis plurimus ille jugis.

On rapporte que les anciens Arcadiens vénérèrent Pan, dieu des troupeaux, qui avait beaucoup d'autels sur le sommet des montagnes arcadiennes [1].

Denys d'Halicarnasse dit, en parlant de l'origine de ce culte dans l'Italie : Ὡς δὲ Τουβέρων Αἴλιος, δεινὸς ἀνὴρ καὶ περὶ τὴν συναγωγὴν τῆς ἱστορίας ἐπιμελὴς γράφει, προειδότες οἱ τοῦ Νομίτωρος θύσοντας τὰ Λύκαια τοὺς νεανίσκους τῷ Πανὶ, τὴν Ἀρκαδικὴν, ὡς Εὔανδρος κατεστήσατο, κ. τ. λ. « Ælius Tubéron, homme habile et historien exact, ra- « conte que les pasteurs de Numitor avaient choisi, pour « tendre leurs piéges, le temps où les jeunes gens de- « vaient célébrer les lupercales de Pan, culte d'origine « arcadienne, et importé en Italie par Évandre [2]. »

Pline le naturaliste [3], après avoir parlé des peintres les plus célèbres, ajoute, au nombre de ceux qui peu- vent leur être comparés, Antiphile; il cite parmi ses ouvrages un satyre du genre de ceux que les Grecs surnommaient Ἀποσκοπεύοντα, c'est-à-dire *qui inspecte,* tenant une main élevée au-dessus des yeux.

Macrobe dit [4] : *Pan ipse, quem vocant Inuum, sub hoc habitu quo cernitur, Solem se esse prudentioribus permittit intelligi. Hunc deum Arcades colunt appellantes* τὸν τῆς ὕλης κύριον, *non siluarum dominum, sed universæ substantiæ materialis dominatorem significari volentes. Cujus materiæ vis*

---

[1] Ovide, *Fastes,* liv. II, v. 271.

[2] *Antiq. rom.* liv. I, pag. 51.

[3] *Hist. nat.* liv. XXXV, chap. XL.

[4] *Saturnales,* liv. I, chap. XXII.

universorum corporum, seu illa divina seu terrena sint, com-
ponit essentiam. Ergo Inui cornua barbæque prolixa demissio
naturam lucis ostendant, qua Sol et ambitum cœli superioris
illuminat et inferiora collustrat. « Pan, que l'on appelle
« aussi *Inuus,* à cause de la manière dont il est repré-
« senté, n'est autre chose, pour les hommes intelligents,
« que le soleil. C'est le dieu que les Arcadiens honorent,
« l'appelant τὸν τῆς ὕλης κύριον, c'est-à-dire *le maître de*
« *la matière,* voulant démontrer par là qu'il est le sei-
« gneur, non-seulement des forêts, mais de toute la
« substance matérielle de laquelle sont formés tous les
« corps, soit dans le ciel, soit sur la terre. De là, on
« donne à Inuus des cornes et une barbe épaisse, pour
« montrer la nature de la lumière par laquelle le soleil
« éclaire et la voûte du ciel et tout ce qu'elle domine. »

Selon Pausanias[1], il y avait, dès les temps les plus
reculés, un hiéron de Pan au sommet de la montagne
sur laquelle était bâtie la ville de Péréthéis, en Arcadie;
un feu perpétuel y brûlait, et il s'y rendait des oracles,
dont la nymphe Erato, femme d'Arcas, était l'inter-
prète. Παρὰ τούτῳ τῷ Πανὶ πῦρ οὔποτε ἀποσβεννύμενον
καίεται. Λέγεται δὲ, ὡς τὰ ἔτι παλαιότερα καὶ μαντεύοιτο
οὗτος ὁ Θεός, προφῆτιν δὲ Ἐρατὼ νύμφην αὐτῷ γενέσθαι
ταύτην, ἣ Ἀρκάδι τῷ Καλλιστοῦς συνῴκησε.

---

[1] Liv. VIII, chap. XXXVII.

XV.

ARA D'ALATRIUM.

Exécuté, comme les trois précédents, d'après les dessins de MM. Callet et Lesueur; dessiné aussi par Mᵐᵉ Dionigi, MM. Dodwell, Rennenkampf frères, etc.

La disposition des trois murs pélasgiques dont on aperçoit ici les restes reproduit le même rite ternaire que celui du fanum de Suna (modèle n° XXIX).

On voit, sur le plateau d'Alatri, une église moderne qui fut antérieurement un temple romain, fondé sur les ruines d'un autel pélasgique.

Il n'existait primitivement, en Italie, que des autels érigés à ciel ouvert, et dont les Pélasges avaient propagé le rite sacré. On les reconnaît aux trois degrés formés de blocs informes comme le prescrivait la loi mosaïque, et sur lesquels le paganisme construisit ses temples, d'abord *hypæthres* ou découverts; plus tard le rite chrétien les a convertis en églises. La connexion de ces faits était encore inaperçue lorsqu'en 1792 j'en fis successivement les comparaisons au mont Circé (modèle I), à Segni (modèle XVIII), et à Albe (modèle XXXIII).

L'an de Rome 267, le sénat romain ayant réclamé des Herniques la contribution stipulée dans les traités, ce peuple lui fit répondre qu'il n'avait pas contracté avec le peuple romain, mais avec le roi Tarquin, et qu'ainsi les traités étaient rompus par l'exil et la mort de ce roi[1].

---

[1] Denys d'Halicarnasse, *Antiq. rom.* liv. XI, pag. 531.

XVI.

PORTE DE FERENTINUM.

Exécuté d'après les dessins de M. Dodwell; dessiné aussi
par Mᵐᵉ Dionigi, M. Middleton, etc.

Ferentinum, ville célèbre des Herniques; aujourd'hui *Ferentino*, États Romains.

Construction cyclopéenne, surmontée de la construction romaine, qui, à son tour, a été chargée de maçonneries du moyen âge. La porte de cette ville est double, c'est-à-dire intérieure et extérieure; les arceaux sont en voûtes; les murs latéraux de jonction sont en pierres carrées. Le mur d'enceinte auquel appartient cette porte est d'un style cyclopéen fort irrégulier; la jonction de la porte à ce mur est sans arrachement, comme à la porte de Mycènes.

> *Si te grata quies et primam somnus in horam*
> *Delectat......................*
> *.............. Ferentinum ire jabebo.*

Si tu désires le repos et un sommeil prolongé jusqu'à la première heure du jour,.............. va à Ferentinum [1].

Αἱ δὲ τῶν Λατίνων πόλεις ἰδίᾳ μὲν οὐδὲν ἀπεχρίναντο πρὸς τοὺς πρέσϐεις, κοινῇ δὲ τοῦ ἔθνους ἀγορὰν ἐν Φερεντίῳ ποιησάμενοι, ψηφίζονται μὴ παραχωρεῖν Ῥωμαίοις τῆς ἀρχῆς. «Les villes latines ne répondirent pas séparément «aux députés; mais dans une assemblée de toute la na-«tion, tenue à Ferentinum, on décida de ne pas céder «à la domination romaine [2].»

---

[1] Horace, liv. I, épît. XVII, v. 6.

[2] Denys d'Halicarnasse, *Antiq. rom.* liv. III, pag. 130.

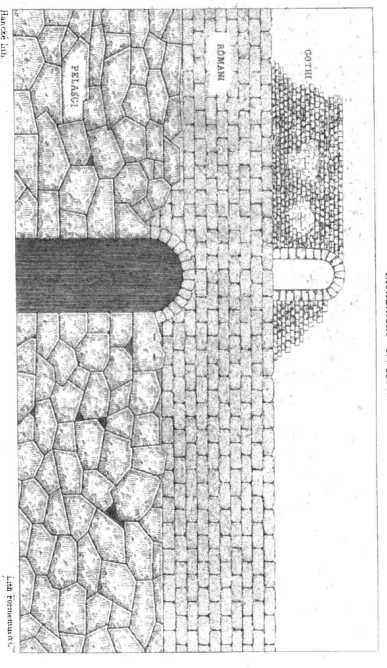

Monument N.° XVI.

Hancké lith.

Lith Turnhennut & C.ie

PELASGI

ROMAN

GOTHI

Le même auteur cite encore six assemblées de ce genre tenues dans la même ville.

Jam magna Tarquinii auctoritas inter Latinorum proceres erat, cum in diem certam ut ad lucum Ferentinæ conveniant, indicit. « Bientôt, s'étant acquis la confiance de la nation, « Tarquin leur propose de s'assembler à un jour mar-« qué dans le bois sacré de Ferentina [1]. »

Ita renovatum fœdus; indictumque junioribus Latinorum ut ex fœdere die certa ad lucum Ferentinæ armati frequentes adessent. « On renouvela donc le traité, et il fut ordonné « en conséquence à la jeunesse du pays latin de se rendre « en armes au bois sacré de Ferentina [2]. »

Le bois sacré de Ferentina, cité dans ces passages, nous révèle, ce me semble, l'origine des colons qui vinrent s'établir au milieu d'une forêt, où ils élevèrent un hiéron en l'honneur de la déesse Ferentina; ce qui confirmerait ce que nous avons dit des premiers habitants de ce pays en parlant de Latinus, dans l'explication du modèle du mont Circé (n° I).

Cum consules in Hernicos exercitum duxissent, neque inventis in agro hostibus, Ferentinum, urbem eorum, vi cepissent, etc. « Quand les consuls eurent conduit l'armée « contre les Herniques, et que, n'ayant pas rencontré « l'ennemi dans la campagne, ils eurent pris de vive force « Ferentinum, leur ville, etc. [3] »

Cette ville, tombée au pouvoir des Romains, devint aussitôt municipale.

---

[1] Tite-Live, *Hist.* liv. I, chap. 50.
[2] *Ibid.* chap. 52.
[3] *Ibid.* liv. VII, chap. 9.

Origo illi (Othoni) *è municipio Ferentino.* « Othon était « originaire de la ville municipale de Ferentinum[1]. »

Sulla Ferentinis Privernatumque maniplis
Ducebat simul excitis. . . . .

Sylla commandait les bandes férentines et celles de Priverne, qui avaient pris les armes de concert[2].

Ferentinatis populus Græca studet.

Le peuple ferentinate suit en tout les arts grecs[3].

N. B. Au côté droit de ce modèle se trouve le médaillon de l'artiste qui, sous ma direction, a exécuté la collection de ces modèles[4].

XVII.

PARTIE DU MUR DE FERENTINUM.

Exécuté, comme le précédent modèle, d'après les dessins de M. Dodwell; dessiné aussi par Mme Dionigi, M. Middleton, etc.

Ce mur reproduit trois constructions : la pélasgique, en roche dure; la romaine, en *peperino;* et la gothique, en maçonnerie.

XVIII.

HIÉRON DE SIGNIA.

Exécuté d'après les dessins de M. Dodwell; dessiné aussi par MM. Théodore et Henrique Labrouste, Simelli, Knapp, Callet, Lesueur, Middleton, Mme Dionigi, etc.

Signia, ville des Volsques, aujourd'hui *Segni,* États

[1] Tacite, *Hist.* liv. II, chap. L.
[2] Silius Italicus, liv. VIII, v. 392.
[3] Passage d'une comédie de Titinnius, intitulée *Psaltria,* citée par Priscien, liv. IV.
[4] Voyez IIIe partie, à la fin du chap. II.

Romains, à environ trois myriamètres sud-est de Rome,
est située au sommet escarpé du mont Lepinus; il faut
deux heures pour y monter. Le mur inférieur de son
double rempart est bâti en blocs irréguliers, mais lisses
à la surface, comme celui de Ferentinum, tandis que
l'enceinte supérieure de l'acropole est formée de blocs
bruts, comme on en voit au modèle de la porte dite
Sarracenica (nº XIX).

Si l'époque originaire de ces monuments se rattache
à la colonie d'Œnotrus ou à celle de Nanas, entre les
années 1710 et 1580 avant l'ère vulgaire, elle correspondrait au temps même où la loi mosaïque fut pro-
mulguée. De là viendrait le rit d'après lequel les temples
grecs furent fondés sur trois degrés excédant la hauteur
du pas de l'homme, comme ceux de l'hiéron ici représenté.

Sur les seize petits degrés par lesquels on monte au
temple on lit :

« Monument restitué de l'acropole de Segni, colonie
de Tarquin, représentant les murs d'une église, bâtis
sur ceux d'un temple étrusque, lequel était fondé sur
un *ara* pélasgique, formé de trois degrés de blocs informes, à l'instar des autels dressés selon le rite biblique, dont les préceptes à ce sujet se lisent autour
de ce modèle. »

*Quod si altare lapideum feceris mihi, non ædificabis illud
de sectis lapidibus, etc.* « Que si tu m'élèves un autel en
« pierres, tu ne le bâtiras point de pierres taillées : il se-
« rait souillé si tu employais le ciseau [1]. »

---

[1] *Bible*, Exode, chap. xx, v. 25.

*Altare domino deo tuo de lapidibus quos ferrum non teti-
git, et de saxis informibus et impolitis.* « Tu dresseras au
« Seigneur ton Dieu un autel de pierres auxquelles le
« fer n'aura pas touché, de pierres brutes et non po-
« lies [1]. »

Altare vero de lapidibus impolitis. « Un autel de pierres
« non polies [2]. »

Ordines lapidibus impolitis tres. « Trois rangs de pierres
« non polies [3]. »

Ἐν ᾧ βωμὸς ἐστι τετράγωνος, ἀτμήτων συλλέκτων ἀργῶν
λίθων οὗτω συγκείμενος. . . . . . « Un autel carré, formé de
« l'assemblage de pierres blanches entières et non tail-
« lées [4]. »

De son côté, Philon le Juif [5] confirme cette opinion.

Sur le terre-plein, on lit les deux inscriptions suivantes :

Reperta Tiburi.

(HERCVLI · SAXANO · SACRVM)
SER · SVLPICIVS · TROPHIMVS
ÆDEM · ZOTHECAM · CVLINAM
PECVNIA · SVA · A · SOLO · RESTITVIT
IDEMQVE · DEDICAVIT · K · DECEMB
L · TVRPILIO · DEXTRO
M · MÆCIO · RVFO · COS
EVTYCHVS · SER · PERAGENDVM · CVRAVIT

---

[1] *Bible*, Deutéronome, chap. XXVII, v. 31.
[2] *Ibid.* Josué, chap. VIII, v. 31.
[3] *Ibid.* Esdras, liv. I, chap. VI, v. 4.
[4] Hécatée d'Abdère, cité par Eusèbe, *Prépar. évang.* liv. IX, chap. IV.
[5] *Vie de Moïse*, liv. III.

Découverte à Tivoli.

(Consacré à Hercule Saxanus.)

Serv. Sulpicius Throphimus a reconstruit, de son argent et depuis le sol, l'édifice, la loge des animaux et la cuisine; il en a fait la dédicace aux kalendes de décembre, sous le consulat de L. Turpilius Dexter et de M. Mæcius Rufus; Eutichus Ser. a présidé à l'exécution du travail.

Sur le même plan à droite :

Reperta Signiœ.

P · HORDEONIVS · P · F · GALLVS
HERCOLEI
M · CAECILIVS · M · F · RVFVS
C · CLAVDIVS · C · F · PRISCVS
IIII · VIRI · I · D · S · C · AVGVRES
ÆDEM · REFICIENDAM
SIGNVM · TRANSFERENDVM
BASIM · PONENDAM · CVRAVE · P · P

Découverte à Segni.

Cette inscription rapporte les noms des quatuorvirs et des augures qui réédifièrent le temple d'Hercule, y firent transporter sa statue et lui élevèrent un piédestal.

Sur l'épaisseur du mur du temple, on lit cette inscription adressée à l'observateur :

.... *Si quid novisti rectius istis?*
Candidus imperti . . . .

Si vous connaissez quelque chose de plus exact, dites-le franchement[1].

[1] Horace, liv. I, épît. 6, v. 67.

Ἀλλὰ πάντες ἴσασιν, ὦ Ταρκύνιε, ὅτι τοῖς μὲν ἀρχαίοις προγόνοις ὑμῶν Ἕλλησιν οὖσι, καὶ ἀφ' Ἡρακλέους γεγονόσι τοῦ εὐδαίμονος...... « Tout le monde sait, ô Tarquin! que « vos ancêtres étant Grecs et issus du sang d'Hercule le « fortuné....... [1]. »

Ὁ Ταρκύνιος, καὶ δύο πόλεις ἀποικίσας, τὴν μὲν καλουμένην Σιγνίαν....... « Tarquin ayant fondé en outre deux « colonies, l'une nommée Signia, etc. [2]. »

Καὶ Ταρκύνιος τὰ τείχη τῆς πόλεως αὐτοσχέδια, καὶ φαῦλα ταῖς ἐργασίαις ὄντα, πρῶτος ἐδοκίμασε λίθοις ἁμαξιαίοις εἰργασμένοις πρὸς κανόνα ταῦτα κατασκευάζειν. « Avant Tar- « quin, les murs de Rome étaient en pierres brutes, « assemblées sans aucun art; c'est lui qui, le premier, fit « bâtir avec de grosses pierres taillées à la règle [3]. »

On lit sur le mur, au chevet du temple :

IVXTA · EXEMPLAR · PROSPECTIVVM
QVOD · EDWARD · DODWELL
EX · CAMERA · LVCIDA · PERFECIT

D'après le dessin exécuté à la chambre claire par Edward Dodwell.

Dans l'intérieur et au pied de l'autel, on lit :

HERCOLEI · SACRVM

Temple consacré à Hercule.

Sur le socle, au revers du monument, on remarque un segment de piscine, dont la construction romaine

---

[1] Denys d'Halic. *Antiq. rom.* liv. IV, pag. 173.
[2] *Id. ibid.* pag. 193.
[3] *Id.* liv. III, pag. 149.

est de la même époque que celle de la *cella* du temple; elle est aussi en tuf volcanique noirâtre. Cette piscine a nécessairement des rapports avec les sacrifices sanglants qui succédèrent au culte des Pélasges, lequel, suivant Hérodote, consistait simplement en offrandes.

La même réunion d'un temple romain converti dans le moyen âge en église, et fondé aussi sur les degrés d'un autel de construction pélasgique en blocs de pierres informes, blanches et dures, existe aux acropoles des villes d'Alatrium, d'Alba Fucensis, ainsi qu'en plusieurs autres lieux de la région des Sabins et des Herniques.

Sur le côté droit on lit :

Eodem anno [*urb. condit. CCLVI*], *Signia colonia, quam rex Tarquinius deduxerat, suppleto numero colonorum, iterum deducta est.* «En cette même année [la deux cent «cinquante-sixième de Rome], on renforça la colonie «de Signia, que le roi Tarquin avait précédemment «fondée [1]. »

Ne nunc quidem post tot sæcula sileantur fraudenturve laude suâ, Signini fuere, et Norbani, etc. «Les habitants «de Signia, de Norba, etc........ car ils ne doivent pas, «même après tant de siècles, être passés sous silence «et frustrés de leur gloire [2]. »

Prætores tum duos Latini habebant,..... per quos, præter Signiam, Velitrasque et ipsas colonias romanas, Volsci etiam exciti ad arma erant. «Les Latins avaient alors deux pré- «teurs...... par lesquels, outre Signia et Vélitres, autre

---

[1] Tite-Live, *Hist.* liv. II, chap. XXI.
[2] *Id.* liv. XXVII, chap. X.

« colonie romaine, les Volsques avaient été excités à
« prendre les armes [1]. »

Sur le côté gauche du modèle, au milieu duquel on
voit une antique poterne, sont tracées deux inscriptions
trouvées à Segni.

C · VOLVMNIVS · C · F · FLACCVS
Q · VOLVMNIVS · Q · F · MARSVS · IIII · VIR · I · D.
CRVPTAM · ET · LOCVM · VBI · CRVPTA · EST
ET · AREAM · VBI · VIRIDIA · SVNT
MVNICIPIO · SIGNINO · DE · SVA · PEC · DEDERE

Cette inscription fait connaître les noms des quatuorvirs qui donnèrent à la ville municipale de Segni un
terrain où ils firent construire, à leurs frais, une galerie souterraine et une aire où l'on faisait sécher les
plantes employées dans le temple.

DIVO · ADRIANO
MAXIMÆ · MEMORIÆ · PRINCIPI
SENATVS · POPVLVSQ · SIGNINVS
QVOD · OPERA · REIPVBLICÆ
DATA · PECVNIA · IVSSERIT

Au divin Adrien, prince de très-glorieuse mémoire, le sénat
et le peuple de Signia, pour avoir contribué, par son argent, à
l'exécution des travaux de la république.

XIX.

PORTE DE L'HIÉRON DE SIGNIA.

Exécuté d'après les dessins de MM. Théodore et Henrique Labrouste;
dessiné aussi par Mᵐᵉ Dionigi, MM. Dodwell, Simelli, Knapp, Callet,
Lesueur, Middleton, etc.

Ce modèle représente une des huit portes de l'hiéron

[1] Tite-Live, *Hist.* liv. VIII, chap. III.

de Signia, celle dite *Sarracenica*, dont la construction ne peut appartenir qu'aux mêmes colonies pélasgiques, qui en ont bâti de semblables dans toutes les villes circonvoisines.

Texte d'Aristote relatif à l'appareil de la construction pélasgique :

Τοῦ γὰρ ἀορίστου ἀόριστος καὶ ὁ κανών ἐστιν, ὥσπερ καὶ τῆς Λεσβίας οἰκοδομῆς ὁ μολίβδινος κανών. Πρὸς γὰρ τὸ σχῆμα τοῦ λίθου μετακινεῖται, καὶ οὐ μένει ὁ κανών. «La règle «de ce qui est indéterminé est elle-même indéterminée, «comme la règle de plomb dont les Lesbiens font usage «dans leurs constructions, et qui, une fois pliée, ne «peut dans le même état servir à régler les autres [1]. »

Καὶ γὰρ τὴν Λέσβον Πελασγίαν εἰρήκασι. «Et en effet, «on donne aussi à Lesbos le nom de Pelasgia [2]. »

La fondation de Lesbos date de l'an 1140 avant l'ère vulgaire, suivant l'auteur de la vie d'Homère attribuée à Hérodote; et, comme Lesbos avait originairement porté le nom de *Pelasgia*, la règle lesbienne d'Aristote était synonyme de la règle pélasgique.

Il est à remarquer qu'il existe un synchronisme parfait entre la date de la fondation de Lesbos en 1140 et celle de la fondation d'Ameria, qui, selon les éléments de calcul fournis par Pline, date de l'an 1135 avant l'ère vulgaire.

---

[1] *Traité des mœurs*, liv. V, chap. xiv.

[2] Strabon, *Géogr.* liv. V, pag. 221.

XX.

POTERNE TIRYNTHIENNE DE L'ACROPOLE DE SIGNIA.

Exécuté, comme le précédent modèle, d'après les dessins de MM. La-brouste frères; dessiné aussi par Mme Dionigi, MM. Dodwell, Simelli, Knapp, Callet, Lesueur, Middleton, etc.

Huit portes de ce style divisent les murs de l'acropole dominant les ravins qui mènent à la porte de construction romaine du n° XXI. Le seul aspect de celle que représente ce modèle, joint à celui de la construction cyclopéenne de tous les murs qui l'avoisinent, me paraît suffire à la solution des doutes élevés en Allemagne, lesquels, d'ailleurs, pourront être appréciés d'après l'inscription suivante placée à gauche du modèle [1].

« Lorsque Tarquin voulut s'assurer la possession de Segni, il aura employé, pour l'appareil du mur de sa garnison, l'équerre récemment inventée par lui, suivant Denys d'Halicarnasse : aussi les blocs du temple d'Hercule (n° XVIII), ceux des portes jumelles et des tours (n° XXI) sont-ils quadrilatères; mais ce roi aura-t-il entremêlé à ces travaux rectilignes l'irrégularité de l'art pélasgique du n° XIX, dont avait usé Celer, architecte de Romulus? Non sans doute, et le mur de Férentinum (n° XVI) prouve bien le contraire. »

Selon les mesures de MM. Callet et Lesueur, les blocs constituant les portes de Segni ont de un mètre soixante centimètres à deux mètres soixante centimètres de longueur.

---

[1] Voir, à ce sujet, les *Annales de l'Institut de correspondance archéologique de Rome*, tom. I, 1829.

XXI.

PORTES JUMELLES DE SIGNIA.

Exécuté, comme les deux précédents modèles, d'après les dessins de MM. Labrouste frères; dessiné aussi par Mᵐᵉ Dionigi, MM. Dodwell, Simelli, Knapp, Callet, Lesueur, Middleton, etc.

On entre à Segni par deux portes jumelles, en *peperino* noirâtre appareillé à l'équerre, comme la *cloaca maxima* à Rome. Ces portes, les murs qui en dépendent, la *cella* du temple d'Hercule (n° XVIII) et la piscine sont ici les seuls ouvrages de Tarquin; tout le reste est pélasgique.

L'école germanique a prétendu que Tarquin, conducteur de la colonie romaine à Segni, doit être regardé comme le premier fondateur et l'auteur de tous les anciens monuments qu'on y voit. Mais cette idée n'est-elle pas réfutée par la simple comparaison de ces portes jumelles avec la porte *Sarracenica* (n° XIX)? A moins qu'on ne prétende que Tarquin ait employé en même temps pour bâtir deux systèmes de taille et d'architecture si contraires. Il faudrait alors citer quelque monument existant à Rome qui pût justifier l'assertion.

Avant Tarquin, les remparts de Rome étaient d'un appareil irrégulier et grossier, αὐτοσχέδια καὶ φαῦλα; ce roi fut le premier qui les fit construire avec de grandes pierres taillées à la règle, πρὸς κανόνα, comme le dit Denys d'Halicarnasse [1].

A l'extrémité droite de ce plan, on voit le commen-

---

[1] *Antiq. rom.* liv. III, p. 149.

cement du chemin de Cora, et on y lit ce vers de Silius Italicus :

Quos Cora, quos spumans immiti Signia musto......

Ceux qui vinrent de Cora, ceux qui vinrent de Signia, dont les vins sont durs et âpres [1].

Les sentiers qui conduisent aux villes pélasgiques du Latium sont, pour la plupart, taillés dans le flanc des collines qu'elles couronnent. Il règne alors des revêtements de construction cyclopéenne, conformément au style des murs de chaque acropole. Les douze blocs figurés sur le côté droit du modèle, marquant l'extrémité supérieure du sentier qui conduit à Signia, appartiennent donc à la même colonie pélasgique qui a bâti les murs de la porte *Sarracenica*, et non à Tarquin, qui a élevé les portes jumelles de la ville selon le style étrusque et en arcs de plein-cintre, comme les Romains en ont usé pour les restaurations qu'ils ont faites au mur de Férentinum, après avoir brisé le linteau de la porte pendant le siège.

Potabis liquidum Signina morantia ventrem;
Ne nimium sistant, sit tibi parca sitis.

Tu boiras le vin de Signia, si tu veux arrêter le flux de ventre; mais bois en avec modération, de peur qu'il ne l'arrête trop [2].

Sur le côté postérieur du modèle, on voit un chemin pavé qui monte à l'acropole pélasgique et longe les maisons bâties sur les tours carrées de Tarquin.

[1] Liv. VIII, v. 377.
[2] Martial, liv. XIII, épigr. 116.

CONJECTURES SUR LES ORIGINES GRECQUES DE SIGNIA.

Cluvier propose, pour origine du nom de cette ville, le mot *signum*, « enseigne militaire, » se fondant sur ce que Denys d'Halicarnasse raconte[1]; mais, si ce nom est dérivé plus directement du mot σίγυνον, *javelot de fer*, en usage chez les Macédoniens, la métropole primitive de la Signia du Latium peut avoir été la Signia de la Liburnie illyrique. L'origine grecque de celle du Latium se dévoilerait alors, autant par son nom que par l'architecture en ogive parfaite, traversée d'une plate-bande, qu'on voit aux portes cyclopéennes de son acropole. A l'appui de cette conjecture, on remarquera l'homonymie qui peut encore faire assimiler Arpinum, ville qui fut voisine de la Signia tiburnienne, suivant Strabon et les Itinéraires, à l'Arpinum de Cicéron, dont le mur cyclopéen présente aussi une porte en ogive parfaite[2].

XXII.

LES TROIS ÂGES DES MURS DE SIGNIA.

Exécuté, comme les trois précédents modèles, d'après les dessins de MM. Labrouste frères; dessiné aussi par Mme Dionigi, MM. Dodwell, Simelli, Knapp, Callet, Lesueur, Middleton, etc.

Ce modèle présente un spécimen des murs anciens de cette ville et des travaux successifs qui y ont été ajoutés; la construction pélasgique est faite en roche dure, la romaine en *peperino*, et la gothique en maçonnerie. La ville moderne se trouve dans l'enceinte des

[1] Liv. IV, pag. 193.
[2] Voyez le modèle n° XI.

anciennes murailles, mais elle occupe à peine la moitié de cette enceinte. Les murs primitifs ont été construits (et cette observation résulte de l'examen de tous les monuments de ce genre) dans le site le plus propre à la défense, c'est-à-dire immédiatement sur les bords des flancs escarpés de la montagne.

XXIII.

MUR DE L'ACROPOLE DE CORA.

Exécuté d'après les dessins de MM. Le Bas et Debret; dessiné aussi par MM. Dodwel, Heurtaud, etc.

Cora, ville des Volsques, aujourd'hui *Cori*, États Romains.

Construction cyclopéenne, surmontée en plusieurs endroits de restaurations romaines en pierres carrées.

Varron, cité par Pline[1], dit que la pierre blanche de Cora est plus dure que le marbre de Paros. Cette pierre, suivant M. Brongniart de l'Institut de France, est calcaire, compacte, blanche, translucide, à texture déliée, très-fine et de cassure argileuse, en un mot, de la même nature que celle de Norba.

Corani a Dardano trojano orti. « Les habitants de Cora « sont issus de Dardanus le Troyen[2]. »

Quis ignorat Coram. : . . . . . . a Dardanis ? « Qui peut « ignorer que Cora. . . . . dut sa fondation à la fa- « mille de Dardanus[3]. »

Ces deux passages s'accordent pour attribuer l'ori-

---

[1] *Hist. nat.* liv. XXXVI, chap. IV.

[2] *Ibid.* liv. III, chap. IX.

[3] Solin, *Polyhistor.* chap. VIII.

gine de Cora à Dardanus ou à quelque chef de sa famille ; cependant ce Troyen aurait bien pu être postérieur à la fondation de cette ville, dans laquelle il
n'aurait fait qu'amener sa petite colonie, selon les conjectures que fait naître le passage suivant de Virgile :

> *Tum gemini fratres Tiburtia mœnia linquunt,*
> *Fratris Tiburti dictam cognomine gentem,*
> *Catillusque, acerque Coras, Argiva juventus.*

Puis viennent les deux frères, Catillus et l'ardent Coras, Argiens d'origine ; ils ont quitté les remparts de Tibur, qui reçut son
nom de Tiburtus, leur frère [1].

Servius fait les réflexions suivantes sur ce passage :
Trois frères vinrent de la Grèce en Italie, Catillus, Coras et Tiburtus ou Tiburnus. Ils élevèrent ensemble
une ville, qu'ils appelèrent Tibur, du nom de l'aîné
d'entre eux ; puis les deux autres en bâtirent chacun
une : Coras donna son nom à celle qu'il fonda.

Au commentaire de Servius, Cluvier ajoute : On voit
par là que Tibur fut fondée par les premiers Grecs,
c'est-à-dire par les Pélasges, d'où il faut conclure que
c'est avec raison qu'on dit que Cora dut sa fondation aux
Pélasges, et non à Dardanus, qui l'habita postérieurement et, peut-être, l'embellit ou l'agrandit.

Les trois frères dont il est ici question étaient fils
d'Amphiaraüs, selon l'opinion commune, lequel avait
pris part à l'expédition des Argonautes et à la guerre de
Thèbes. Après la mort de leur père, arrivée dans cette

---

[1] *Énéid.* liv. VII, v. 670.

dernière guerre, les trois frères s'expatrièrent ensemble, et vinrent, dit-on, s'établir en Italie.

Regnante Latino Silvio Albæ, colonia deducta est Cora. « Sous le règne de Latinus Silvius d'Albe, on envoya une « colonie à Cora [1]. »

> .... *Tunc omne latinum*
> *Fabula nomen erit: Gabios, Veiosque, Coramque*
> *Pulvere vix textæ poterunt monstrare ruinæ.*

Alors le nom latin ne sera plus qu'une fable; des ruines couvertes de poussière pourront à peine indiquer le site de Gabies, de Véies et de Cora [2].

XXIV.

MUR DE NORBA.

Exécuté d'après les dessins de M. Middleton; dessiné aussi par MM. Dodwell, Knapp, etc.

Les murs de Norba, ville des Volsques, aujourd'hui *Norma*, États Romains, ont été restaurés par les Romains l'an 490 avant l'ère vulgaire. Ils sont restés déserts depuis les guerres de Marius et de Sylla, l'an 82 avant la même ère, époque à laquelle les Norbani s'entre-tuèrent sous les yeux du vainqueur.

Οὗτός τε δὴ ὁ στόλος εὐπρεπὴς ἀνάγκη εἰς Οὐελίτρας καταληφθεὶς ἀπεστάλη· καὶ ἕτερος αὖθις, οὐ πολλαῖς ἡμέραις ὕστερον, εἰς Νώρϐαν πόλιν, ἥ ἐστι τοῦ Λατίνων ἔθνους ἀφανής. « Cette troupe, assez considérable, fut contrainte d'al- « ler s'établir à Vélitres; peu de temps après, une autre

---

[1] *Origines de la nation romaine*, d'après les Annales des pontifes; à la suite des *Antiquités romaines* de Denys d'Halicarnasse.

[2] Lucain, *Pharsale*, liv. VII, v. 391.

« partie alla se fixer à Norba, ville peu remarquable
« parmi celles des Latins [1]. »

Tito Geganio, Publio Minucio coss. [*anno urbis* $\overline{\text{CCLXII}}$],
(*Volsci*) *Norbæ in montes novam coloniam, quæ arx in
Pomptino esset, miserant.* « Sous le consulat de Titus Ge-
« ganius et de Publius Minucius [l'an de Rome 262],
« les Volsques envoyèrent une nouvelle colonie dans les
« montagnes de Norba, pour y défendre, comme d'une
« citadelle, les Marais Pontins [2]. »

De son côté, Appien raconte de la manière suivante
la chute de Norba sous la puissance des Romains :

Νώρϐα δὲ ἑτέρα πόλις ἀντεῖχεν ἔτι ἐγκρατῶς ἔς τε Αἰμι-
λίου Λεπίδου νυκτὸς ἐς αὐτὴν ἐκ προδοσίας εἰσελθόντος, δια-
γανακτήσαντες οἱ ἔνδον ἐπὶ τῇ προδοσίᾳ, οἱ μὲν ἑαυτοὺς
ἀνῄρουν, οἱ δ' ἀλλήλους ἑκόντες, οἱ δὲ καὶ βρόχοις συνεπλέ-
κοντο· καὶ τὰς θύρας ἐνέφραττον ἕτεροι, καὶ ἐνεπίπρασαν.
Ἄνεμος δὲ πολὺς ἐμπεσὼν, ἐς τοσοῦτον αὐτὴν ἐδαπάνησεν ὡς
μηδὲν ἐκ τῆς πόλεως λάφυρον γενέσθαι· καὶ οἵδε μὲν οὕτως
ἐγκρατῶς ἀπέθανον. « La ville de Norba résistait cependant
« encore avec héroïsme, lorsqu'Émilius Lépidus fut in-
« troduit dans ses murs par trahison et durant la nuit ;
« les citoyens, indignés de se voir surpris, se tuèrent, les
« uns de leurs propres mains, les autres en se donnant
« réciproquement la mort. Il y en eut qui se pendirent,
« d'autres s'enfermèrent dans leurs maisons, auxquelles
« ils mirent le feu : le vent soufflant avec violence, l'in-
« cendie s'étendit partout, consuma tout ; le vainqueur,
« au lieu de butin, ne trouva que des monceaux de cen-

[1] Denys d'Halic. *Antiq. rom.* liv. VII, pag. 316.
[2] Tite-Live, *Hist.* liv. II, chap. xxxiv.

« dres. C'est ainsi que périrent, les armes à la main, les
« braves de Norba [1]. »

M. Middleton, qui a dessiné les murs de cette ville,
dit qu'en y montant on trouve, à gauche, un mur cyclopéen du premier style, surmonté de quelques restaurations en blocs irréguliers aussi, mais d'un style postérieur. Selon le même voyageur, la première construction
de Norba, qui est la plus basse, est formée de gros blocs
arrondis, évidemment cyclopéens, et elle est inter-
rompue par des ouvrages romains en pierres régulières.
Dans la partie qui fait face à la nouvelle Norma, il y
a une très-grande porte à linteau, qui s'unit des deux
côtés à la muraille. Les débris de la seconde enceinte
sont cyclopéens; la troisième, ou l'acropole, est formée
de pierres brutes arrangées, figurant une enceinte qui
domine le précipice du côté des Marais Pontins. Dans
cette dernière enceinte, on montre l'emplacement très-
distinct des temples antiques et les restes d'un cirque,
désigné aussi par le nom de théâtre, mais qui serait peut-
être mieux nommé *Pnix*, lieu où se tenait l'assemblée
du peuple.

XXV.

MUR ET ÉPERON D'ARDEA.

Exécutés d'après les dessins de MM. Callet et Lesueur.

Ardea, ville des Rutules; aujourd'hui *Ardia*, en ruines; États Romains.

---

[1] *Guerre civile*, liv. I, pag. 196.

. . . . . .et nunc magnum manet Ardea nomen.

. . . . .et le grand nom d'Ardea vit encore aujourd'hui [1].

Et Turno, si prima domus repetatur origo,
Inachus Acrisiusque patres mediæque Mycenæ.

Et Turnus, si l'on remonte à l'origine de sa race, eut pour aïeux Inachus et Acrisius, et pour patrie Mycènes [2].

Extant hodieque antiquiores urbe picturæ Ardeæ in ædibus. « Il existe encore de nos jours, dans les temples « d'Ardea, des peintures plus anciennes que la ville [3]. »

Testor vos, fontes et stagna arcana Numici;
Cum felix nimiam dimitteret Ardea pubem, etc.

Je vous prends à témoins, sources et étangs secrets du Numicus, lorsque l'heureuse Ardea faisait sortir de ses murs une trop nombreuse jeunesse [4].

Ardea, solstitio, Castranaque rura petantur,
    Quique Cleonæo sidere fervet ager :
Cum Tiburtinas damnet Curiatius auras,
    Inter laudatas ad Styga missus aquas.
Nullo fata loco possis excludere : cum mors
    Venerit, in medio Tibure Sardinia est.

Que, durant le solstice, on choisisse Ardea, les campagnes de la Lucanie, et le climat qui éprouve les violentes chaleurs de la constellation de Cléonée, puisque Curiatius, qui a péri au milieu de ces eaux si vantées, condamne l'air de Tibur. Il n'y a pas de lieu capable de vous protéger contre le destin : quand la mort viendra, vous trouverez la Sardaigne au milieu de Tibur [5].

[1] Virgile, *Énéid.* liv. VII, v. 412.
[2] *Id. ibid.* v. 371.
[3] Pline, *Hist. nat.* liv. XXXV, chap. vi.
[4] Silius Italicus, liv. I, v. 666.
[5] Martial, liv. IV, épig. 59.

L'examen des murs de cette ville, située sur la côte des Marais Pontins, a été fait en octobre 1822, par MM. Callet et Lesueur, architectes pensionnaires de l'académie de France à Rome, choisis par le directeur pour aller dessiner sur les lieux ces monuments, afin de répondre aux questions proposées par moi, et recommandées par M. le comte Siméon, alors ministre de l'intérieur. Il est résulté de ces recherches que les murs primitifs d'Ardea, formant des ressauts ou demi-tours carrées, sont bâtis en blocs volcaniques, taillés en parallélipipèdes, avec négligences dans l'alignement des joints; que le contre-fort appliqué sur la face du ressaut représenté par ce modèle est aussi bâti en blocs de la même roche, mais cimentés et bien plus régulièrement appareillés que ceux du mur principal.

On conclut de ces différences que le contre-fort en éperon doit remonter à environ l'an 440 avant l'ère vulgaire, époque de la colonie romaine conduite par Agrippa Menenius pour repeupler Ardea, suivant Tite-Live; mais que le mur d'enceinte bâti à sec ne peut dater que de la fondation première. Or, Virgile ayant conservé la tradition du fait de la fondation de cette ville par Danaé, fille d'Acrisius et mère de Persée, cette descendance, au quatrième degré, de Danaüs (venu d'Égypte pour revendiquer son droit au trône d'Argos), explique bien la conformité qu'ont les murs d'Ardea avec le système rectiligne de la construction de tous les monuments d'Égypte. C'est ce que confirme la Porte aux Lions de Mycènes, bâtie par Persée, fils de Danaé, suivant le même système, mais imparfaitement rectiligne.

On peut comparer à ce sujet les modèles n° XXV et XLIX, ainsi que notre Examen analytique.

Les murs de la ville royale de Turnus (lequel avait pris part à la fondation arcadienne de Sagonte, 1410 ans avant l'ère vulgaire), ville que, suivant Tite-Live, Tarquin tenait assiégée quand il apprit qu'on le bannissait de Rome, sont donc encore debout, ils ont même conservé leur nom; mais ils ne retentissent plus que du mugissement des buffles et des bœufs du prince Cesarini.

Quant aux substructions pélasgiques de Sagonte, elles existent également encore, mais elles sont cachées sous le nom vulgaire de *Murviedro*.

Ce modèle est surmonté d'un fragment de pierre des murs d'Ardea, indiqué par ces deux mots : *Saxum Ardeas*.

XXVI.

MUR DE BOVIANUM.

Exécuté d'après les dessins de M. Fox; dessiné aussi par M. de Torcia.

Bovianum, ville capitale des Samnites; aujourd'hui *Boiano*, État de Naples.

Bovianum, caput hoc erat Pentrorum Samnitium, longe ditissimum atque opulentissimum armis virisque........ ......præde plus pene quam ex omni Samnio unquam egestum. « Bovianum était la ville chef-lieu des Samnites «Pentriens, et en outre la plus riche, la plus opulente «du pays, en armes et en hommes............ on «tira d'elle seule plus de butin que n'en fournit jamais «tout le Samnium[1]. »

[1] Tite-Live, *Hist.* liv. IX, chap. XXXI.

Samnitium colonia, Bovianum vetus. « Le vieux Bovia-
« num, colonie des Samnites [1]. »

*Capti a Gallis sumus; sed et Tuscis obsides dedimus, et
Samnitium jugum subivimus.* « Notre ville a été prise par
« les Gaulois; nous avons même donné des otages aux
« Étruriens et subi le joug des Samnites [2]. »

> *Adfuit et Samnis, nondum vergente favore*
> *Ad Pœnos; sed nec veteri purgatus ab irâ.*
> *Qui Batulam, Nucrasque metunt, Boviania quique*
> *Exagitant lustra* . . . .

Le Samnite se trouvait là; il ne s'était point encore, il est vrai,
associé avec Carthage; mais il n'avait point non plus déposé son
ancien ressentiment. On y remarquait ceux qui moissonnent les
champs de Batule et de Nucres, et ceux qui s'adonnent à la chasse
dans les bois de Bovianum [3].

Les Samnites sont comptés par Justin parmi les peuples latins d'origine grecque, dont cet historien parle
ainsi : *Quæ gentes non partem sed universam fere Italiam ea
tempestate occupaverant. Denique multæ urbes adhuc post
tantam vetustatem vestigia Græci moris ostentant.* « Les na-
« tions (d'origine grecque) occupaient encore alors (du
« temps de Denys), non une partie de l'Italie, mais
« presque l'Italie entière. Enfin, beaucoup de villes,
« même après tant de siècles, conservent toujours les
« vestiges des mœurs grecques [4]. »

Dans la suite de ce chapitre, très-remarquable pour

---

[1] Pline, *Hist. nat.* liv. III, chap. XVII.
[2] Tacite, *Annales,* liv. XI, chap. XXIV.
[3] Silius Italicus, liv. VIII, v. 561.
[4] *Hist.* liv. XX, chap. I.

l'appui qu'il prête aux principes de ma théorie, l'historien cite nominativement la plupart des peuples que la Grèce fournit à l'Italie.

XXVII.

ORACLE DE MARS À TIORA.

Exécuté d'après les dessins de M. Simelli; dessiné aussi
par M. Dodwell, etc.

L'oracle de Mars est à un kilomètre de l'hiéron de Tiora ou Turana. Cette ville du Latium, aujourd'hui en ruines au lieu dit *Torana*, est située près de *Monte-Castore*, dans la Sabine, États Romains.

Sur le banc de roche vive, figuré en ce modèle, on lit les deux passages suivants :

Fanum (est) religiosissimum templum unde fata petuntur. «Le Fanum est un temple très-sacré, où l'on interroge le destin [1]. »

Hinc etiam amplius dicuntur eloqui ac reloqui in faneis sabincis e cella dei qui eloquuntur. «De là, on dit que « ceux qui parlent de l'intérieur de la chambre du dieu, « dans les temples sabins, interrogent et répondent [2]. »

Ἀπὸ δὲ Ῥεάτου πάλιν τὴν ἐπὶ λατίνην ὁδὸν ἰοῦσιν, ἡ Βατία μὲν ἀπὸ τριάκοντα σταδίων, Τιώρα δὲ ἀπὸ τριακοσίων, ἡ καλουμένη Ματιήνη. Ἐν ταύτῃ δὲ λέγεται χρηστήριον Ἄρεως γενέσθαι πάνυ ἀρχαῖον. Ὁ δὲ τρόπος αὐτοῦ παραπλήσιος ἦν, ὥς φασι, τῷ παρὰ Δωδωναίοις μυθολογουμένῳ ποτὲ γενέσθαι· πλὴν ὅσον ἐκεῖ μὲν ἐπὶ δρυὸς ἱερᾶς καθεζομένη περιστερὰ θεσπιῳδεῖν ἐλέγετο· παρὰ δὲ τοῖς Ἀβοριγῖσι θεόπεμπτος ὄρ-

---

[1] Pseudo-Asconius, *Comment. sur les Verrines*, action II, liv. I, chap. xx.

[2] Varron, *Lang. lat.* liv. V.

νις, ὃν αὐτοὶ μὲν πῖκον, Ἕλληνες δὲ δρυοκολάπτην καλοῦσιν, ἐπὶ κίονος ξυλίνου Φαινόμενος τὸ αὐτὸ ἕδρα. « En partant de « Riéti et se dirigeant sur la voie Latine, on trouve Ba- « tia à trente stades (un peu plus d'un demi-myriamètre), « et à trois cents stades (six myriamètres) Tiora, qu'on « appelle aussi Matiène. On rapporte qu'il y avait dans « cette dernière ville un très-ancien oracle de Mars. La « manière dont il s'exprimait était, dit-on, conforme à « celle de l'oracle de Dodone, excepté que, chez les « Dodonéens, une colombe perchée sur un chêne ren- « dait les arrêts du destin. Chez les Aborigènes, au « contraire, c'était un oiseau envoyé par la divinité, « qu'ils désignaient par le nom de *picus*, et les Grecs par « celui de *dryocolapte* [c'est-à-dire qui perce les arbres]. « Il rendait les oracles perché sur le sommet d'une co- « lonne en bois[1]. »

Dès les temps les plus reculés, il y eut, dans le pays où était cet oracle, un roi célèbre nommé Picus, chanté par les poëtes, entre autres par Ovide et Silius. Le pre- mier retrace toute son histoire dans le livre XIV de ses Métamorphoses, dont il nous suffira de citer quelques vers, où cette origine nous semble indiquée :

Picus in Ausoniis, proles Saturnia, terris
Rex fuit, utilium bello studiosus equorum;
. . . .
Exierat tecto Laurentes Picus in agros,
Indigenas fixurus apros, tergumque premebat
Acris equi, lævaque hastilia bina gerebat,

[1] Extrait du livre des *Antiquités*, de Varron, par Denys d'Halic. *Antiq. rom.* liv. I, pag. 11.

Phœniceam fulvo chlamydem comprensus ab auro.
Venerat in silvas et filia Solis easdem.

Il y eut en Ausonie un roi Picus, fils de Saturne, amateur de chevaux propres au combat. . . . . Quittant sa demeure, Picus était allé dans les champs de Laurente pour s'y livrer à la chasse des sangliers ; il pressait les flancs de son cheval fougueux ; armé de dards légers, il tenait sa chlamyde phénicienne nouée avec une agrafe d'òr. La fille du Soleil s'y trouvait aussi [1].

Le manteau phénicien de Picus, fils de Saturne et gendre de Janus, décèle l'origine pélasgique, telle que nous l'avions fait soupçonner dans notre Exposition précédente. A ce témoignage frappant d'Ovide, ajoutons celui de Silius, qui assigne nominativement aux Pélasges le pays où cet événement a eu lieu.

Hoc Picus quondam nomen memorabile ab alto
Saturno statuit genitor, quem carmine Circe
Exutum formam volitare per æthera jussit,
Et sparsit plumis croceum fugientis honorem ;
Ante (at fama docet) tellus possessa Pelasgis ,
Quis Æsis regnator erat, fluvioque reliquit
Nomen, et a sese populos tum dixit Asisos.

Ce pays (celui du Picenum) reçut son surnom célèbre de son fondateur Picus, fils de l'antique Saturne. Dépouillé de sa forme humaine par les enchantements de Circé, il vola dans les airs aux ordres de cette magicienne, qui répandit quelques taches rouges sur le plumage du roi fugitif. La renommée nous apprend que ce pays fut auparavant possédé par les Pélasges, et qu'Æsis, qui en était le roi, laissa son nom au fleuve et aux peuples qui, de lui, ont pris le nom de *Asises* [2].

[1] Ovide, *Métam.* liv. XIV, v. 320.
[2] Silius Ital. liv. VIII, v. 438.

Virgile avait aussi, dans son Énéide [1], célébré, avant ces deux poëtes, les tristes aventures du roi Picus.

La conformité de l'oracle de Tiora avec celui de Dodone est très-remarquable pour celui qui fait attention à ce que les Pélasges établis sur le territoire de Riéti provenaient immédiatement de ceux de Dodone. La véritable situation de Tiora s'étant trouvée déterminée par des moyens géométriques, indépendants de toute idée systématique, et le monument de cette ville étant reconnu pour être l'oracle même de Mars, ces certitudes acquises et les dessins que j'envoyai en 1807 à M. Pouqueville, alors en Grèce, lui ont fait découvrir l'oracle de Dodone, qu'on avait jusque-là vainement cherché parmi des ruines semblables à celles des temples grecs et romains.

Ce relief a été exécuté d'après un plan géométral, et sur l'élévation perspective de l'un des cinquante dessins exécutés sur les lieux mêmes, aux environs de Riéti. C'est là que Varron faisait remarquer aux Romains les murs de villes, d'hiérons, d'oracles, qui témoignaient, disait-il, que les Aborigènes avaient dominé sur toute la région qui s'étend entre les villes actuelles de Riéti et de Torana, l'antique Tiora. Réunies avec les Pélasges, ces colonies, grecques suivant Caton, avaient bâti les monuments qu'on retrouve encore dans cet espace aux mêmes distances respectives désignées en stades par Varron. L'époque de ces constructions remonterait à l'an 1520 avant l'ère vulgaire.

L'excursion dans laquelle ces monuments furent dé-

[1] Liv. VII, v. 189.

couverts et signalés comme étant d'un intérêt éminemment historique, a été faite en juin 1810, par ordre et aux frais de la classe d'histoire et de littérature ancienne de l'Institut de France, en vertu d'une délibération prise, le 8 juillet 1808, sur la proposition d'une commission composée de MM. Visconti, Mongez et Quatremère de Quincy, rapporteur.

Le mur cyclopéen, représenté sur le devant du modèle, a environ quarante et un mètres de longueur.

XXVIII.

HIÉRON DE MARS À TIORA.

Exécuté, comme le précédent modèle, d'après les dessins de M. Simelli ; dessiné aussi par M. Dodwell, etc.

Cet hiéron est situé près de l'oracle de Mars et des ruines de la Tiora citée par Varron.

Sur le plateau formé par le rempart, est bâtie l'église de sainte Anatolie, laquelle, d'après les martyrologes, fut martyrisée en ce lieu sous Décius.

Tiora, aussi appelée Matiène, aujourd'hui *Torano* ou *Turana*, est située à quatre myriamètres et demi en descendant de Riéti vers Rome. On y retrouve les trois monuments cités par Varron dans Denys d'Halicarnasse [1], savoir : les ruines de la ville, qui sont à fleur de terre ; un temple de Mars, dont les antiques murs, comme nous venons de le voir, servent de substruction à l'église Sainte-Anatolie, enfin un oracle de Mars.

---

[1] *Antiq. rom.* liv. I, p. 11.

XXIX.

RUINES DU FANUM DE MARS À SUNA.

Exécuté d'après les dessins de M. Dodwell ; dessiné aussi par M. Simelli.

Les ruines du fanum de Mars, citées par Varron, sont situées à Suna, ville du Latium ; aujourd'hui *Alsana* ou *Alzano*, près de la tour de Taglia, dans la Sabine, États Romains.

Sur le plateau le plus élevé du modèle, on voit les restes de la *cella* du temple.

Sur le plateau inférieur, on lit cette inscription :

IMPVLSV · NOSTRO · PROMOTVS
EDWARDVS · DODWELL
SVNÆ · DELETÆ · REPERTOR
EXINDE · PROPEMODVM · EXANIMIS
ROMAMQVE · DELATVS · OCCVBVIT
MENSE · MAIO · MDCCCXXXII ·

Excité par nous, Edward Dodwell découvrit les ruines de Suna. Un mal très-violent l'ayant surpris en ce lieu, on l'emporta mourant à Rome, où il expira dans le mois de mai 1832.

Sur la fracture du mur le plus bas, on voit le seuil du fanum.

Sur le côté postérieur du modèle, on lit :

« Les homonymies locales de la géographie nous dévoilent, dans les temps anciens comme dans les temps modernes, les rapports les plus certains de l'origine commune des villes. Toutes les fois, par exemple, qu'on lit le nom d'une *Larissa*, on ne peut douter de ses anciens rapports avec la Larissa d'Argos, qui est la plus ancienne cité de toute l'Europe. On en compte onze du même nom, dispersées entre la Macédoine et l'Assyrie. Dans cette dernière contrée, Xénophon avait observé que la Larissa du Tigris était ceinte de murs en pierres taillées, et que les exhaussements en briques devaient avoir été ajoutés par les Mèdes, qui l'habitèrent longtemps et l'abandonnèrent ensuite. »

On ne connaît que deux villes qui aient porté le nom de Suna, savoir : celle de la Sabine, provenant de la colonie arcadienne de Nanas et dont l'origine grecque est non-seulement constatée par la construction pélasgique, mais encore par son nom dérivé du mot Σὺν.

L'autre Suna est nommée par Josué; elle était située dans la tribu d'Issachar, près de Dora, dont le nom est aussi radicalement grec et biblique que ceux de Sacon et de Maceda, bâties au même temps et sur la même côte.

Le voyage de MM. de Cadalvène et de Breuvery, en 1832, nous a fait connaître les ruines d'une ville de construction pélasgique, sur une colline escarpée du rivage qui s'étend d'Orthosia à Gabala près de Marathus. Pour peu que l'on continue ce genre d'observations, il sera facile de constater si les soubassements des villes maritimes de la Palestine se rapportent à la construction dont les monuments de la Grèce et de l'Italie ont fourni les exemples et nous la théorie. Alors, l'origine première des colonies pélasgiques ne serait plus une question à résoudre, quand surtout on observe constamment dans un pareil ordre, sur les murs des villes de l'ancien monde, la succession verticale des constructions pélasgique, étrusque, hellénique, romaine, gothique, sarrazine et moderne.

On lit autour du socle du même modèle :

« Il n'existe, dans la géographie ancienne, d'autre ville avérée pour homonyme de la Suna pélasgique que la Suna de la tribu d'Issachar, nommée par Josué[1], et citée au livre des Rois pour ses rapports avec les Philistins et pour les prodiges opérés par Élisée en faveur de la Sunamite[2]. »

Au-dessus du plateau le plus élevé, on aperçoit la trace d'un chemin escarpé : serait-ce celui qui conduit au village d'Arengungula, environ à un demi-myriamètre nord d'Alsana? Là, suivant la tradition du pays, était située l'antique Suna. On y voit trois terrasses de quarante-sept mètres environ de longueur, disposées par degrés, l'une au-dessus de l'autre; les deux premières sont flanquées de constructions pélasgiques en pierres soigneusement taillées; la troisième est entièrement pratiquée dans la roche vive. A l'entrée de la première terrasse, entre ses deux murs, on trouve un monument circulaire formant un cône tronqué et enfoncé sous terre; il est composé de blocs dressés dans le sens perpendiculaire de leur longueur; ils sont bruts à leur surface, mais bien assemblés en leurs joints; les plus grands ont un mètre vingt centimètres de hauteur. L'intérieur du monument a six mètres de hauteur sur trois de diamètre. Il est terminé au sommet par deux pierres plates exactement taillées, aplanies sur leurs surfaces et laissant un jour d'environ soixante-dix centimètres; cette ouverture est recouverte d'une pierre taillée seulement à sa surface intérieure.

[1] *Bible,* Josué, chap. xv, v. 3 et 22.
[2] *Ibid.* Rois, liv. IV, chap. iv, v. 8.

On ne peut encore raisonner pertinemment sur l'ancienne destination de ces ruines. Ne seraient-elles pas ce que Varron signalait comme le temple de Mars à Suna, et dont Denys d'Halicarnasse fait mention en ces termes :

Ἔνθα νεὼς πάνυ ἀρχαῖός ἐστιν Ἄρεως. «[Suna], où se « remarque un temple très-ancien de Mars [1]. »

Les détails que je donne sur les monuments de Suna sont tirés de la relation de M. Simelli, qui les a examinés et décrits en 1810.

XXX.

MONUMENT SOUTERRAIN DE SUNA.

Exécuté, comme le précédent modèle, d'après les dessins de M. Dodwell; dessiné aussi par M. Simelli, etc.

· C'est l'unique *Putéal* qui soit connu dans toute l'Europe pélasgique, sous les divers points de vue de son architecture circulaire, de sa construction cyclopéenne en blocs perpendiculairement disposés, de sa couverture composée de deux pierres plates et mobiles, percées, au point central de leur réunion, d'une ouverture que recouvre une autre pierre mobile. Le monument (dont cette partie est séparée et détachée du modèle précédent) est situé dans l'espace intermédiaire aux deux premiers des trois murs de l'acropole pélasgique de Suna.

Serait-ce là cette *cella dei*, «la demeure secrète du « dieu, » dont parle Varron; *unde fata petuntur* [2], «où « l'on attendait les réponses de l'oracle, » comme le dit le

---

[1] Denys d'Halic. *Antiq. rom.* liv. I, pag. 10.
[2] *Lang. lat.* liv. V.

Pseudo-Asconius[1]? Serait-ce tout ensemble le Πάνυ ἀρχαῖός, « le temple extrêmement ancien du dieu Mars, »
cité par Denys d'Halicarnasse[2]?

Telles sont les questions que fait naître la pierre de
laquelle seraient sorties les réponses du devin qui pro-
férait les oracles de Mars à Suna. Ces questions nous
semblent devoir être résolues d'autant plus affirmativement, que, d'après le témoignage de Varron, la Sabine
est le pays de l'Italie le plus fécond en antiques souvenirs religieux; sur son sol parurent les plus anciens
temples et les premiers oracles. C'est aussi dans le langage des Sabins primitifs que ce savant antiquaire trouva
les origines de la langue latine, et particulièrement ce
qui concerne le culte des dieux. Pline et Tacite appuient,
en cela, les assertions de Varron. Le premier dit : *Sabini
a·religione et deorum cultu Sevini appellati.* « A cause de
« leur caractère religieux et du culte qu'ils rendaient aux
« dieux, les Sabins ont été appelés *Sevini*[3]. » Quelles que
soient l'étymologie et la signification du mot *Sevini*, le
reste de la pensée n'en est pas moins clair et moins
favorable à notre opinion. Tacite, parlant de Tibère,
dit qu'il institua de nouvelles associations et de nouvelles cérémonies religieuses, à l'instar de Titus Tatius,
qui avait fondé l'ordre des confrères Tatiens pour perpétuer les sacrifices des Sabins : *Ut quondam T. Tatius,
retinendis Sabinorum sacris, sodales Tatios instituerat*[4].

---

[1] *Comment. sur les Verrines*, action II, liv. I, chap. XX.

[2] *Antiq. rom.* liv. I, pag. 11.

[3] Pline, *Hist. nat.* liv. III, chap. XVII.

[4] Tacite, *Annales*, liv. I, chap. LIV.

On lit autour du modèle que nous avons sous les yeux :

« La découverte de ce monument est le dernier résultat des recherches faites en Sabine par feu notre fidèle correspondant Edward Dodwell, peu de temps avant sa mort, en mai 1832. Il nous en avait lui-même adressé les dessins ; ils manquent aussi à l'édition posthume de ses Vues de la Grèce et de l'Italie, publiée en 1834. »

On retrouve sur ce modèle deux inscriptions latines, qui conviennent parfaitement au monument ; je les ai expliquées au commencement de l'article du n° XXVII.

Témoignage de Varron, cité par Denys d'Halicarnasse :

Ἀπὸ δὲ ταύτης τεττάρακοντα σταδίοις διῃρημένη πόλις ἐπιφανὴς Σούνη, ἔνθα νεὼς πάνυ ἀρχαῖός ἐστιν Ἄρεως. « A la « distance de quarante stades (trois quarts de myria- « mètre environ) de la ville (de Vesbola), est Suna, « ville remarquable, où se trouve un très-ancien temple « de Mars[1]. »

La situation de l'antique Suna étant déjà déterminée par la construction pélasgique des ruines encore existantes au village d'Alsana en Sabine, ainsi que par la conformité de cette situation avec les distances que Varron assigne, on ne remarquera pas sans surprise qu'au nord de ce village et à un demi-myriamètre environ il s'en trouve un autre qui, dans une gorge profonde et escarpée, a conservé le nom d'Arengungula, composé d'un mot grec et d'un mot italien, dont la réunion doit signifier gorge ou défilé d'Arès ou Mars. Ainsi donc le nom grec de Mars et celui de Suna sont encore en usage dans

---

[1] *Antiq. rom.* liv. I, pag. 10.

l'idiome des Pélasges équicoles pour désigner les monuments signalés par Varron dans la vallée de Ὀσούνα, appelée aujourd'hui Osuna.

Sur l'un des côtés de ce modèle, on voit le plan du
fanum de Mars à Suna, avec des notes explicatives.

Tout ce qui concerne ce monument et les trois précédents a été développé dans quelques articles insérés
au tome IV des Annales de l'Institut archéologique de
Rome, articles que j'ai fait aussi imprimer séparément
en une brochure accompagnée d'une carte de la Sabine
et d'un spécimen des constructions cyclopéennes.

XXXI.

MUR DE VESBOLA.

Exécuté d'après les dessins de M. Fox; dessiné aussi par MM. Simelli,
Dodwell, etc.

Vesbola, ville du Latium, aujourd'hui en ruine au
lieu dit *Marmosedio*, dans la Sabine, États Romains.

Ce mur, qui forme le terre-plein de l'église de San-
Lorenzo-in-Vallibus, a fait jadis un retrait, arrivé sans
doute à la suite de quelque commotion produite par le
cratère éteint de Fossa-di-Santo-Mauro, près du village
de la Pagliara.

M. Dodwell a vu à Marmosedio des restes de colonnes
et un fragment de chapiteau dorique.

Suivant les distances indiquées par Varron, et la
proximité du groupe de Monte-Corvo, qui présente une
grande analogie avec les monts Cérauniens, aussi indiqués par l'antiquaire romain, je crois pouvoir assurer

que le village de Marmosedio occupe la place de l'antique Vesbola.

Cluvier dit qu'on ne sait pas précisément où étaient bâties les villes antiques de Vesbola, Suna, Mefula et Ovinium; il n'y a rien en cela d'étonnant, ajoute-t-il, puisqu'elles étaient déjà ruinées du temps de Denys d'Halicarnasse.

Strabon, en parlant des Sabins et des peuples limitrophes, écrivait : Σαβῖνοι πόλεις ἔχουσιν ὀλίγας, καὶ τεταπεινωμένας διὰ τοὺς συνεχεῖς πολέμους. « Les Sabins ont « un petit nombre de villes, qui toutes ont été fort « affaiblies par des guerres continuelles [1]. »

XXXII.

MUR AUPRÈS DU LAC FUCIN.

Exécuté, comme le précédent modèle, d'après les dessins de M. Fox.

Le peuple des Marses, qui avait ses demeures sur le sommet de l'Apennin et sur les rivages du lac Fucin, descendait, selon les traditions recueillies par Pline, Aulu-Gelle et Solin, d'un des fils de Circé.

Simile et in Italia Marsorum genus durat, quos a Circæ filio ortos ferunt. « Telle est encore en Italie la nation « des Marses, que l'on fait descendre du fils de Circé [2]. »

Gens in Italia Marsorum orta esse fertur a Circes filio (*Marso*). « On dit que la nation des Marses d'Italie pro- « vient du fils de Circé [3]. »

---

[1] *Géogr.* liv. V, pag. 228.
[2] Pline, *Hist. nat.* liv. VII, chap. II.
[3] Aulu-Gelle, *Nuits attiques.* liv. XVI, chap. XI.

Solin dit qu'Angitie, sœur de Circé, venue avec elle de la Colchide en Italie, fonda, sur les bords du lac Fucin, une ville, et lui donna son nom ainsi qu'à la forêt voisine. Le mur que représente ce modèle est probablement un reste des constructions de cette ancienne ville.

> *Te nemus Angitiæ, vitrea te Fucinus unda,*
> *Te liquidi flevere lacus. . . . .*

La forêt d'Angitie, les ondes transparentes du Fucin, les lacs limpides de ta patrie te pleurèrent[1].

> *. . . . . At marsica pubes*
> *Et bellare manu, et chelydris cantare soporem, .*
> *Vipereumque herbis hebetare et carmine dentem.*
> *Æetæ prolem Angitiam mala gramina primam*
> *Monstravisse ferunt, tactuque domare venena,*
> *Et lunam excussisse polo, stridoribus amnes*
> *Frenantem, ac silvis montes nudasse vocatis.*

. . . . Mais la jeunesse du pays des Marses savait aussi se battre, endormir les serpents, ôter leur poison aux dents de la vipère par le moyen des plantes et des enchantements. On rapporte que ce fut Angitie, fille d'Æétès, qui la première fit connaître les plantes vénéneuses, apprit à détruire la puissance des poisons par le seul toucher, à tirer la lune du ciel, à suspendre le cours des fleuves par des cris magiques et à dépouiller les montagnes des forêts qui venaient à elle[2].

---

[1] Virgile, *Énéid.* liv. VII, v. 759.
[2] Silius Ital. liv. VIII, v. 494.

XXXIII.

ARA D'ALBA FUCENSIS.

Exécuté d'après les dessins de M. Dodwell; dessiné aussi par MM. Simelli, de Clarac, Promis, etc.

Alba Fucensis, ville des Marses, aujourd'hui en
ruines, près du lac Fucin, appelé maintenant *il lago
Celano*.

On a retracé ici les quatre styles des murs de l'église
Saint-Pierre d'Albe des anciens Marses, où les trois
degrés d'un autel pélasgique se trouvent surmontés
d'un temple romain en pierres bien équarries, que les
Goths ont augmenté d'une tribune en abside formée
de plus petites pierres, et l'âge suivant d'un portail en
briques plates.

L'intérieur du temple est encore orné de seize colonnes en marbre blanc, cannelées, et d'ordre corinthien.

Comme on le voit, ce modèle offre la réunion la
plus remarquable des quatre constructions qui lient les
temps anciens aux temps modernes; en le montrant,
je peux m'écrier avec Plaute : *Satis scite et probe.* « Vous
« en savez maintenant assez sans doute [1]. »

*Cum duæ sint Albæ, ab una dicuntur Albani, ab altera
Albenses.* « Comme il y a deux villes du nom d'Alba,
« on appelle les habitants de l'une les Albains, et ceux
« de l'autre les Albiens [2]. »

---

[1] *Trinumus*, acte III, scène III, v. 56.
[2] Varron, *Lang. lat.* liv. VII.

> . . . . *per udos*
> *Alba sedet campos, pomisque rependit aristas.*

Alba est située au milieu d'une campagne humide, et produit en fruits ce qu'elle refuse en grains [1].

On n'aperçoit aux fondements de cet édifice que deux des degrés de l'autel pélasgique; le troisième est caché : il doit exister sous les décombres.

Quum ipse Bituitus, Arvernorum rex, ad satisfaciendum senatui Romam profectus esset, Albam custodiendus datus est. « Bituitus, le roi des Arvernes, étant venu en per- « sonne à Rome pour répondre au sénat, fut envoyé « à Alba pour y être gardé [2]. »

Quum Albæ, in qua custodiæ causa relegatus erat, Per- seus decessisset, quæstorem misit (senatus) qui eum publico funere efferret. « Persée étant mort à Alba, où on l'avait « relégué pour y demeurer prisonnier, le sénat envoya « un questeur afin de l'enterrer aux frais de l'État [3]. »

Domitius per se circiter XX cohortes Alba ex Marsis et Pelignis et finitimis ab regionibus coegerat. « Domitius avait « par lui-même levé environ vingt cohortes dans le pays « des Marses, des Pélignes et autres contrées voisines, « et les avait réunies à Alba [4]. »

Nous avons cité, dans l'article précédent, le passage d'Aulu-Gelle contenant la tradition qui fait descendre les Marses d'un fils de Circé, et selon laquelle une ville aurait été fondée sur les bords du lac Fucin. Pour com-

---

[1] Silius Ital. liv. VIII, v. 5o5.

[2] L'Abréviateur de Tite-live, *Sommaire* du liv. LXI.

[3] Valère Maxime, *Faits et gestes des Anciens*, liv. V, chap. 1.

[4] César, *Guerre civile*, liv. I.

pléter ce que le fait rapporté présente de vraisemblable, nous ajouterons que, selon Strabon [1], il y avait près de la Colchide, d'où l'on fait partir Circé et sa sœur, un peuple appelé les Albains, qui adorait, ajoute le même auteur, le soleil et la lune; de telle sorte que le nom d'Alba aurait été importé en Italie par une colonie venue des côtes orientales du Pont-Euxin.

Tout le circuit des murs de la ville d'Albe est cyclopéen, restauré dans quelques endroits en maçonneries connues sous les noms d'*incertum* et de *reticulatum* de Vitruve. On y remarque un regard d'aqueduc souterrain aussi en construction cyclopéenne ; c'est dans la partie la plus élevée de la ville, que se voient encore les restes de l'hiéron pélasgique surmonté d'un temple romain, devenu lui-même, dans le moyen âge, l'église Saint-Pierre représentée par notre modèle.

XXXIV.

MUR DE SPOLETUM.

Exécuté d'après les dessins de M. de Fontana ; dessiné aussi par M. Thiébaut de Berneaud, etc.

Spoletum, ville d'Ombrie ; aujourd'hui *Spoleto*, dans le duché du même nom.

Annibal,. . . . . per Umbriam usque ad Spoletum venit; inde cum magna cæde suorum repulsus. « Anni-« bal,. . . . traversant l'Ombrie, vint jusqu'à Spoleto, d'où

---

[1] *Géogr.* liv. XI, pag. 5o1, 5o2, 5o3.

« il fut repoussé avec une grande perte de ses soldats [1]. »

Dum se, perculsi, renovant in bella Latini,
Turbatus Jove, et exuta spe mœnia Romœ
Pulsandi, colles Umbros atque arva petebat
Annibal . . . .

Pendant que les Latins vaincus se préparent à de nouveaux combats, Annibal, frappé d'aveuglement par Jupiter et par l'espoir de renverser les murs abandonnés de Rome, gagnait les coteaux et les champs de l'Ombrie [2].

La porte de la ville, devant laquelle les Spoletains repoussèrent Annibal, a conservé par son nom le souvenir de cet événement; c'est ce qu'exprime l'inscription suivante, gravée sur le mur au-dessus de cette porte, dite aujourd'hui *della Fuga*.

ANNIBAL
CAESIS · AD · TRASIMENVM · ROMANIS
VRBEM · ROMAM · INFENSO · AGMINE · PETENS
SPOLETO · MAGNA · SVORUM · CLADE · REPVLSVS
INSIGNI · FVGA · PORTAE · NOMEN · FECIT.

Annibal, ayant mis les Romains en déroute auprès du lac de Trasimène, marcha sur Rome avec son armée prête à détruire cette ville; mais il fut repoussé à Spoleto avec un grand carnage des siens. Sa défaite a fait donner à la porte le nom de *Fuga*.

Martial a cité les vins de Spoleto en ces termes :

De Spoletinis quæ sunt cariosa lagenis
Malueris, quam si musta Falerna bibas.

[1] Tite-Live, *Hist.* liv. XXII, chap. ix.
[2] Silius Ital. liv. VI, v. 641.

Vous préférerez le vin vieux de Spoleto au vin nouveau que produit Falerne [1].

Le mur romain encadre l'inscription suivante :

P . MARCIVS · P · F · HISTER · C · MAENIVS · C · F · RVFVS
IIII · VIR · I · D · S · C · FAC · CVR · PROBAVERVNT . Q.

P. Marcius, P. F. Hister, C. Mænius et C. Rufus, quatuorvirs, chargés de rendre la justice, par décret du sénat, ont fait élever ce mur et ont approuvé les travaux.

Ce mur doit remonter à l'époque de la colonie conduite à Spoleto deux cent quarante ans avant l'ère vulgaire. Il s'est fendu il y a plus de soixante ans, sans doute à la suite d'un tremblement de terre. L'inscription que je viens de citer a pris de là une direction inclinée, ainsi que les assises de pierres parallélipipèdes. Le mur pélasgique s'élève de trente-neuf mètres au-dessus du grand chemin qui le borde à quelques pas de là. On y voit trois constructions superposées : la pélasgique, qui sert de fondement aux deux autres ; la romaine, qui porte les noms de ceux qui la firent bâtir ; enfin celle du moyen âge.

Le docteur Philippe Petit-Radel, mon frère, dans son Voyage en Italie [2], décrit les restes pélasgiques de Spoleto.

---

[1] Martial, liv. XIII, épig. 120.
[2] Tom. I, pag. 326 et suiv.

XXXV.

MUR D'AMERIA.

Exécuté d'après les dessins de MM. Dodwell, Callet et Lesueur;
dessiné aussi par M. Thiébaut de Berneaud, etc.

Ameria, ville d'Ombrie, aujourd'hui *Amelia*, duché
de Spoleto.

Ameriam Cato ante Persei bellum conditam annis
DCCCCLXIV prodidit. « Selon Caton, Ameria fut fon-
« dée neuf cent soixante-quatre ans avant la guerre de
« Persée [1]. »

La guerre que Persée soutint contre les Romains
commença avec son règne, l'an 178 avant l'ère vulgaire
(cinq ans plus tard selon quelques opinions); ce qui
donnerait 1141 ou 1137 ans avant la même ère pour
la date de la construction des murs d'Ameria. Cette
date, assez reculée, est néanmoins bien postérieure à
celle qui est assignée au séjour primitif des Ombriens
en Italie. Hérodote les compte parmi les plus anciens
habitants de ce pays, et il les appelle Ομϐρικοì, *Om-*
briciens [2].

Selon Pline, la nation des Ombriens passe pour la plus
ancienne de l'Italie; cet auteur pense qu'ils ont été ainsi
appelés par les Grecs parce qu'ils survécurent aux pluies
qui inondèrent les terres; il ajoute que les Étruriens
réduisirent trois cents de leurs villes (ces villes n'étaient
probablement que des petites citadelles). *Umbrorum gens*
antiquissima Italiæ existimatur, ut quos Umbrios a Græcis

---

[1] Pline, *Hist. nat.* liv. III, chap. xix.
[2] *Hist.* liv. I, § 94; et liv. IV, § 49.

putent dictos, quod inundatione terrarum imbribus superfuis-
sent; trecenta eorum oppida Thusci debellasse reperiuntur [1].

Atque Amerina parant lentæ retinacula viti.

Et ils préparent pour lier la vigne flexible l'osier d'Ameria[2].

. . . . . . His populi fortes, Amerinus, et armis
Vel rastris laudanda Camers. . . . .

Avec eux sont des peuples courageux, ceux d'Ameria, et ceux
de Camers également renommés pour le labourage et pour les
armes [3].

Ager Amerinus lege imperatoris Augusti est adsignatus
veteranis. « La campagne d'Ameria fut concédée aux vé-
« térans par une loi de l'empereur Auguste [4]. »

XXXVI.

AUTRE MUR D'AMERIA.

Exécuté, comme le précédent modèle, d'après les dessins de MM. Dodwell, Callet et Lesueur; dessiné aussi par M. Thiébaut de Berneaud, etc.

Sur la continuation de ce mur a été construite la
porte d'entrée de la ville moderne.

Ce modèle représente, à droite, la construction cyclopéenne dont une pierre a deux mètres soixante
centimètres de longueur sur un mètre soixante-dix
centimètres de largeur; à gauche, la restauration sans
ciment, d'une époque postérieure aux Pélasges; et,
au-dessus de celle-ci, la maçonnerie à ciment des Goths.

---

[1] Pline, *Hist. nat.* liv. III, chap. xix.
[2] Virgile, *Géorg.* liv. I, v. 265.
[3] Silius Italicus, liv. VIII, v. 459.
[4] Frontin, *Livre des Colonies*, p. 19.

D'après le témoignage de Caton, rapporté dans l'article précédent, la fondation de ce mur daterait de l'an 1137 ou 1141 avant l'ère vulgaire, environ cent quatre-vingts ans avant Hésiode; son aspect nous montre le synchronisme de l'usage de la règle de plomb qui fut adopté, ainsi qu'on le voit ici, pour construire le mur d'Ameria, comme il le fut chez les Pélasges Lesbiens, suivant le texte d'Aristote qu'on lit gravé sur le modèle n° XIX.

Denys d'Halicarnasse, dans le passage suivant, donne sur les Ombriens quelques détails qui compléteront ce que nous en avons dit précédemment.

Οἱ δὲ τῶν Πελασγῶν, διὰ τῆς μεσογείου τραπόμενοι, τὴν ὀρεινὴν τῆς Ἰταλίας ὑπερβαλόντες, εἰς τὴν Ὀμβρικῶν ἀφικνοῦνται χώραν, τῶν ὁμορούντων Ἀβοριγῖσι. Πολλὰ δὲ καὶ ἄλλα τῆς Ἰταλίας χωρία ᾤκουν οἱ Ὀμβρικοὶ, καὶ ἦν τοῦτο τὸ ἔθνος ἐν τοῖς πάνυ μέγα τε καὶ ἀρχαῖον. Τὸ μὲν οὖν κατ᾽ ἀρχὰς ἐκράτουν οἱ Πελασγοὶ τῶν χωρίων, ἔνθα τὸ πρῶτον ἱδρύσαντο, καὶ πολισμάτια τῶν Ὀμβρικῶν κατελάβοντό τινα. « Ceux «des Pélasges qui faisaient route à travers les terres, «après avoir franchi les montagnes de l'Italie, arrivèrent «dans la contrée des Ombriens, peuples limitrophes des «Aborigènes. Ces mêmes Ombriens occupaient aussi «plusieurs autres parties de l'Italie, et formaient une «nation fort nombreuse et très-ancienne. Les Pélasges «occupèrent d'abord le pays où ils s'étaient arrêtés; ils «s'emparèrent ensuite de quelques petites villes des «Ombriens [1]. »

[1] *Antiq. rom.* liv. I, p. 13.

XXXVII.

PARTIE BASSE DU MUR DE CORTONA.

Exécuté d'après les dessins de M. Words-Worth.

Cortona, ville étrusque, porte encore aujourd'hui le même nom; en Toscane.

Ἔπειτα μοῖρά τις αὐτων (τῶν Πελασγῶν) οὐκ ἐλαχίστη, ὡς ἡ γῆ πᾶσιν οὐκ ἀπέχρη, πείσαντες τοὺς Ἀβοριγῖνας συνάρασθαι σφίσι τῆς διεξόδου, στρατεύουσιν ἐπὶ τοὺς Ὀμβρικοὺς, καὶ πόλιν αὐτῶν εὐδαίμονα καὶ μεγάλην ἄφνω προσπεσόντες αἱροῦσι Κρότωνα*. «Ensuite, une assez grande partie des «Pélasges, comme le territoire ne suffisait pas pour «tous, ayant persuadé aux Aborigènes de s'unir à eux «pour l'expédition, attaquèrent les Ombriens et, dans «une brusque irruption, leur enlevèrent Crotone, ville «florissante et considérable [1]. »

Κρότον* πόλις Τυρρηνίας μητρόπολις. «Crotone, ville «métropole de la Tyrrhénie [2]. »

Lectos Cære viros, lectos Cortona superbi
Tarcontis domus, et veteres misere Graviscæ.

Cære, Cortona, patrie du fier Tarconte, ainsi que l'antique Gravisca, envoyèrent chacune des troupes d'élite [3].

Selon Cluvier, Tarconte était le chef des Pélasges

---

* Il y a ici une faute du copiste, conservée maladroitement par les éditeurs de Denys d'Halicarnasse et d'Étienne de Byzance. Crotone, aujourd'hui ruinée, était une ville de l'ancienne grande Grèce, *magna Græcia*.

[1] Denys d'Halic. *Antiq. rom.* liv. I, p. 14.
[2] Étienne de Biz. *Géogr.*
[3] Silius Ital. liv. III, v. 471.

Tyrrhéniens, qui s'emparèrent de Cortona et en firent leur citadelle.

XXXVIII.

AUTRE MUR DE CORTONA.

Exécuté, comme le précédent modèle, d'après les dessins
de M. Words-Worth.

Suivant M. Hœnel, voyageur allemand, les murs de la ville de Cortona sont en grands blocs carrés, posant sur des pierres oblongues et semblables à celles des monuments pélasgiques.

M. Adrien Balbi[1] mentionne les constructions cyclopéennes et les antiquités étrusques de cette ville, d'après M. Darow, savant archéologue allemand, qui les a visitées.

XXXIX.

MUR DE RUSELLA.

Exécuté d'après les dessins de M. Fox; dessiné aussi par M. Micali, etc.

Rusella, ville d'Étrurie, vers l'embouchure de l'Ombrone; ses ruines forment aujourd'hui une petite bourgade appelée *Rosella*, dans le Siennois, en Toscane.

*In Rusellanum agrum exercitus est traductus . . . .
oppidum etiam expugnatum.* « L'armée fut conduite sur le « territoire de Rusella . . . . cette ville fut aussi « prise d'assaut[2]. »

Justin[3] fait venir de la Lydie le peuple étrusque qui

---

[1] *Abrégé de géogr.* page 3o5.

[2] Tite-Live, *Hist.* liv. X, chap. xxxvii.

[3] *Hist.* liv. XX, chap. i.

occupa les bords de la mer inférieure. *Tuscorum populi, qui oram inferi maris possident, a Lydia venerunt.*

Velleius Paterculus développe cette origine en ces termes :

Lydus et Tyrrhenus fratres, cum regnarent in Lydia, sterilitate frugum compulsi, sortiti sunt, uter cum parte multitudinis patria decederet. Sors Tyrrhenum contigit. Pervectus in Italiam, et loco, et incolis, et mari nobile ac perpetuum a se nomen dedit. « Deux frères, Lydus et Tyrrhenus, ré- « gnant ensemble en Lydie, forcés par la stérilité de la « terre à se séparer, tirèrent au sort lequel des deux s'é- « loignerait de la patrie avec une partie du peuple. Le « sort désigna Tyrrhenus. Il partit, et, ayant abordé en « Italie, son nom resta pour toujours au sol, aux habi- « tants et aux rivages de la mer où il s'arrêta [1]. »

Avant ces auteurs, Hérodote [2] avait dit : Λαχόντας δὲ αὐτῶν τοὺς ἑτέρους ἐξιέναι ἐκ τῆς χώρης, καταβῆναι ἐς Σμύρνην, καὶ μηχανήσασθαι πλοῖα, ἐς τὰ ἐσθεμένους τά πάντα ὅσα σφι ἦν χρηστὰ ἐπίπλοα, ἀποπλέειν κατὰ βίου τε καὶ γῆς ζήτησιν· ἐς ὃ ἔθνεα πολλὰ παραμειψαμένους ἀπι- κέσθαι ἐς Ὀμβρικούς· ἔνθα σφέας ἐνιδρύσασθαι πόλιας, καὶ οἰκέειν τὸ μέχρι τοῦδε. « Une troupe de Lydiens, désignés « par le sort pour déserter leur patrie, s'étant construit « quelques navires à Smyrne........ après diverses « courses sur mer, vinrent enfin se fixer sur une plage « voisine des Ombriens, où ils fondèrent des villes qu'ils « habitent encore. »

[1] *Hist. rom.* liv. I, chap. i.
[2] *Hist.* liv. I, S 94.

XL.

MUR DE COSA.

Exécuté d'après les dessins de M. de Lasteyrie; dessiné aussi par
MM. Thiébaut de Berneaud, Micali, etc.

Cosa ou Cossa, ville des Étrusques; aujourd'hui *Ansidonia*, ruines en Toscane.

Les Pélasges réunis aux Aborigènes ont bâti plusieurs
villes, parmi lesquelles on doit remarquer Cosa, dont
les ruines sont à environ trois myriamètres nord de
Saturnia.

> *Cernimus antiquas nullo custode ruinas,*
> *Et desolatæ mœnia fœda Cosæ.*

Nous aperçûmes des ruines antiques abandonnées de leurs
habitants, et les murs informes de la solitaire Cosa[1].

> *Massicus ærata princeps secat æquora Tigri:*
> *Sub quo mille manus juvenum, qui mœnia Clusi,*
> *Quique urbem liquere Cosas, queis tela, sagittæ,*
> *Corytique leves humeris et letifer arcus.*

Le premier parmi les chefs est Massicus; il monte *le Tigre*, et
commande mille jeunes guerriers sortis des remparts de Clusium
et de Cosa; des traits, des flèches, un léger carquois et un arc
meurtrier, voilà toutes leurs armes[2].

> . . . . *Vectusque Cosam, Etruriæ promontoriam,*
> *ignotis locis sese abdit, donec crinem barbamque promitteret.*

« . . . . . . et s'étant fait porter dans l'ancienne Cosa,
« ville et promontoire d'Étrurie, il se cacha en des lieux

---

[1] Rutilius de Numance, *Itinéraire*, liv. I, v. 285.
[2] Virgile, *Énéid.* liv. X. v. 166.

« ignorés, où il laissa croître ses cheveux et sa barbe[1]. »

Interim Milo . . . . . quibusdam solutis ergastulis, Cosam in agro Thurino oppugnare cœpit. « Sur ces entrefaites « Milon . . . . . après avoir donné la liberté à quelques « esclaves, entreprit de faire le siége de Cosa, située « dans le territoire de Thurium[2]. »

Domitius, ut audio, in Cosano est quidem, ut aiunt, paratus ad navigandum : si in Hispaniam, non probo; si ad Cnæum, laudo. « Domitius, selon ce que j'entends dire, « est aux environs de Cosa; et il est, assure-t-on, prêt « à s'embarquer : s'il doit se rendre en Espagne, je ne « l'approuve point; si au contraire il veut rejoindre « Cnæus, je l'approuve[3]. »

Les constructions cyclopéennes de la ville de Cosa sont surmontées de restaurations étrusques à blocs dirigés par assises horizontales.

XLI.

MUR DE SATURNIA.

Exécuté, comme le précédent modèle, d'après les dessins
de M. de Lasteyrie; dessiné aussi par M. Fox, etc.

Saturnia, ville de l'Étrurie; ses ruines portent encore aujourd'hui, en Toscane, le nom de Saturnia.

Selon Denys d'Halicarnasse, cette ville fut fondée par les Pélasges. Καὶ πόλεις πολλὰς, ... τὰς δὲ αὐτοὶ κατασκευάσαντες, ᾤκουν οἱ Πελασγοὶ, ... ὧν ἐστιν . . . . Σατορνία. « Et les Pélasges, ayant construit

---

[1] Tacite, *Annales*, liv. II, chap. xxxix.

[2] César, *Guerre civile*, liv. III.

[3] Cicéron, *Lettres à Atticus*, liv. IX, lett. 6.

« plusieurs villes, s'y établirent;......... au nombre
« de ces cités est....... Saturnia [1]. »

Saturnia, colonia civium romanorum, in agrum Caletra-
num est deducta. « La colonie Saturnia, composée de
« citoyens romains, fut conduite sur le territoire de
« Caletra [2]. »

Paul Diacre, qui vivait au IXᵉ siècle de l'ère vulgaire,
dit, dans ses Notes sur l'histoire d'Eutrope, que les
ruines de Saturnia se voyaient encore de son temps
sur les confins de l'Étrurie.

Saturnia est aussi mentionnée par Ptolémée, Festus,
Appien et Pline.

Le nom de Saturnia, dans les temps les plus reculés,
fut donné à plusieurs lieux de l'Italie, où la colonie venue avec Saturne fonda des établissements; on le vit
même, plus tard, imposé à l'Italie entière. La première
fondation de ce chef pélasge paraît avoir eu lieu sur
une des sept collines qui furent par la suite renfermées
dans l'enceinte de Rome, comme on le voit par les
passages suivants :

Ὡς δὲ ἐγὼ συμβαλλόμενος εὑρίσκω, καὶ πρὶν Ἡρακλέα ἐλθεῖν εἰς Ἰταλίαν ἱερὸς ἦν ὁ τόπος τοῦ Κρόνου, καλούμενος
ὑπὸ τῶν ἐπιχωρίων Σατόρνιον. Καὶ ἄλλη δὲ ἀκτὴ σύμπασα,
ἡ νῦν Ἰταλία καλουμένη, τῷ θεῷ τούτῳ ἀνέκειτο, Σατορνία
πρὸς τῶν ἐνοικούντων ὀνομαζομένη, ὡς ἔστιν εὑρεῖν ἔντε Σιβυλ-
λείοις τισὶ λόγοις καὶ ἄλλοις χρηστηρίοις ὑπὸ τῶν θεῶν δε-
δομένοις εἰρημένον. « Selon ce que je puis conjecturer,
« avant même l'arrivée d'Hercule en Italie, ce lieu (le

---

[1] *Antiq. rom.* liv. I, p. 14.
[2] Tite-Live, *Hist.* liv. XXXIX, chap. LV.

« mont Capitolin), était consacré à Saturne et il était
« appelé Saturnien par les habitants. De plus, tout le
« reste du pays, qui porte aujourd'hui le nom d'Italie,
« était dédié à ce dieu, et s'appelait Saturnia chez les
« indigènes, ainsi qu'on peut le voir dans les livres si-
« byllins et dans d'autres oracles rendus par les dieux[1]. »

*Jano regnante apud indigenas rudes incultosque, Saturnus
regno profugus, cum in Italiam venisset, benigne exceptus hos-
pitio est: ibique haud procul a Janiculo arcem suo nomine
Saturniam constituit; isque primus agriculturam edocuit, fe-
rosque homines et rapto vivere assuetos ad compositam vitam
eduxit.* « Janus régnait sur les indigènes, hommes gros-
« siers et incultes, lorsque Saturne, fuyant sa patrie,
« fut reçu en Italie avec empressement et bonté; il
« fonda, sur le sommet du mont Janicule, une cita-
« delle appelée de son nom *Saturnia*. C'est lui qui, le
« premier, enseigna l'agriculture en ce pays, et décida
« des hommes féroces, accoutumés à vivre de rapine
« au jour le jour, à adopter une vie régulière[2]. »

Cette opinion sur l'origine et le premier nom de
l'Italie est partagée par la plupart des anciens écrivains,
ainsi que le prouvent les passages suivants :

*Salve, magna parens frugum, Saturnia tellus,
Magna virum. . . . .*

Salut, terre de Saturne! terre heureuse en productions, terre
féconde en héros[3]!

---

[1] Denys d'Halic. *Antiq. rom.* liv. I, p. 22.
[2] *Origines de la nation romaine,* d'après les *Annales des Pontifes*; à la
suite des *Antiquités romaines* de Denys d'Halicarnasse.
[3] Virgile, *Géorg.* liv. II, v. 173.

Hanc rabiem in fines Italum, Saturniaque arva
Addiderat quondam puero patrius furor......

La fureur.(d'Hamilcar, son père) contre la terre italique et les champs de Saturne lui avait depuis longtemps inspiré cette violente haine [1].

Italiæ cultores primi Aborigenes fuere, quorum rex Saturnus tantæ justitiæ fuisse traditur, ut neque servierit sub illo quisquam, neque quicquam privatæ rei habuerit; sed omnia communia et indivisa omnibus fuerint, veluti unum cunctis patrimonium esset.........Itaque Italia, regis nomine, Saturnia appellata est; et mons in quo habitabat Saturnius, in quo nunc veluti a Jove pulso sedibus suis Saturno Capitolium est. « Ceux qui, les premiers, se livrèrent, en Italie, à « la culture, furent les Aborigènes, dont le roi Saturne « fut, dit-on, si juste, que, sous son règne, il n'y eut « ni esclaves ni maîtres; personne ne possédait rien en « propre, tous les biens étaient en commun et sans « partage individuel, comme si tous ensemble n'eussent « eu qu'un seul patrimoine....... Aussi l'Italie fut-« elle appelée Saturnia, du nom de son roi, et le mont « sur lequel il avait établi sa demeure, Saturnin: mais, « comme si Saturne devait être dépossédé une seconde « fois par Jupiter, ce mont fut, dans la suite, consacré « à ce dernier et nommé Capitole [2]. »

Comme on le voit, selon la tradition conservée par la plupart des auteurs anciens, le mont fameux du Capitole, qui jette tant d'éclat dans les annales de l'his-

[1] Silius Italicus, liv. I, v. 70.
[2] Justin, *Hist.* liv. XLIII, chap. 1.

toire romaine, aurait été le premier théâtre de la grandeur italienne, bien des siècles avant la fondation de Rome, par le séjour qu'y fit, en ces âges reculés, un chef pélasge fugitif.

$$. . . . . αὐτὰρ ἔπειτα$$
$$Οὐρανῷ εὐνηθεῖσα τέκ Ὠκεανὸν βαθυδίνην,$$
$$. . . . .$$
$$. . . . . Τηθύν τ᾽ ἐρατεινήν.$$

De son hymen avec le Ciel elle (la Terre) eut ensuite le profond Océan . . . . et l'aimable Téthys [1].

$$. . . . . γείνατο Πόντος,$$
$$. . . . .$$
$$. . . . . ἀγήνορα Φόρκυν,$$
$$Γαίη μισγόμενος, ...$$

L'Océan eut d'elle (de la Terre) le courageux Phorcys [2].

Tel est le langage mythologique, qui, sous une obscure théogonie, enveloppe et nous cache les origines des choses; mais voici le langage de l'histoire et de la science. Varron[3] dit : *Ab satu est dictus Saturnus.* « De « l'art de semer il a été dit Saturne. »

Joseph Scaliger[4] commente ainsi ce passage :

Nam quod hic mutavit quædam Vertranius, valde falsus est, cum sensum Varronis assequi non quiret. Porro Saturni nomen Tuscum esse omnes mihi concedent qui sciunt syriace, et pro certo habent olim Tuscorum linguam aramæam fuisse. Saturnus enim lingua syriaca significat latentem. Unde in

[1] Hésiode, *Théog.* v. 132.
[2] *Ibid.* v. 233.
[3] *Lang. lat.* liv. IV.
[4] *Conjectanea*, p. 30.

agro latino quasi interpretantes vocarunt eum Latium, et ejus uxorem Opem, Latiam. Et, in pontificalibus indigitamentis, dicebatur LATIA SATURNI. « Dans les changements « qu'il a faits à ce texte, Vertranius s'est tout à fait « trompé, n'ayant pu parvenir à découvrir le sens de « Varron. En effet, tous ceux qui savent le syriaque « conviendront avec moi que le mot Saturne est étrus-« que, et ils conviendront aussi que la langue primitive « des Étrusques était araméenne ou syriaque. Or, Sa-« turne, en langue syriaque, signifie *qui se cache.* D'où « les Latins, interprétant dans leur langue le sens de ce « mot, appelèrent Saturne *Latius,* et sa femme Ops, « *Latia,* comme si l'on disait *le caché, la cachée;* et dans « les formules pontificales on disait : *Latia Saturni.* »

Ce passage du savant Scaliger, qui assurément ne pensait pas à créer ma Théorie, lui est on ne peut plus favorable, et confirme, de son autorité, l'opinion que j'ai émise sur l'origine des Pélasges dans l'Exposition précédente. Il en résulte ce double fait, que les premiers Dodonéens vinrent en Grèce, des côtes cananéennes; de même aussi, la première lueur de civilisation dont l'histoire nous donne la date, en Italie, y fut portée par une colonie venue des mêmes côtes.

GRÈCE.

XLII.

MUR DE SICYONE.

Exécuté d'après les dessins de M. Abel Blouet; dessiné aussi
par M. Dodwel, etc.

Sicyone, ville du Péloponnèse; aujourd'hui *Vasilico*,
en Morée.

Καὶ Σικυῶνα, ὅθ' ἄρ' Ἄδρηστος πρῶτ' ἐμβασίλευεν,
Et Sicyone où Adraste régna en premier lieu [1].

. . . . ναῖεν δ' ὅγ' ἐν εὐρυχόρῳ Σικυῶνι.
. . . . mais il habitait dans la vaste Sicyone [2].

Νῖνον γεγονὼς τοὺς πρῶτον Ἀσσυρίων βασιλεῦσαι καὶ
τῆς Ἀσίας μνημονευομένους, ἐξ οὗ Αἰγιάλεια τὸ πρὶν ἢ νῦν
Πελοπόννησος ἐκαλεῖτο. « Ninus régnant sur les Assy-
« riens, Ægialus fut le premier qui commanda aux Si-
« cyoniens; son autorité dura cinquante-deux ans; de
« lui, fut appelée Ægialée la contrée qui porte mainte-
« nant le nom de Péloponnèse [3]. »

Ægialée était fils d'Inachus, comme nous l'apprend
Istrus (dans son livre sur les colonies des Égyptiens), et
comme le répètent, d'après lui, Apollodore [4] et Étienne
de Byzance [5]. Ce dernier ajoute que le mot grec Αἰγια-

---

[1] Homère, *Iliad.* liv. II, v. 572.
[2] *Id.* liv. XXIII, v. 299.
[3] Castor cité par Eusèbe, *Chroniq.* liv. I, chap. xxiv.
[4] *Bibliot.* liv. II, chap. i, § 1.
[5] *Géogr.*

λεὺς signifiait un poisson, disons mieux un navigateur.

Σικυώνιοι δὲ περὶ τῆς χώρας τῆς σφετέρας λέγουσιν, ὡς Αἰγιαλεὺς αὐτόχθων πρῶτος ἐν αὐτῇ γένοιτο· καὶ Πελοποννήσου δὲ ὅσον ἔτι καὶ νῦν καλεῖται Αἰγιαλὸς, ἀπ᾿ ἐκείνου βασιλεύοντος ὀνομασθῆναι, καὶ Αἰγιάλειαν αὐτὸν οἰκίσαι πρῶτον ἐν τῷ πεδίῳ πόλιν· οὗ δέ ἐστι νῦν σφισι τὸ ἱερὸν τῆς Ἀθηνᾶς, ἀκρόπολιν τοῦτο εἶναι. Αἰγιαλέως δὲ Εὔρωπα γενέσθαι φασίν. « Les Sicyoniens rapportent sur les origines de « leur pays qu'Ægialeus, autochthone, en fut le premier « roi; que, sous son règne, la partie du Péloponnèse « appelée aujourd'hui Ægialée reçut ce dernier nom; « que dans cette contrée il bâtit, en rase campagne, la « ville d'Ægialée; l'endroit où se trouve maintenant le « temple de Minerve était occupé par l'acropole ou ci « tadelle. Ils disent en outre qu'Ægialée fut le père d'Eu « rope [1]. »

Les chronologistes fixent le commencement du royaume de Sicyone douze ans après la fondation de l'empire des Assyriens, c'est-à-dire à l'an 1264 avant l'ère vulgaire.

Λαμέδων δὲ βασιλεύσας ἔγημεν ἐξ Ἀθηνῶν γυναῖκα Φηνώ Κλυτίου, καὶ ὕστερον γενομένου οἱ πολέμου πρὸς Ἄρχανδρον καὶ Ἀρχιτέλη τοὺς Ἀχαιοῦ, συμμαχήσοντα ἐπηγάγετο Σικυῶνα ἐκ τῆς Ἀττικῆς· καὶ θυγατέρα τε συνῴκισεν αὐτῷ Ζευξίππην· καὶ ἀπὸ τούτου βασιλεύσαντος ἡ γῆ Σικυωνία, καὶ Σικυὼν ἀντὶ Αἰγιαλῆς ἡ πόλις ὠνομάσθη. « Lamédon « ayant commencé à régner, épousa une Athénienne, « Phéno, fille de Clytius. Dans la suite, se voyant atta « qué par deux ennemis, Archandre et Architèle, tous

---

[1] Pausanias, liv. II, chap. v.

« deux fils d'Achéus, il fit venir Sicyon de l'Attique pour
« qu'il l'aidât à soutenir la guerre; afin de se l'attacher
« plus intimement, il lui donna en mariage sa fille
« Zeuxippe. Sicyon, étant monté sur le trône, appela la
« contrée qu'il dominait Sicyonie et changea le nom
« que portait la ville d'Ægialée en celui de Sicyone[1]. »

On voit à Sicyone un mur cyclopéen, que M. Dodwell a dessiné et décrit[2]. De son côté, M. Pouqueville a remarqué à l'acropole des constructions en pierres parallélipipèdes et les débris de la *cella* d'un temple qu'avaient visités avant lui MM. Fauvel et Foucherot.

XLIII.

MUR DE L'ACROPOLE DE SCILLUNS.

Exécuté d'après les dessins de M. Abel Blouet.

Scilluns, ville de l'Élide; aujourd'hui *Scillonte*, en Morée. C'est dans ce lieu que Xénophon exilé composa ses ouvrages.

Ἐπεὶ δὲ ἔφυγε Ξενοφῶν, κατοικοῦντος ἤδη αὐτοῦ ἐν Σκιλλοῦντι, ὑπὸ τῶν Λακεδαιμονίων οἰκισθέντι παρὰ τὴν Ὀλυμπίαν, κ. τ. λ. « Après que Xénophon se fut enfui, et « pendant qu'il vivait à Scillonte, ville construite près « d'Olympie par les Lacédémoniens, etc.[3] »

Du temps de Pausanias la ville de Scillonte était déjà en ruines; c'est ce qu'il nous apprend en ces termes : Μετὰ δὲ τὸν Ἀνίγρον ὁδεύσας ἐπὶ μακρότερον διὰ χωρίου τὰ πλείονα ὑπὸ ψάμμου κεκαλυμμένου, καὶ ἔχοντος

---

[1] Pausanias, liv. II, chap. VI.

[2] Tom. II, pag. 294 de son Voyage.

[3] Xénophon, *Cyropédie*, liv. V, chap. III, § 8.

δένδρα, πίτυς ἀγρίας, ὀπίσω ἐπ' ἀριϛερὰ Σκιλλεῦντος ὄψει ἐρείπια. Τῶν μὴν δὴ πόλεων ἦν τῶν ἐν τῇ Τριφυλίᾳ καὶ Σκιλλοῦς. « Après avoir traversé l'Anigrus, et marché « assez longtemps à travers un pays presque entièrement « couvert de sable et planté de pins sauvages, vous re- « marquerez, derrière vous, sur la gauche, les ruines « de Scillonte, qui comptait autrefois parmi les villes « de la Triphylie [1]. »

Καὶ δὲ καὶ ὀλίγου ἀπωτέρω τοῦ ἱεροῦ, μνῆμά τε ἐδεί- κνυτο, καὶ τῆς Πεντέλησίν ἐστι λιθοτομίας εἰκὼν ἐπί τῷ τάφῳ· εἶναι δὲ αὐτὸ Ξενοφῶντος λέγουσιν οἱ προσοικοῦντες. « On « montre, en effet, à peu de distance du temple (de « Diane d'Éphèse), un tombeau sur lequel se trouve une « statue de marbre pentélique : les gens du pays di- « sent que c'est le tombeau de Xénophon [2]. »

XLIV.

POTERNE DES MURS DE SCILLUNS.

Exécuté, comme le précédent modèle, d'après les dessins
de M. Abel Blouet.

Ἐντεῦθεν ἐάσας τὸν Ἀγησίλαον, ἦλθεν εἰς Σκιλλοῦντα, χωρίον τῆς Ἤλείας, ὀλίγον τῆς πόλεως ἀπέχον. « Ensuite, « ayant quitté Agésilas, il se retira sur le territoire d'Hé- « léa, à Scillonte, lieu peu éloigné de cette ville [3]. »

Κομισάμενος τὰ χρήματα, χωρίον ἐπρίατο,.......... τοὐν- τεῦθεν διετέλει κυνηγετῶν, καὶ τοὺς φίλους ἐστιῶν, καὶ τὰς

---

[1] Pausanias, liv. V, chap. VI.
[2] Id. ibid.
[3] Diogène Laërce, Xénophon, § 52.

ἱστορίας συγγράφων. Φησὶ δ’ ὁ Δείναρχος ὅτι καὶ οἰκίαν καὶ
ἀγρὸν αὐτῷ ἔδοσαν Λακεδαιμόνιοι · ἀλλὰ καὶ Φιλοπίδαν τὸν
Σπαρτιάτην φασὶν αὐτῷ πέμψαι αὐτόθι δωρεὰν, ἀνδράποδα
αἰχμάλωτα ἐκ Δαρδάνου · καὶ τὸν διαθέσθαι αὐτὰ ὡς ἐβούλετο.
Ἠλείους τε στρατευσαμένους εἰς τὸν Σκιλλοῦντα, καὶ βρα-
δυνόντων Λακεδαιμονίων, ἐξελεῖν τὸ χωρίον · ὅτε καὶ τοὺς
υἱέας αὐτοῦ εἰς Λέπρεον ὑπεξελθεῖν μετ’ ὀλίγων οἰκετῶν, καὶ
αὐτὸν Ξενοφῶντα εἰς τὴν Ἦλιν πρότερον, εἶτα καὶ εἰς Λέπρεον πρὸς τοὺς παῖδας, κἀκεῖθεν σὺν αὐτοῖς εἰς Κόρινθον
διασωθῆναι, καὶ αὐτόθι κατοικῆσαι. « Après que Xénophon
« eut reçu un dépôt d’argent (qu’il avait confié précé-
« demment à Mégabyse), il acheta un domaine sur le
« territoire de Scillonte, où il passait son temps à l’exer-
« cice de la chasse, à donner des repas à ses amis et à
« écrire l’histoire. Au rapport de Dinarchus, ce furent
« les Lacédémoniens qui lui firent don de la maison et
« des terres formant ce domaine; de plus, Philopidas
« le Spartiate lui envoya en présent des esclaves dar-
« daniens, dont Xénophon disposa comme il voulut.
« Mais, les Lacédémoniens ayant bientôt cessé de pro-
« téger Scillonte, les Héléens s’en emparèrent. Alors les
« fils de Xénophon, accompagnés de quelques esclaves,
« se réfugièrent secrètement à Lépréos. Leur père se
« retira d’abord à Élis, d’où il alla rejoindre ses fils à
« Lépréos; il se rendit enfin avec eux, sain et sauf, à
« Corinthe, pour s’y fixer désormais [1]. »

[1] Diogène Laërce, *Xénophon*, §§ 52 et 53.

XLV.

MUR DE L'ACROPOLE D'ARGOS.

Exécuté d'après les dessins de M. Abel Blouet.

Argos, ville de l'Argolide; aujourd'hui *Argo*, en Morée.

> . . . . Ἄργος, ἵνα τείχεα
> Λάϊνα, Κυκλώπει', οὐράνια νέμονται.

. . . . Argos, où des murs de pierre, ouvrage des Cyclopes, s'élèvent vers le ciel[1].

> Εἰ δέ κεν Ἄργος ἱκοίμεθ' Ἀχαϊκὸν, οὔθαρ ἀρούρης.

Mais si nous parvenons à Argos l'Achaïque, aux champs fertiles[2].

> Νῦν δ' αὖ τοὺς, ὅσσοι τὸ Πελασγικὸν Ἄργος ἔναιον.

Et maintenant ceux qui habitaient Argos, la ville des Pélasges[3].

> Οὔθ' οἱ ἔτι πρότεροι, Λαπίθαι καὶ Δευκαλίωνες,
> Οὐ Πελοπηϊάδαι τε, καὶ Ἄργεος ἄκρα Πελασγοί.

Dans son idylle sur la fête d'Adonis, Théocrite, après avoir dit que la faveur accordée à ce demi-dieu de passer six mois aux enfers avec Proserpine et six mois sur terre avec Vénus, n'avait été concédée ni à Agamemnon, ni à Ajax, ni à Hector, ni à Patrocle, ni à Pyrrhus, ajoute dans les deux vers cités : « Ni ceux qui avaient « existé avant ces héros, les Lapithes et les Deucalions, « ni les Pélopides, ni les Pélasges, premiers habitants « d'Argos, ne purent en jouir[4]. »

[1] Euripide, *Troade*, v. 1094.
[2] Homère, *Iliad.* liv. IX, v. 141.
[3] *Id.* liv. II, v. 681.
[4] *Idylle* xv, v. 141.

Τῶν δε κατὰ Πελοπόννησον πόλεων ἐνδοξόταται γεγόνασι, καὶ μέχρι νῦν εἰσιν Ἄργος τε Σπάρτη τε. « Parmi les villes « du Péloponnèse, les plus fameuses ont été, et sont en-« core aujourd'hui, Argos et Sparte [1]. »

Suivant les traditions grecques que Pausanias nous a conservées, Phoronée, fils d'Inachus, a le premier réuni, dans une enceinte de ville, les hommes qui auparavant vivaient dispersés sur la terre de l'Argolide. L'acropole d'Argos prit dès lors la dénomination de *Phoronicon*. Ce modèle en représente un pan de mur. Le style est cyclopéen, parfaitement analogue à celui des plus anciens monuments de l'acropole de Mycènes. On y voyait encore, au temps de Pausanias, vers l'année 173 de l'ère vulgaire, le tumulus du roi Phoronée, sur lequel on offrait des sacrifices annuels.

Les murs modernes du château de Larisse, à Argos, sont fondés sur une ligne de constructions cyclopéennes, dont les ruines sont décrites par M. Dodwell dans son Voyage [2]. Les pierres en sont très-bien taillées, ce qui contredit l'opinion émise par M. Gell dans son Itinéraire. Ce voyageur prétend que l'on doit considérer comme monuments cyclopéens ceux-là seuls qui sont de pierres brutes et non façonnées comme à Tirynthe. Dans la partie la plus élevée de la Larisse d'Argos, il existe un pan de mur justifiant l'expression de *mur aérien* des Cyclopes, dont Euripide s'est servi.

M. Pouqueville a observé, dans un couvent de la ville basse, un chemin couvert qui conduisait au som-

---

[1] Strabon, *Géogr.* liv. VIII, p. 376.
[2] Tom. II, pag. 218.

met de la Larisse. M. Fourmont a décrit les souterrains qui traversent la montagne sur laquelle cette acropole est bâtie, et M. Leake les mentionne dans l'introduction à sa Topographie d'Athènes.

Il y eut deux autres villes du nom d'Argos; leur origine dériva probablement de celle dont nous venons de parler. L'une de ces villes, située en Thessalie, s'appelait *Argos pelasgicon*, selon Pline[1]; et c'est à elle qu'il faut rapporter ce passage de Lucain :

> *Atque olim Larissa potens : ubi nobile quondam*
> *Nunc super Argos arant. . . . .*

Et Larisse, autrefois si puissante, aux lieux où la charrue sillonne aujourd'hui la place de l'antique et célèbre Argos[2].

L'autre ville d'Argos, surnommée *Amphilochicum*, sera examinée dans un article ci-après.

XLVI.

MUR DE TIRYNS.

Exécuté d'après les dessins de M. Dodwell; dessiné aussi par MM. Gell, Smirk, etc.

Tiryns ou Tirynthe, ville de l'Argolide; aujourd'hui *Palæo-Nauplia*, en Morée.

Οἱ δ'Ἄργος τ' εἶχον, Τίρυνθά τε τειχιόεσσαν.

Ceux qui habitaient Argos et Tirynthe aux grandes et solides murailles[3].

[1] *Hist. nat.* liv. IV, chap. xiv.
[2] *Pharsale,* liv. VI, v. 355.
[3] Homère, *Iliad.* liv. II, v. 559.

Τίρυνθα δὲ ἀνελόντες Ἀργεῖοι, κ. τ. λ. « Et les Argiens
« ayant renversé Tirynthe, etc. [1]. »

......., ὁπότε γε ἀνδράσιν ἐπιφανέσιν ἐς συγγραφὴν
πυραίμδας μὲν τὰς παρὰ Αἰγυπτίοις ἐπῆλθεν ἐξηγήσασθαι
πρὸς τὸ ἀκριβέστατον, Θησαυρὸν δὲ τὸν Μινύου καὶ τὰ τείχη
τὰ ἐν Τίρυνθι οὐδὲ ἐπὶ βραχὺ ἤγαγον μνήμης. «......Des
« écrivains célèbres se sont attachés à décrire avec la
« plus grande exactitude les pyramides de Memphis, et
« ils n'ont pas daigné faire la moindre mention du trésor
« de Minyas et des murs de Tirynthe [2]. »

Τίρυνθα δὲ ἥρωα, ἀφ' οὗ τῇ πόλει τὸ ὄνομα ἐγένετο, παῖδα
Ἄργου τοῦ Διὸς εἶναι λέγουσι, κ. τ. λ. « Le héros Tiryns, qui
« donna son nom à cette ville, était, dit-on, fils d'Argus
« et petit-fils de Jupiter. Les remparts de Tirynthe, qui
« seuls sont demeurés debout au milieu des ruines, fu-
« rent l'ouvrage des Cyclopes, Κυκλώπων μέν ἐστιν ἔργον;
« ils ont été construits en pierres sèches, non taillées,
« chacune d'une telle grosseur, que la plus petite ne
« peut être remuée de sa place que par deux bœufs
« accouplés sous le joug [3]. »

Ἀνέστησαν δὲ καὶ Τιρυνθίους Ἀργεῖοι, συνοίκους προσλα-
βεῖν καὶ τὸ Ἄργος ἐπαυξῆσαι Θελήσαντες. « [Plus loin, dit
« le même voyageur, en avançant sur la droite, vous
« découvrirez les ruines de Tirynthe]; car les Argiens
« ont aussi détruit cette ville pour en transporter les
« habitants à Argos, qui avait besoin d'être repeuplée [4]. »

[1] Pausanias, liv. II, chap. XVII.
[2] Id. liv. IX, chap. XXXVI.
[3] Id. liv. II, chap. XXV.
[4] Id. ibid.

Junon était la principale divinité des Tirynthiens. Après la destruction de leur ville, elle devint celle des habitants de Mycènes et d'Argos. Pausanias [1] nous dit à ce sujet : Παρὰ δὲ αὐτήν ἐστιν ἐπί κίονος ἄγαλμα Ἥρας ἀρχαῖον. Τὸ δὲ ἀρχαιότατον πεποίηται μὲν ἐξ ἀχράδος, ἀνετέθη δὲ ἐς Τίρυνθα ὑπὸ Πειράσου τοῦ Ἀργου · Τίρυνθα δὲ ἀνελόντες Ἀργεῖοι κομίζουσιν ἐς τὸ Ἡραῖον....... « La statue la plus ancienne connue était faite en bois « de poirier; elle fut d'abord érigée à Tirynthe, par « Pirasus, le fils d'Argus; cette ville ayant été détruite « par les Argiens, la statue fut portée à Argos, dans « un temple qui fut appelé, de son nom, temple de « Junon....... »

Un poëte de l'antiquité fait mention de ce fait dans l'exclamation suivante :

Αὐτὰρ ἐγὼ Τίρυνθα κατὰ κραναὴν πόλιν Ἥρας
Πολλοῖσιν δύστηνος ἰάπτομαι ἄλγεσιν ἦτορ.

Pour moi, malheureuse, à Tirynthe, dans cette ville âpre et escarpée, consacrée à Junon, j'ai le cœur déchiré de mille douleurs [2].

Selon les traditions mythologiques, Hercule passa son enfance à Tirynthe, et y fit dans la suite un assez long séjour. C'est aussi là qu'il amena d'Espagne les bœufs qu'il avait enlevés à Géryon.

Τὸν μὲν ἄρ' ἐξενάριξε βίη Ἡρακληείη
Βουσὶ παρ' εἰλιπόδεσσι, περιρρύτῳ εἰν, Ἐρυθείῃ ·
Ἤματι τῷ ὅτε περ βοῦς ἤλασεν εὐρυμετώπους
Τίρυνθ' εἰς ἱερήν, διαβὰς πόρον Ὠκεανοῖο.

---

[1] Liv. II, chap. XVII.
[2] Moschus, *Idylle* IV, v. 38.

Il (Géryon) fut dépouillé de ses armes par la vaillance d'Hercule, auprès de ses bœufs aux sabots fourchus, dans Érythie que la mer environne : le jour où ce héros conduisit ses bœufs au large front dans la ville sacrée de Tirynthe, après leur avoir fait traverser l'Océan, etc. [1].

> . . . . *Postquam Laurentia victor,*
> *Geryone exstincto, Tirynthius attigit arva,*
> *Tyrrhenoque boves in flumine lavit Iberas, etc.*

. . . . Après que le héros de Tirynthe, vainqueur de Géryon, se fut arrêté dans les champs de Laurente et eut baigné dans le fleuve tyrrhénien les génisses enlevées à l'Ibérie, etc. [2].

Élien dit [3] : Ὅτι βαλάνους Ἀρκάδες, Ἀργεῖοι δ'ἀπίους, Ἀθηναῖοι δὲ σῦκα, Τιρύνθιοι δὲ ἀχράδας δεῖπνον εἶχον. « Que « les Arcadiens se nourrissaient de glands, les Argiens « de poires, les Athéniens de figues, les Tirynthiens « d'une espèce de poires sauvages. »

Tous les détails qui concernent la ville de Tirynthe et les constructions cyclopéennes qui s'y voient encore ont été donnés par M. Gell, dans son ouvrage sur l'Argolide, et par M. Dodwell, dans son Voyage en Grèce.

La forteresse de Tirynthe est l'un des monuments les plus remarquables de l'antiquité. On y a trouvé des constructions moins irrégulières les unes que les autres ; ce sont évidemment des ouvrages de plusieurs règnes. J'attribue à Prœtus la plus régulière, et je considère les ouvrages cyclopéens comme devant dater de la fondation par Tiryns, fils d'Argus. C'est en effet de lui,

---

[1] Hésiode, *Théog.* v. 289.
[2] Virgile, *Énéid.* liv. VII, v. 661.
[3] *Histoires diverses*, liv. III, chap. XXXIX.

comme on l'a vu plus haut, que cette forteresse tirait
son nom. Τίρυνθα δὲ ἥρωα, ἀφ' οὗ τῇ πόλει τὸ ὄνομα ἐγένετο, παῖδα Ἄργου τοῦ Διὸς εἶναι λέγουσι, suivant Pausanias [1]; et, dans le langage des anciennes traditions, une
ville avait toujours été primitivement fondée par le
héros le plus anciennement nommé dans l'histoire de
la ville. Mais, comme Apollodore [2] et Pausanias [3] ont
dit que Tirynthe fut l'ouvrage des Cyclopes amenés de
la Lycie par Prœtus, on a droit d'exiger qu'il soit prouvé
que Tirynthe existait avant le règne de Prœtus. Or
Pausanias, ainsi que nous l'avons déjà vu, fournit cette
preuve. « Les anciennes traditions, dit-il, portaient que
« Pirasus avait consacré, à Tirynthe, une statue de poi-
« rier existant encore de son temps; elle était considérée
« comme la plus ancienne de toutes celles conservées
« dans l'Herœum d'Argos; elle représentait Junon. » La
ville existait donc dès lors, et cela s'explique si ce fut
Tiryns, fils d'Argus, qui la fonda; si, au contraire,
Prœtus en avait été le premier fondateur, Tirynthe
daterait de huit générations plus tard, c'est-à-dire environ de l'an 1450. Mais tout concourt à nous prouver
que c'est à l'époque de Pirasus, roi d'Argos, ou vers
1710, qu'il faut placer la fondation de cette ville [4].

Avant MM. Gell et Dodwell, les ruines de Tirynthe
avaient été décrites par MM. Desmouceaux, Fourmont,
Fauvel, Pouqueville et autres voyageurs.

---

[1] Liv. II, chap. xxv.
[2] *Biblioth*. liv. II, chap. II, S 1.
[3] Liv. II, chap. xxv.
[4] Voir, à ce sujet, notre Tableau des Synchronismes.

M. Gell dit dans son Argolide : « Les murs de Ti-
« rynthe offrent encore précisément la construction dé-
« crite par Pausanias, dans laquelle des pierres d'une
« plus petite dimension sont placées entre les plus
« grandes, pour remplir les vides et lier ensemble les
« diverses parties. »

Ce passage n'engage-t-il pas à se demander : Quels
devaient donc être, à leur origine, ces murs dont le
voyageur étonné retrouve encore aujourd'hui debout
les gigantesques ruines, telles que Pausanias les a vues
il y a bientôt deux mille ans?

XLVII.

MUR DE L'ACROPOLE DE MYCÈNES.

Exécuté d'après les dessins de M. Abel Blouet; dessiné aussi par
MM. Dodwell, Gell, Smirk, Words-Worth, Fourmont, de Choiseul-
Gouffier, Clarke, etc.

Mycènes, ville de l'Argolide; aujourd'hui *Karvathy* ou
Karvathos, en Morée.

On remarque, sur ce modèle, un arrachement qui
marque l'interruption du mur de la fondation pélasgique primitive, sur lequel est fondé un autre mur pélasgique d'un autre style, qui va joindre, à la Porte aux
Lions, le mur en construction rectiligne de la fondation
de Persée (modèle n° XLIX).

Ἀνελθοῦσι δὲ ἐς τὸν Τρητὸν, καὶ αὖθις τὴν ἐς Ἄργος ἰοῦσιν,
ἔστι Μυκηνῶν ἐρείπια ἐν ἀριστερᾷ. Καὶ ὅτι μὲν Περσεὺς ἐγένετο Μυκηνῶν οἰκιστὴς, ἴσασιν Ἕλληνες. « En revenant du
« côté de Trétos pour gagner le chemin d'Argos, on aper-

« çoit les ruines de Mycènes. Les Grecs savent que ce
« fut Persée qui bâtit autrefois cette ville célèbre [1]. »

Il résulte, de toutes les descriptions faites jusqu'ici,
que Mycènes avait une acropole et une ville basse. L'a-
cropole se composait d'un double rang de fortifications
en constructions cyclopéennes de trois différents styles,
savoir : de blocs de polygones irréguliers bruts à leur
surface; de blocs de même figure, mais bien joints et
dont la surface est aplanie; enfin de blocs de même
forme et de même travail, mais d'une forme plus
allongée. La Porte des Lions et le bastion qui la pré-
cède sont bâtis de blocs très-gros, de forme quadran-
gulaire, mais avec quelques anomalies ne changeant
cependant pas le style de la régularité générale dans la
disposition horizontale des blocs. Il est constaté, par
les observations de M. Dodwell, que cette porte n'a pas
été construite par continuation simultanée du rempart
auquel elle s'attache; elle manifeste une addition postérieure au temps de la bâtisse du reste des murs, et telle
qu'on n'en observe pas de semblable dans les monuments des autres villes, où l'irrégularité des polygones
ne cède qu'à la seule nécessité d'élever en matériaux
quadrangulaires et réguliers les jambages des portes. Il
est donc constant que la Porte des Lions à Mycènes est
d'un temps postérieur à la fondation du reste des remparts, et qu'elle manifeste l'introduction du système
régulier des mêmes arts dont le tombeau d'Atrée présente le complément le plus parfait. Ces faits cadrent
bien avec les souvenirs de l'histoire; car Pausanias a

---

[1] Pausanias, liv. II, chap. xv.

conservé la tradition d'une fondation de Mycènes par un prince contemporain de Phoronée, et dont les ouvrages ont dû être du style de construction adopté à la Larisse d'Argos et à la Tirynthe du fils d'Argus.

MM. Gell et Dodwell s'accordent à reconnaître qu'au bas, dans la plaine et loin du pied de l'acropole, on voit les vestiges d'une ligne d'enceinte et d'une porte, ce qui prouve que la ville basse s'étendait jusque-là. Ce mur fut, sans aucun doute, détruit par les Argiens quand ils dévastèrent Mycènes. Les Mycénéens, forcés d'abandonner leur ville, se retirèrent, les uns à Cléonée, les autres en Macédoine. Dès les temps des Héraclides, Mycènes était déchue au point que, longtemps après, elle n'envoya que quatre-vingts hommes pour combattre aux Thermopyles, ce qui fait voir combien était faible sa population au temps de la guerre des Perses.

Le nom pluriel de Mycènes fournit la preuve de l'antiquité des deux villes dont elle était composée. On ne trouve aucune trace d'une seconde fondation, si ce n'est celle attribuée à Persée.

Apollodore [1] confirme clairement la différence que j'établis entre les monuments de la fondation primitive et ceux de la fondation de Persée. L'auteur grec a sans aucun doute conservé les propres expressions de quelque écrivain plus ancien, puisque, en parlant de la fondation de Mycènes par Persée, il dit : « Il éleva « des fortifications en avant de Mycènes et de Midée, » προτειχίσας Μίδειαν καὶ Μυκήνας. La propriété de cette expression distinctive est de plus appuyée par deux

---

[1] *Biblioth.* liv. II, chap. IV, S 4.

passages équivalents de Thucydide, lesquels sont inter-
prétés par le scoliaste dans le même sens attaché par
moi aux assertions d'Apollodore relativement aux deux
fondations successives de Mycènes.

XLVIII.

AUTRE MUR DE L'ACROPOLE DE MYCÈNES.

Exécuté, comme le précédent modèle, d'après les dessins de M. Abel
Blouet; dessiné aussi par MM. Dodwell, Gell, Smirk, Words-Worth,
Fourmont, de Choiseul-Gouffier, Clarke, etc.

Cette partie de l'acropole de Mycènes regarde le tombeau d'Atrée.

Μυκηναίοις μὲν γὰρ τὸ μὲν τεῖχος ἁλῶναι κατὰ τὸ ἰσχυρὸν
οὐκ ἐδύνατο ὑπὸ Ἀργείων (ἐτετείχιστο γὰρ κατὰ ταὐτὰ τῷ ἐν
Τίρυνθι ὑπὸ τῶν Κυκλώπων καλουμένων) κατὰ ἀνάγκην δὲ
ἐκλείπουσι Μυκηναῖοι τὴν πόλιν, ἐπιλειπόντων σφᾶς τῶν
σιτίων. « Les Argiens n'avaient pas pu prendre la ville
« de Mycènes à force ouverte, dont les murs, comme
« ceux de Tirynthe, avaient été bâtis par les Cyclopes.
« Les Mycénéens furent donc obligés de l'abandonner
« faute de vivres [1]. »

Οἱ δὲ Μυκήνας εἶχον, ἐϋκτίμενον πτολίεθρον.

Et ceux qui habitent Mycènes, la ville aux solides constructions [2].

Ἐκ Μυκήνας δὲ τὰς κυκλωπίας.

(Il était parti) de Mycènes aux murs cyclopéens [3].

[1] Pausanias, liv. VIII, chap. xxv.
[2] Homère, *Iliad.* liv. II, v. 569.
[3] Euripide, *Iphigénie en Aulide*, v. 265.

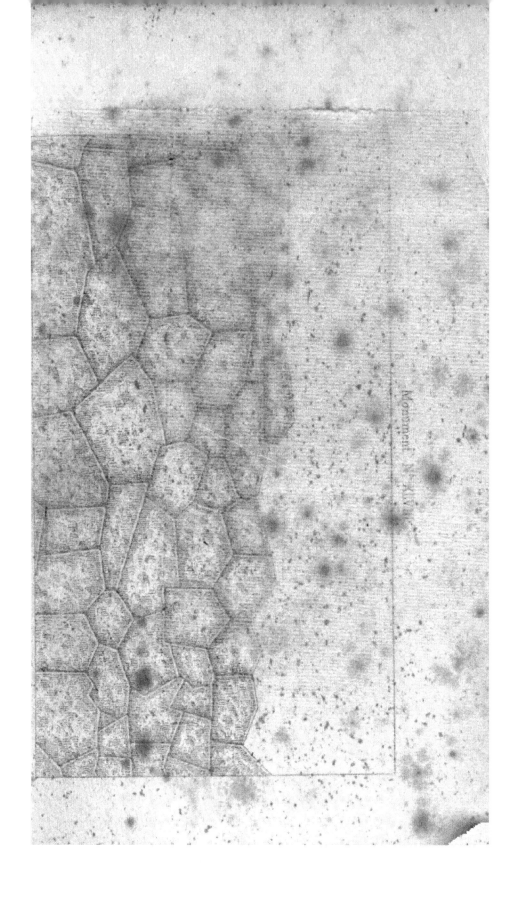

Monument N° XIV

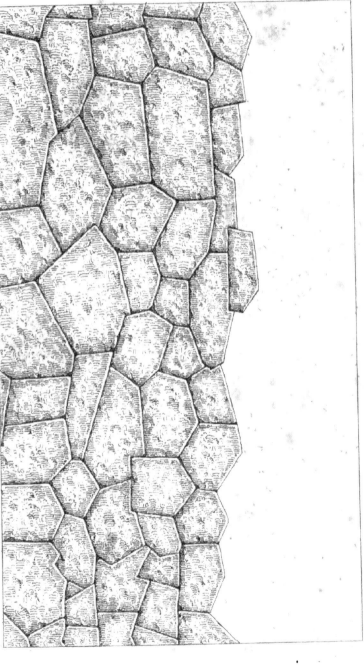

Monument N° XLVIII.

Mur de l'Acropole de Mycènes — (Grèce).

Hancké lith.

Lith. Fortemann & Co.

Et nunc quod patrias vento petiere Mycenas.

Et maintenant qu'ils ont fait voile pour Mycènes, leur patrie [1].....

THIESTES. — *Agnosco fratrem. Sustines tantum nefas*
    Gestare, tellus? Non ad infernam styga
    Te nosque mergis? Rupta et ingenti via
    Ad chaos inane regna cum rege abripis?
    Non tota ab imo tecta convellens solo
    Vertis Mycenas?. . . . .

(Thyeste parlant à Atrée.) Je reconnais mon frère. Peux-tu, ô terre, supporter un si grand forfait? Ne vas-tu pas nous précipiter avec toi dans le gouffre des enfers? Ne vas-tu pas t'entr'ouvrir pour dévorer dans un profond abîme et le roi et le royaume? et Mycènes ne sera-t-elle point détruite de fond en comble avec ses édifices renversés?

Μυκηνῶν.δὲ ἐν τοῖς ἐρειπίοις κρήνη τέ ἐστι καλουμένη Περ-
σεία, καὶ Ἀτρέως καὶ τῶν παίδων ὑπόγαια οἰκοδομήματα,
ἔνθα οἱ θησαυροί σφισι τῶν χρημάτων ἦσαν, κ. τ. λ. . . . .
« On vous montre encore, parmi les ruines de Mycènes,
« la fontaine de Persée et les chambres souterraines où
« l'on dit qu'Atrée et ses enfants cachèrent leurs trésors.
« Près de là le tombeau d'Atrée, ainsi que de tous ceux
« qu'Agamemnon ramena après la prise de Troie, et
« qu'Égisthe fit périr dans le repas qu'il leur donna;
« j'en excepte Cassandre, car les Lacédémoniens qui
« habitent Amiclée prétendent avoir son tombeau chez
« eux, et c'était un sujet de dispute entre eux et les
« habitants de Mycènes [3]. »

---

[1] Virgile, *Enéid.* liv. II, v. 180.
[2] Sénèque, *Thyeste*, trag. act. V, v. 1006.
[3] Pausanias, liv. II, chap. XVI.

XLIX.

PORTE AUX LIONS FONDÉE PAR PERSÉE (ACROPOLE DE MYCÈNES).

Exécuté, comme les deux précédents modèles, d'après les dessins de M. Abel Blouet; dessiné aussi par MM. Dodwell, Gell, Smirk, Words-Worth, Fourmont, de Choiseul-Gouffier, Clarke, etc.

> Πρὸς τὰς Μυκήνας εἶμι · λάζυσθαι χρεὼν
> Μοχλοὺς δικέλλας θ', ὡς τὰ Κυκλώπων βάθρα,
> Φοίνικι κανόνι καὶ τύκοις ἡρμοσμένα
> Στρεπτῷ σιδήρῳ συντριαινώσω πόλιν.

Je vais à Mycènes : il nous faut prendre des leviers et des pioches pour démolir, au moyen d'un fer recourbé, les murailles élevées par les Cyclopes avec la règle phénicienne, et polies par les instruments des tailleurs de pierre [1].

> Κυκλώπειά τ' οὐράνια
> Τείχεα..........

(De sa main il lança un trait) contre les murailles aériennes des Cyclopes [2].

> Ἐκ Μυκήνας δὲ τᾶς κυκλωπίας
> Παῖς Ἀτρέως ἔψεμσε ναυβάτας ναῶν ἑκατόν.

Le fils d'Atrée envoya cent navires du port de Mycènes, la ville des Cyclopes [3].

On voit, sur le côté antérieur de ce modèle, une peinture qui est un développement calqué sur un vase grec, reproduisant l'autel du feu sacré gardé par deux lions, comme à la porte de Mycènes.

A droite est placé un morceau de porphyre vert de

---

[1] Euripide, *Hercule furieux*, v. 945.
[2] *Id. Électre*, v. 1166.
[3] *Id. Iphigénie en Aulide*, v. 265.

la Laconie, et à gauche un échantillon de la pierre du mur et de la roche de l'acropole de cette ville.

Μυκήνας δὲ Ἀργεῖοι καθεῖλον ὑπὸ ζηλοτυπίας. Ἡσυχαζόντων γὰρ τῶν Ἀργείων κατὰ τὴν ἐπιστρατείαν τοῦ Μήδου, Μυκηναῖοι πέμπουσιν ἐς Θερμοπύλας ὀγδοήκοντα ἄνδρας, οἳ Λακεδαιμονίοις μετέσχον τοῦ ἔργου. Τοῦτο ἤνεγκεν ὄλεθρόν σφισι τὸ φιλοτίμημα παροξύναν Ἀργείους. Λείπεται δὲ ὅμως ἔτι καὶ ἄλλα τοῦ περιβόλου, καὶ ἡ πύλη· λέοντες δὲ ἐφεστήκασιν αὐτῇ. « Les Argiens détruisirent Mycènes, et ce fut [se- « lon toute apparence] un mouvement de jalousie qui les « y poussa; parce que, tandis qu'ils regardaient de sang- « froid l'irruption des Perses et qu'ils demeuraient dans « l'inaction, la ville de Mycènes envoya aux Thermopyles « quatre-vingts hommes, qui partagèrent avec les Lacé- « démoniens la gloire d'une des plus belles actions qui « se soient jamais faites. Les Argiens, piqués de cet « affront, résolurent de raser la ville. Cependant il reste « encore des ruines de son enceinte, entre autres une « porte sur laquelle il y a des lions [1]. »

A Mycènes, la roche de l'acropole est encore couronnée du mur cyclopéen dont Euripide [2], comme nous venons de le voir, désignait ainsi la situation supérieure :

Κυκλώπειά τ' οὐράνια
Τείχεα..........

Ce ne fut pas là sans doute la partie de la ville qu'Homère caractérisait par l'épithète εὐρυάγυια, *aux larges voies;* il voulait donc parler alors de la ville inférieure,

[1] Pausanias, liv. II, chap. XVI.
[2] *Électre,* v. 1166.

dont les murs, détruits jusqu'au niveau du sol, sont de la même construction que le trésor d'Atrée et la Porte aux Lions fondée par Persée, d'après le témoignage du bas-relief de l'autel du feu sacré qui la décore. La raison de la forme du nom pluriel de Mycènes, maintenant et de nouveau fondée sur les deux différents styles de construction de ses murs, aurait dû être pressentie par les commentateurs de Virgile dans cette seule expression plurielle *Agamemnoniasque Mycenas*; mais la critique historique commence seulement à s'éclairer sur ce point à l'aide des modèles comparés d'architecture pélasgique, lesquels rendent aujourd'hui palpable la solution de bien des doutes auparavant privés de tout moyen de démonstration positive et technique.

Sur le revers de ce modèle, on voit en relief une image de l'*Atschdan* ou vase du feu sacré, moulé sur notre camée de calcédoine saphirine.

Le socle nous offre une construction en appareil grec de la plate-forme des édifices de Persépolis, dessinée en 1830, sur les lieux, par M. Stewart, négociant anglais. Cette construction a été représentée sur une plus grande échelle au n° LXXVI, et j'y ai joint quelques témoignages.

Sur le même côté, on trouve un bas-relief portant les noms d'Agamemnon, Epeus et Talthybius; au-dessous on lit :

« Réduction faite d'un bas-relief en style éginétique, du Musée royal, avant qu'on en eût effacé la chimère. »

Ore leo, tergoque caper, postremaque serpens,
Bellua tergemino mittit ab ore faces.

Lion par la gueule, bouc par le dos et serpent par les extrémités, ce monstre lance des flammes par sa triple gueule[1].

On trouve encore, sur ce côté du modèle, la tête et
le pied d'un mage, avec ces mots :

« Moulé sur un des mages du bas-relief de Persépolis,
reproduisant l'art antique, autant que la construction
de la plate-forme représente le troisième style, comparée à la régularité constante de l'appareil persan
qu'on observe sur les autres monuments de la Perse. »

Sur le plan du socle, j'ai placé un fragment de la
roche du poudingue même de la porte de Mycènes, où
l'on peut voir combien est mince la *patina* opérée par
trois mille deux cent vingt-quatre ans d'antiquité.

La face du socle porte l'empreinte de trois médailles
de rois sassanides, ayant pour type l'autel du feu sacré
gardé par les mages. On y voit enfin un fragment de la
pierre du bas-relief des lions de Mycènes et un autre
fragment de la pierre du bas-relief de Persépolis.

L.

PARTIE INTÉRIEURE DE LA PORTE AUX LIONS (ACROPOLE
DE MYCÈNES).

Exécuté, comme les deux précédents modèles, d'après les dessins de
M. Abel Blouet; dessiné aussi par MM. Dodwell, Gell, Smirk, Words-
Worth, Fourmont, de Choiseul-Gouffier, Clarke, etc.

Ce modèle représente : A, l'extrémité du mur cyclopéen de l'acropole, fondé par Mycénée vers l'an 1700
avant l'ère vulgaire; il est en blocs calcaires; B, la fondation de Persée, vers l'an 1390 avant la même ère,

---

[1] Voyez l'Anthologie latine, liv. V, épig. 165.

par assises presque rectilignes en blocs de *poudingue*,
c'est-à-dire de cailloutages roulés et ensuite agglomérés;
C, la restauration d'une brèche.

Φηγεὺς πόλιν κτίζει Φηγὰς, καὶ παῖδας ἴσχει Σπάρτωνα
καὶ Μέσσωνα, Σπάρτωνος δὲ παῖς Μυκηνεὺς ὃς Μυκήνας
ἔκτισε. « Phégée (frère de Phoronée, et fils, comme ce
« dernier, d'Inachus) bâtit la ville de Phégès; il eut deux
« fils, Sparton et Messon. De Sparton naquit Mycénée,
« qui fonda Mycènes [1]. »

M. Dodwell, dans son Voyage en Grèce, et M. Gell,
dans son Argolide, donnent de longs détails sur la construction de cette porte célèbre. Selon M. Dodwell, sa
hauteur est de cinq mètres trente centimètres environ, et
sa largeur, dans la partie supérieure, de trois mètres; le
linteau a quatre mètres quatre-vingts centimètres de longueur, deux mètres de largeur et un mètre vingt centimètres d'épaisseur; le bas-relief des lions a trois mètres
quarante centimètres de largeur à sa base, sur deux
mètres quatre-vingts centimètres de hauteur et soixante
centimètres d'épaisseur. L'espace de la place qui borde
la porte a neuf mètres et demi de largeur, et environ
quinze mètres et demi de longueur.

Les deux voyageurs cités, en parlant de ce bas-relief,
le plus ancien et même le seul monument connu de la
sculpture en Grèce avant la guerre de Troie, s'accordent à y reconnaître un emblème du culte du Soleil en
Perse; ce qui révèle entre Mycènes et Persépolis des
rapports confirmés par les textes cités à l'article LXXVI.

[1] Le scoliaste d'Euripide, sur la tragédie d'*Oreste*, v. 1252.

LI.

HERŒUM OU TEMPLE DE JUNON, PRÈS DE MYCÈNES.

Exécuté, comme les quatre précédents modèles, d'après les dessins de
M. Abel Blouet; dessiné aussi par MM. Dodwell, Gell, Smirk, Words-
Worth, Fourmont, de Choiseul-Gouffier, Clarke, etc.

Les restes formant le mur de la terrasse orientale de
l'Herœum ou temple de Junon, près de Mycènes, ont
été décrits par la plupart des voyageurs cités à l'article
du n° XLVII, et particulièrement par M. Fourmont
dans son Journal.

Μυκηνῶν δὲ ἐν ἀριστερᾷ πέντε ἀπέχει καὶ δέκα στάδια τὸ
Ἡραῖον. Ῥεῖ δὲ κατὰ τὴν ὁδὸν ὕδωρ Ἐλευθέριον καλούμενον·
χρῶνται δὲ αὐτῷ πρὸς καθάρσια αἱ περὶ τὸ ἱερὸν καὶ ἐπὶ τῶν
Θυσιῶν ἑστᾶσιν ἀποῤῥήτων. Αὐτὸ δὲ τὸ ἱερόν ἐστιν ἐν χθα-
μαλωτέρῳ τῆς Εὐβοίας. « Le temple de Junon est à quinze
« stades (un peu plus d'un quart de myriamètre) de My-
« cènes, sur la gauche. Le ruisseau Eleuthérius coule le
« long de la route : son eau sert aux purifications des
« prêtresses qui desservent le temple et président aux
« sacrifices secrets. Le temple est situé dans la partie
« inférieure du mont Eubée[1]. »

Ce voyageur grec nous apprend aussi[2] que Τὸ δὴ
ὄρος τοῦτο ὀνομάζουσιν Εὔβοιαν, λέγοντες Ἀστερίωνι γενέσθαι τῷ ποταμῷ Θυγατέρας, Εὔβοιαν, καὶ Πρόσυμναν, καὶ
Ἀκραίαν, εἶναι δὲ σφᾶς τροφοὺς τῆς Ἥρας . . . . « Les
« Argiens appellent Eubée le mont sur lequel le temple
« est bâti, et disent que le fleuve Astérion eut trois filles,

---

[1] Pausanias, liv. II, chap. XVII.
[2] Id. ibid.

« Eubée, Prosymna et Acræa : toutes trois furent nour-
« rices de Junon. » Acræa donna son nom à la montagne
qui se voit en face du temple, les alentours reçurent le
nom d'Eubée, et Prosymna transmit le sien à la plaine
étendue au pied du mont. L'Astérion coule au bas du
temple et va se perdre dans un gouffre. Sur ses rives croît
une plante à laquelle on donne aussi le nom d'*astérion*; on
en pare l'autel de la déesse, on fait avec ses feuilles des
couronnes qu'on lui dédie. Eupolème d'Argos a été, dit-
on, l'architecte de ce temple; l'édifice est orné de colonnes
au-dessus desquelles on a représenté, d'une part, la naissance de Jupiter avec le combat des dieux et des géants;
de l'autre, la guerre de Troie, la prise et le sac de cette
ville. Devant la porte d'entrée du temple sont des statues de femmes jadis prêtresses de Junon, et celles de
quelques héros, au nombre desquels est Oreste.

Callithya, fille de Criasus, fut la première prêtresse
de cet hiéron de Junon [1].

*Λέγεται δὲ Πείρας ὁ πρῶτος Ἀργολίδος Ἥρας ἱερὸν εἰσά-
μένος, τὴν ἑαυτοῦ θυγατέρα Καλλίθυαν ἱερὰν καταστήσας, ἐκ
τῶν περὶ Τίρυνθα δένδρων ὄγχνην τεμὼν εὐκτέανον, Ἥρας
ἄγαλμα μορφῶσαι.* « On dit que Peiras (frère de Criasus),
« éleva le premier un temple en l'honneur de Junon
« d'Argos; il en donna le sacerdoce à Callithya sa nièce,
« et fit servir une grenade sauvage, cueillie aux arbres
« de Tirynthe, pour figurer la déesse [2]. »

---

[1] Voir, à ce sujet, notre Tableau synchronique.
[2] Plutarque cité par Eusèbe, *Prépar. évang.* liv. III, chap. VIII.

LII.

SUBSTRUCTION DE L'HERŒUM OU TEMPLE DE JUNON, PRÈS DE MYCÈNES.

Exécuté, comme les cinq précédents modèles, d'après les dessins de M. Abel Blouet; dessiné aussi par MM. Dodwell, Gell, Smirk, Words-Worth, Fourmont, de Choiseul-Gouffier, Clarke, etc.

Ἥρην ἀείδω χρυσόθρονον, ἣν τέκε Ῥείη,
Ἀθανάτην βασίλειαν, ὑπείροχον εἶδος ἔχουσαν,
Ζηνὸς ἐριγδούποιο κασιγνήτην ἄλοχόν τε,
Κυδρὴν, ἣν πάντες μάκαρες κατὰ μακρὸν Ὄλυμπον
Ἀζόμενοι τίουσιν, ὁμῶς Διὶ τερπικεραύνῳ.

Je chante Junon, assise sur un trône d'or, fille de Rhéa, reine immortelle, distinguée par une beauté suprême, sœur et épouse de Jupiter qui, par le bruit de son tonnerre, épouvante les humains; elle est environnée de gloire; tous les dieux la vénèrent dans le vaste Olympe, à l'égal de Jupiter qui tient la foudre en sa puissance [1].

Τὸ δὲ ἄγαλμα τῆς Ἥρας ἐπὶ θρόνου κάθηται μεγέθει μέγα, χρυσοῦ μὲν καὶ ἐλέφαντος, Πολυκλείτου δὲ ἔργον· ἔπεστι δὲ οἱ στέφανος Χάριτας ἔχων καὶ Ὥρας ἐπειργασμένας, καὶ τῶν χειρῶν τῇ μὲν καρπὸν φέρει ῥοιᾶς, τῇ δὲ σκῆπτρον. Τὰ μὲν οὖν ἐς τὴν ῥοιὰν (ἀπορρητότερος γάρ ἐστιν ὁ λόγος) ἀφείσθω μοι. « (En entrant dans le temple on voit) Junon assise « sur un trône; sa statue, d'une très-grande proportion, « est en or et en ivoire; elle a été faite par Polyclète. « Elle porte une couronne sur laquelle sont figurées les « Grâces et les Heures; elle tient une grenade d'une « main et un sceptre de l'autre. Ce que l'on dit au su-« jet de la grenade étant un mystère, je ne dois point « en parler ici [2]. »

[1] Homère, *Hymne à Junon.*
[2] Pausanias, liv. II, chap. XVII.

Quelques auteurs ont pensé que l'antiquité païenne avait conservé en Junon un vestige du souvenir d'Ève de la Bible, à cause du fruit qu'elle tenait à la main, et parce qu'elle présidait aux mariages.

LIII.

MUR ET PORTE DE MIDEA.

Exécuté d'après les dessins de M. Fauvel.

Midea, ville de l'Argolide; aujourd'hui *Metzo*, en Morée.

Οἵ τε πολυστάφυλον Ἄρνην ἔχον, οἵ τε Μίδειαν.

Et ceux qui habitent Arnée, riche en raisins; et ceux qui vivaient dans Midea[1].

Selon Pausanias[2] Midea échut en partage à Prœtus avec Tirynthe, à une époque qui correspondrait à l'an 1450 avant l'ère vulgaire. Le même auteur[3] rapporte qu'Hippodamie, femme de Pélops, se réfugia à Midea, ville de la campagne d'Argos, lorsque Pélops la poursuivait pour lui faire expier le meurtre de Chrysippe.

Livre VIII, chapitre 27 du même auteur, Midea est comptée avec Tirynthe, Hysies, Ornées, Mycènes, parmi les villes que les Argiens détruisirent.

Midea est située sur la route de Nauplia à Épidaure; ses murs sont en construction cyclopéenne du deuxième style, et parallèle du troisième style, ayant des tours, les unes carrées et les autres rondes, selon M. Dodwell. Apollodore dit que Persée la fortifia. L'époque de Persée

[1] Homère, *Iliad.* liv. II, v. 507.
[2] Liv. II, chap. XVI.
[3] Liv. VI, chap. XX.

étant fixée à l'an 1390, le règne de Prœtus doit dater
de l'an 1420 environ, en supposant qu'il ait commencé
à régner à trente ans; et, comme ce fut à cette époque
que Midea lui échut en partage, la fondation originaire
de cette ville est nécessairement plus ancienne, et se
rapporte, comme l'indiquent les murs cyclopéens qu'on
y a remarqués, au temps des plus anciennes constructions de cette contrée. La même diversité de style s'observe à Mycènes. Le bas-relief qui représente l'autel et
les deux lions est entouré de pierres parallélipipèdes:
c'est la construction caractérisant les travaux attribués
à Persée.

LIV.

MUR DE L'ACROPOLE DE NAUPLIA.

Exécuté d'après les dessins de M. Abel Blouet; dessiné aussi par
M. Words-Worth.

Nauplia, port de mer de l'Argolide; aujourd'hui
Naupli ou *Napoli di Romania*, ville de la Morée.

Ses habitants, dans l'origine, étaient venus d'Égypte
avec Danaüs, pour déposséder Gélanor du trône d'Argos, vers l'an 1510 avant l'ère vulgaire.

Au temps de Pausanias, la citadelle de Nauplia était
déserte; il ne restait debout que quelques fragments
des premiers murs.

Ἦσαν δὲ οἱ Ναυπλιεῖς (ἐμοὶ δοκεῖν) Αἰγύπτιοι τὰ παλαιό-
τερα· παραγενόμενοι δὲ ὁμοῦ Δαναῷ ναυσὶν ἐς τὴν Ἀργολίδα,
ὕστερον γενεαῖς τρισὶν ὑπὸ Ναυπλίου τοῦ Ἀμυμώνης κατῳκίς-
θησαν ἐν Ναυπλίᾳ. «Ceux qui habitèrent Nauplia dès
«l'origine étaient, selon moi, des Égyptiens venus avec

« la flotte de Danaüs s'établir en Argolide ; ensuite, après
« trois générations, Nauplius, fils d'Amymone, amena une
« nouvelle colonie dans cette ville ; [elle fut dès lors ap-
« pelée Nauplia, du nom de son nouveau chef] [1]. »

Μετὰ δὲ Λακεδαίμονα πόλις ἐστὶν Ἄργος, καὶ ἐν αὐτῇ Ναυ-
πλία πόλις, καὶ λιμήν. Ἐν μεσογείᾳ, δὲ Κλεῶναι, καὶ Μυ-
κῆναι, καὶ Τίρυνθα. « Après Lacédémone vient la ville
« d'Argos, sur le territoire de laquelle est la ville de
« Nauplia et son port. Au centre de la contrée s'élèvent
« Cléones, Mycènes et Tirynthe [2]. »

Les constructions pélasgiques de Nauplia ont été décrites par M. Fourmont [3], par M. Dodwell [4] et par
M. Scrofani, voyageur sicilien.

Les murs de cette ville et ceux de la Palamide, qui
en est l'acropole, sont en construction cyclopéenne ; on
monte de la ville à la Palamide par un chemin couvert et formé de pierres énormes, adossées en ogive
comme celles qui couvrent le chemin conduisant du
monument de Délos au sommet du mont Cinthus, et
comme celui montant à la Larisse d'Argos ; ce qui démontre que les constructions de ce genre militaire appartiennent à la même antiquité.

[1] Pausanias, liv. IV, chap. xxxv.
[2] Scylax, *Périple*, Argos.
[3] Pag. 189 de son Journal.
[4] Tom. II, pag. 247 de son Voyage.

LV.

MUR DE L'HIÉRON D'ÉLEUSIS, EN ATTIQUE.

Exécuté d'après les dessins de M. Fauvel; dessiné aussi par MM. de Choiseul-Gouffier, Words-Worth, etc.

Éleusis, ville de l'Attique; aujourd'hui en ruines, au lieu dit *Lefsina*, en Livadie.

Πρῶτον τῆς Ἀττικῆς Ἐλευσὶς, οὗ ἱερὸν Δήμητρός ἐστι καὶ τεῖχος. « La première ville de l'Attique est Éleusis, « où l'on voit un hiéron de Cérès et un mur d'en- « ceinte [1]. »

Ὤγυγος Ἐλευσῖνα ἔκτισε. « (Du temps de Phroronée « second roi des Argiens), Ogygus fonda Éleusis [2]. »

Tardaque Eleusinæ matris volventia plaustra,
Tribulaque, traheæque, et iniquo pondere rastri;
Virgea præterea Celei vilisque supellex,
Arbuteæ crates, et mystica vannus Iacchi.

Les lourds chariots de la déesse d'Éleusis; des rouleaux ferrés, des traîneaux, des herses et de pesants râteaux; puis les ouvrages d'osier, meubles peu chers, inventés par Célée; les claies d'arbousier et le van mystique consacré à Bacchus [3].

Πανδίων ἐβασίλευσεν · ἐφ' οὗ Δημήτηρ καὶ Διόνυσος εἰς τὴν Ἀττικὴν ἦλθον. Ἀλλὰ Δήμητρα μὲν Κελεὸς εἰς τὴν Ἐλευσῖνα ὑπεδέξατο...... Διόνυσον δὲ Ἰκάριος, καὶ λαμβάνει παρ' αὐτοῦ κλῆμα ἀμπέλου, κ. τ. λ. « Sous le règne de Pan- « dion, Cérès et Bacchus arrivèrent en Attique...... « Cérès fut reçue à Éleusis par Célée, et Bacchus par

---

[1] Scylax, *Périple*, Attique.
[2] Eusèbe, *Chron.* liv. I, chap. XXVII.
[3] Virgile, *Géorg.* liv. I, v. 163.

« Icare, qui reçut de lui un cep de vigne et apprit l'art
« de faire le vin, etc. [1]. »

Célée était roi d'Éleusis et père de Triptolème; Cérès, à laquelle il avait donné l'hospitalité, reconnut ce
service en enseignant l'agriculture à son fils.

*Per ordinem deinde successionis regnum ad Erechtheum
descendit, sub quo frumenti satio apud Eleusin a Triptolemo
reperta est.* « Ensuite, par ordre de succession, le trône
« échut à Érechtée, sous lequel l'art de semer le blé fut
« découvert à Éleusis par Triptolème [2]. »

Il est prouvé par les marbres d'Arundel, que, plus de
1500 ans avant l'ère vulgaire, Hyagnis de Phrygie inventa des nomes pour la fête de la mère des dieux, de
Bacchus, de Pan, etc. [3] »

Éleusis, ville voisine d'Athènes, était beaucoup plus
ancienne que cette dernière; mais les Athéniens finirent par la subjuguer. Pausanias rapporte que : Γενο-
μένης Ἐλευσινίοις μάχης πρὸς Ἀθηναίους, ἀπέθανε μὲν
Ἐρεχθεὺς Ἀθηναίων βασιλεὺς, ἀπέθανε δὲ Ἰμμάραδος ὁ Εὐ-
μόλπου· καταλύονται δὲ ἐπὶ τοῖσδε τὸν πόλεμον, ὡς Ἐλευσι-
νίους, ἐς τὰ ἄλλα Ἀθηναίων κατηκόους ὄντας, ἰδίᾳ τελεῖν
τὴν τελετήν· τὰ δὲ ἱερὰ τοῖν Θεοῖν Εὔμολπος καὶ αἱ Θυγα-
τέρες δρῶσιν αἱ Κελεοῦ. « Dans un combat que se livrè-
« rent les Athéniens et les Éleusiniens, le roi Érechthée,
« et Immaradus, fils d'Eumolpe, furent tués, [chacun à
« la tête de ses troupes]; la paix se fit ensuite aux condi-
« tions suivantes : que les Éleusiniens seraient à l'avenir

---

[1] Apollodore, *Biblioth.* liv. III, chap. xiv, § 7.
[2] Justin, *Hist.* liv. II, chap. vi.
[3] Voir les Mémoires de l'Académie des Inscriptions, tom. XV, p. 259.

« soumis aux Athéniens, qu'ils demeureraient cependant
« en possession des mystères de la déesse, et que le sa-
« cerdoce de Cérès et de Proserpine serait conservé à
« Eumolpe et aux filles de Célée[1]. »

Ἐλευσῖνα δὲ ἥρωα, ἀφ᾽ οὗ τὴν πόλιν ὀνομάζουσιν, οἱ μὲν
Ἑρμοῦ παῖδα εἶναι καὶ Δαείρας Ὠκεανοῦ θυγατρὸς λέγουσι,
τοῖς δέ ἐστι πεποιημένα Ὤγυγον εἶναι πατέρα. « Au reste, la
« ville d'Éleusis a pris son nom du héros Éleusis, que
« quelques-uns croient avoir été fils de Mercure et de
« Daïra, fille de l'Océan ; d'autres disent qu'il était fils
« d'Ogygus[2]. »

Éleusis fut fondée, selon Eusèbe[3], par Ogygès, l'an
1790 avant l'ère vulgaire. L'antiquité de cette ville remonte à cette date par la succession des faits suivants ;
Éleusis fut prise par le Thrace Eumolpe ; elle avait été
réunie par Cécrops au gouvernement d'Athènes, l'an
1583[4]. Suivant Strabon[5], il faut ajouter à cette suppu-
tation les deux cents ans pendant lesquels l'Attique fut
déserte, ce qui conduit à l'an 1783, date très-rapprochée
de celle assignée par Eusèbe.

L'enceinte de murs cyclopéens observée à Éleusis par
tous les voyageurs est en grandes pierres bien taillées
et bien jointes. Elle a été décrite par MM. Chandler,
Fauvel, Leake, Pouqueville, Dodwell, etc. M. Fauvel,
dans sa lettre du 14 décembre 1805, insérée dans le
Magasin encyclopédique de mai 1806, nous apprend,

[1] Pausanias, liv. I, chap. XXXVIII.
[2] Ibid.
[3] Chroniq. liv. I, chap. XXVII.
[4] Voir notre Tableau des synchronismes.
[5] Géogr. liv. IX, pag. 396.

entre autres particularités, que l'enceinte du temple ou hiéron de Vénus a deux cents pieds (soixante-cinq mètres) de circuit; c'était le reposoir des processions d'Éleusis.

LVI.

MUR DE RHAMNUS, EN ATTIQUE.

Exécuté d'après les dessins de M. Words-Worth ; dessiné aussi par M. Cockerell, etc.

Rhamnus, ville de l'Attique; aujourd'hui *Tauro-Castro*, en Livadie.

Μαραθῶνος δὲ σταδίους μάλιστα ἑξήκοντα ἀπέχει Ῥαμνοῦς τὴν παρὰ θάλασσαν ἰοῦσιν ἐς Ὠρωπόν. Καὶ αἱ μὴν οἰκήσεις ἐπὶ θαλάσσῃ τοῖς ἀνθρώποις εἰσὶ, μικρὸν δὲ ἀπὸ θαλάσσης ἄνω, Νέμεσεώς ἐστιν ἱερόν, etc. . . . . « A soixante « stades (plus d'un myriamètre) de Marathon, en allant « le long du rivage vers Orope, l'on trouve Rhamnus. « Les habitants ont leurs maisons sur le bord de la mer; « non loin du rivage, en remontant, on trouve le temple « de Némésis, etc. [1] »

On dit qu'Érechthée, roi d'Athènes, éleva dans le temple de Rhamnus une statue à Némésis vers l'an 1440, ce qui suppose le temple d'une date plus ancienne. A une époque postérieure, Agoracrite, statuaire et disciple de Phidias, plaça dans le même temple une autre statue, estimée par Varron la plus belle qu'il eût vue.

On remarque à Rhamnus, sur le mont qui domine la forteresse, une enceinte et des tours carrées du troi-

[1] Pausanias, liv. I, chap. XXXIII.

sième style pélasgique. M. Fauvel y a vu aussi les ruines d'un temple en construction cyclopéenne du deuxième style ; selon M. Dodwell [1], c'est une *cella* en polygones irréguliers bien joints et bien polis. M. Fauvel a lu sur un siége de marbre ces deux mots gravés : Ῥαμνοῦς κοσμήτης. On voit encore dans le même lieu un temple en construction pélasgique à joints latéraux inclinés.

L'enceinte de tours carrées et la *cella*, de même construction que ces tours, ont été décrites avec les détails les plus complets dans les Antiquités de l'Attique, par la Société des Dilettanti, ouvrage traduit en français par M. Hittorf.

LVII.

MUR DE TOMBEAUX À ANAGYRUS.

Exécuté, comme le précédent modèle, d'après les dessins de M. Words-Worth.

Anagyrus, ville de l'Attique ; aujourd'hui *Anagyronte*, en Livadie.

Ἀναγυροῦς δῆμος Ἐρεχθηΐδος φυλῆς. « Anagyre, bourgade de la tribu Érechtéide [2]. »

Ἀναγυρασίοις δὲ μητρὸς θεῶν ἱερόν. « Il y avait dans Anagyre un temple de la mère des dieux [3]. »

Strabon fait aussi mention de ce petit pays de l'Attique, au livre neuvième de sa Géographie.

Les ruines d'Anagyrus ont été décrites par le docteur Chandler [4]. Il y a trouvé une inscription portant

[1] Tom. II, pag. 171 de son Voyage.
[2] Étienne de Byz. *Géogr.*
[3] Pausanias, liv. I, chap. XXXI.
[4] Tom. III, pag. 338 de son Voyage.

17.

le nom de la ville. Selon lui, ses murs sont en *incertum;* mais, comme il se sert de la même expression pour caractériser la construction du temple de Vénus près de Pécile, reconnue pour être cyclopéenne, et que, d'ailleurs, on sait bien aujourd'hui que, dans toute l'étendue de la Grèce, il n'existe pas un seul mur de la construction appelé par Vitruve *incertum,* moellonnage cimenté dont les Romains seuls ont fait usage, je crois être en droit de conclure que les murs d'Anagyrus sont absolument cyclopéens.

LVIII.

MUR DE CHÉRONÉE, EN BÉOTIE.

Exécuté d'après les dessins de M. Dodwell; dessiné aussi par M. Words-Worth.

Chéronée, ville de la Béotie; aujourd'hui *Kapréna,* en Livadie.

Ἄρνη, πόλις Θεσσαλίας, ἀφ' ἧς ὠνόμασται κατὰ μετοικίαν καὶ ἡ ἐν Βοιωτίᾳ Ἄρνη· νῦν Χαιρώνεια καλεῖται. « Il y avait « une ville d'Arné en Thessalie, dont le nom passa à la « ville d'Arné en Béotie, après la transmigration; mais « cette dernière s'appelle maintenant Chéronée [1]. »

Homère cite cette ville par son ancien nom, dans le le passage suivant :

Οἵ τε πολυστάφυλον Ἄρνην ἔχον,.........

Et ceux qui habitaient Arné, fertile en raisins [2].

Λεβαδέων δὲ ἔχονται Χαιρωνεῖς· ἐκαλεῖτο δὲ ἡ πόλις καὶ

[1] Thucydide, *Hist.* scholiaste sur le liv. I.
[2] *Iliad.* liv. II. v. 5o7.

τούτοις Ἄρνη τὸ ἀρχαῖον· θυγατέρα δὲ εἶναι λέγουσιν Αἰό-
λου τὴν Ἄρνην, ἀπὸ δὲ ταύτης κληθῆναι καὶ ἑτέραν ἐν Θεσ-
σαλίᾳ πόλιν· τὸ δὲ νῦν τοῖς Χαιρωνεῦσιν ὄνομα γεγονέναι
ἀπὸ Χαίρωνος, ὃν Ἀπόλλωνός φασιν εἶναι, μητέρα δὲ αὐτοῦ
Θηρὼ τὴν Φύλαντος εἶναι. Μαρτυρεῖ δὲ καὶ ὁ τὰ ἔπη τὰς
μεγάλας Ἠοίας ποιήσας·

> Φύλας δ' ὤπυιεν κούρην κλειτοῦ Ἰολάου
> Λειπεφίλην· ἣ δ' εἶδος Ὀλυμπιάδεσσιν ὁμοίη,
> Ἱππότην δὲ οἱ υἱὸν ἐνὶ μεγάροισιν ἔτικτεν,
> Θηρώ τ' εὐειδῆ ἰκέλην φαέεσσι σελήνης.
> Θηρὼ δ' Ἀπόλλωνος ἐν ἀγκοίνῃσι πεσοῦσα
> Γείνατο Χαίρωνος κρατερὸν μένος ἱπποδάμοιο.

Ὅμηρος δ' ἐπιστάμενος (ἐμοὶ δοκεῖν) Χαιρώνειαν τε ἤδη
καὶ Λεβάδειαν καλουμένας, ὅμως τοῖς ἀρχαίοις ἐχρήσατο ὀνό-
μασιν ἐς αὐτάς, καθότι καὶ Αἴγυπτον τὸν ποταμὸν εἶπεν, οὐ
Νεῖλον. « Les Chéronéens sont limitrophes des Léba-
« déens; leur ville se nommait anciennement Arné. On
« dit qu'Arné était fille d'Æolus, et qu'elle avait donné
« son nom à une autre ville dans la Thessalie. Chéronée
« a pris celui qu'elle porte maintenant de Chéron, fils,
« à ce qu'on prétend, d'Apollon et de Théro, fille de
« Phylas; on en cite pour preuve les vers suivants du
« poème intitulé *Les grandes Éœées : Phylas épousa Lipé-*
« *phile, fille de l'illustre Iolas, et non moins belle que les*
« *déesses de l'Olympe; elle lui donna un fils, Hippotès, et*
« *une fille, aussi éclatante que les rayons de la lune, la belle*
« *Théro, qui conçut, entre les bras d'Apollon, Chéron, le vail-*
« *lant dompteur de chevaux.* Homère, quoiqu'il sut bien,
« je pense, que ces villes s'appelaient déjà Chéronée et

« Lébadée, s'est cependant servi des anciens noms pour
« les désigner; c'est ainsi qu'il a employé le nom d'Égyp-
« tus pour celui du Nil[1]. »

Le nom de Chéronée est célèbre dans l'histoire par
trois événements : 1° par la victoire que les Béotiens
remportèrent sur les Athéniens près de cette ville, l'an
447 avant l'ère vulgaire[2]; 2° par celle que Philippe, roi
de Macédoine, y gagna sur l'armée des Grecs, en 338
avant la même ère[3]; et 3° par la naissance de Plutarque, dont la vie et les écrits jetèrent tant d'éclat sur
sa patrie. Il se fait gloire d'en être originaire, puisqu'il
intitule ainsi la lettre d'envoi de ses Vies des hommes
illustres : Πλούταρχος Χαιρωνεὺς Τραϊανῷ αὐτοκράτορι.
Plutarque de Chéronée à Trajan, empereur.

Ἐκ Φοινίκης ἀπικομένων ἐς τὴν νῦν Βοιωτίην καλεομένην
χώρην...... «Ceux qui peuplent la région maintenant
« appelée Béotie étaient venus de la Phénicie.....[4]. »

Chéronée a été décrite par M. Dodwell[5]; M. Leake
la cite dans son Introduction à la topographie d'Athènes.
Le mur en talus, bâti en pierres parallélipipèdes, qu'on
y voit, date, selon M. Raoul-Rochette, de la fondation
de cette ville, 1210 ans avant l'ère vulgaire. La construction régulière qui y est jointe paraît être la fondation de Chéron, fils d'Apollon, suivant Plutarque.

---

[1] Pausanias, liv. IX, chap. XL.
[2] Voyez Diodore de Sicile, *Hist.* liv. XII, § 6, p. 293.
[3] *Ibid.* liv. XVI, § 86, p. 555.
[4] Hérodote, *Hist.* liv. II, § 49.
[5] Tom. I, p. 220 de son Voyage.

LIX.

MUR D'ORCHOMÈNE, EN BÉOTIE.

Exécuté d'après les dessins de M. Words-Worth.

Orchomène, ville de la Béotie ; aujourd'hui *Scripous*, en Livadie.

Οἱ δ' Ἀσπληδόνα ναῖον, ἰδ' Ὀρχομενὸν Μινύειον,

Et ceux qui habitaient Asplédon, et ceux qui vivaient dans Orchomène, patrie des Minyens [1].

Οἱ Φενεόν τ' ἐνέμοντο καὶ Ὀρχομενὸν πολύμηλον.

Et ceux qui demeuraient à Phénée et à Orchomène abondante en bestiaux [2].

Τοῦ δὲ ὄρους τοῦ Λαφυστίου πέραν ἐστὶν Ὀρχομενὸς, εἴ τις Ἕλλησιν ἄλλη πόλις ἐπιφανὴς καὶ αὕτη ἐς δόξαν. Εὐδαιμονίας δέ ποτε ἐπὶ μέγιστον προαχθεῖσαν ἔμελλεν ἄρα ὑποδέξεσθαι τέλος καὶ ταύτην οὐ πολύ τι ἀποδέον ἢ Μυκήνας τε καὶ Δῆλον. Περὶ δὲ τῶν ἀρχαίων τοιαῦτα ἦν, ὁπόσα καὶ μνημονεύουσιν. Ἀνδρέα πρῶτον ἐνταῦθα Πηνειοῦ παῖδα τοῦ ποταμοῦ λέγουσιν ἐποικῆσαι, καὶ ἀπὸ τούτου τὴν γῆν Ἀνδρηΐδα ὀνομασθῆναι. Παραγενομένου δὲ ὡς αὐτὸν Ἀθάμαντος, ἀπένειμε τῆς αὑτοῦ τῷ Ἀθάμαντι τήν τε περὶ Λαφύστιον χώραν, καὶ τὴν νῦν Κορώνειαν καὶ Ἁλιαρτίαν. « De l'autre côté du mont « Laphystium est Orchomène, ville célèbre dans la « Grèce s'il en fut jamais. Parvenue au plus haut degré « de prospérité, elle devait finir par éprouver le même « sort, ou à peu près, que Mycènes et Délos. Voici ce « que l'on raconte de ses antiquités : le premier qui vint

---

[1] Homère, *Iliad.* liv. II, v. 511.

[2] *Ibid.* v. 605.

« s'y établir fut Andrée, fils du fleuve Pénée; la contrée
« prit de lui le nom d'Andréide. Athamas lui ayant de-
« mandé l'hospitalité, il lui donna la portion du pays
« située aux environs du mont Laphystium, et celle où
« sont maintenant Coronée et Haliarte [1]. »

Τούτῳ δὲ υἱὸς γίγνεται Χρύσῃ Μινύας............
Μινύου δὲ ἦν Ὀρχομενός· καὶ ἐπὶ τούτου βασιλεύοντος ἥ τε
πόλις Ὀρχομενὸς καὶ οἱ ἄνδρες ἐκλήθησαν Ὀρχομένιοι. Διέ-
μεινε δὲ οὐδὲν ἧσσον καὶ Μινύας ἐπονομάζεσθαι σφᾶς ἐς διά-
κρισιν ἀπὸ Ὀρχομενίων τῶν ἐν Ἀρκαδίᾳ. « Minyas, fils de
« Chrysès, eut pour fils Orchomène........... Ce
« fut sous le règne de celui-ci que la capitale prit le
« nom d'Orchomène, et ses habitants furent appelés
« Orchoméniens; mais ils gardèrent aussi le nom de
« Minyens, pour se distinguer des Orchoméniens d'Ar-
« cadie [2]. »

L'époque de Minyas est remarquable, en raison de la
la construction régulière de son tombeau, existant encore à Orchomène, et qui est bâti en coupole comme
celui d'Atrée à Mycènes. Le règne de Minyas remonte
vers l'an 1420; mais la fondation de la ville doit dater
de bien plus loin, attendu la splendeur dont elle jouissait déjà à cette époque.

Τὸ δὲ ἀξίωμα τῶν Μινυῶν ἐπὶ τοσοῦτον ἤδη προῆκτο,
ὥστε καὶ Νηλεὺς Κρηθέως βασιλεύων Πύλου γυναῖκα ἔσχεν ἐξ
Ὀρχομενοῦ Χλῶριν Ἀμφίονος τοῦ Ἰασίου. « Les Minyens
« étaient déjà montés à un si haut degré de puissance
« et de gloire, que Nélée, fils de Créthé, roi de Pylos,

---

[1] Pausanias, liv. IX, chap. xxxiv.
[2] Ibid. chap. xxxvi.

« était venu à Orchomène pour y épouser Chloris, fille
« d'Amphion et petite-fille d'Iasus[1]. »

M. Dodwell[2] dit avoir observé dans cette ville des
murs en construction cyclopéenne du style grossier de
Tirynthe. Il y a vu des vestiges de monuments séparés
des murs de clôture de la ville, et qui sont en construction régulière.

LX.

MUR D'HALIARTUS, EN BÉOTIE.

Exécuté, comme le précédent modèle, d'après les dessins de M. Words-
Worth.

Haliartus, ville de la Béotie; aujourd'hui *Tridonni* ou
Mikrokoura, en Livadie.

Οἵ τε Κορώνειαν, καὶ ποιήενθ' Ἁλίαρτον
Οἵ τε Πλάταιαν ἔχον...........

Et ceux qui habitaient Coronée, Haliarte fertile en pâturages,
et Platée[3].

Ἀπὸ δὲ Θεσπίας ἰόντι ἄνω πρὸς ἤπειρον ἔστιν Ἁλίαρτος.
Ὅστις δὲ Ἁλιάρτου γέγονεν ἢ Κορωνείας οἰκιστής, οὔ με ἀπὸ
τῶν ἐς Ὀρχομενίους ἐχόντων εἰκός ἦν χωρίζειν. Κατὰ δὲ τὴν
ἐπιστρατείαν τοῦ Μήδου φρονήσασιν Ἁλιαρτίοις τὰ Ἑλλήνων,
μοῖρα τῆς Ξέρξου στρατιᾶς γῆν τε σφίσιν ὁμοῦ καὶ τὴν πόλιν
ἐπεξῆλθε καίουσα. «En remontant de Thespie dans l'in-
« térieur des terres, vous trouvez la ville d'Haliarte; je
« ne séparerai pas ce que j'ai à dire sur les Orchomé-
« niens de ce qui regarde le fondateur d'Haliarte et de

[1] Pausanias, liv. IX, chap. XXXVI.
[2] Tom. II, p. 426 de son Voyage.
[3] Homère, *Iliad.* liv. II, v. 503.

«Coronée. Haliarte ayant fait cause commune avec le
«reste des Hellènes, lors de l'expédition des Mèdes,
«une partie de l'armée de Xerxès se jeta sur leur pays,
«le ravagea et brûla leur ville [1]. »

Le même auteur reprend l'histoire d'Haliarte au
chapitre XXXIV du même livre. Selon lui, Athamas,
roi de Thèbes, fils d'Éole et frère de Sisyphe, se
croyant sans postérité, adopta ses petits-neveux Coro-
nus et Haliartus, fils de Thersandre et petits-fils de Sisyphe. Mais son fils Phryxus, qu'il croyait mort, ayant
reparu, Athamas céda à ses petits-neveux une partie
du terrain qu'il possédait, où, dans la suite, ils bâtirent Coronée et Haliarte. L'époque d'Athamas remonte
vers l'an 1500 [2].

*Accusatus hoc crimine, judicumque absolutus sententiis,
Orchomeniis missus subsidio, occisus est a Thebanis apud
Haliartum.* «(Lysandre) acousé de ce crime, et absous
«par sentence des juges, fut envoyé au secours des Or-
«choméniens, et les Thébains le tuèrent auprès d'Ha-
«liarte [3]. »

Haliarte était une ville grande et riche, bâtie entre une
montagne escarpée et le lac Copaïs, non loin d'un autre
lac et de la ville de Permesse. Elle s'était relevée des
désastres que lui avait fait éprouver l'armée de Xerxès;
mais, dans la guerre de Macédoine, ayant pris parti
pour Persée contre les Romains, ceux-ci la ravagèrent
à un tel point, que Strabon dit n'en avoir vu que des

---

[1] Pausanias, liv. IX, chap. XXXII.
[2] Voir notre Tableau synchronique.
[3] Cornelius Nepos, *Lysandre*, chap. VI.

vestiges. M. Dodwell[1] décrit ces restes, où la construction cyclopéenne est surmontée de restaurations non
soignées, en pierres parallélipipèdes.

LXI.

MUR DE CORONÉE, EN BÉOTIE.

Exécuté, comme les deux précédents modèles, d'après les dessins
de M. Words-Worth.

Corone, ou Coronée, ville de la Béotie, aujourd'hui
en ruines, dans la Livadie.

Συνῄεσαν μὲν γὰρ εἰς τὸ κατὰ Κορώνειαν πεδίον, οἱ μὲν
σὺν Ἀγησιλάῳ, ἀπὸ τοῦ Κηφισσοῦ, οἱ δὲ σὺν τοῖς Θηβαίοις,
ἀπὸ τοῦ Ἑλικῶνος. «Ceux qui se trouvaient avec Agési-
«las et venus du côté du Céphise, et ceux qui étaient
«avec les Thébains venus du côté de l'Hélicon, tous
«se réunirent dans la plaine voisine de Coronée[2].»

*Cum jam haud longe abesset a Peloponneso, obsistere ei
conati sunt Athenienses et Bœotii, cæterique eorum socii,
apud Coroneam : quos omnes gravi prælio vicit.* «Lorsque
«déjà il s'approchait du Péloponnèse, les Athéniens, les
«Béotiens et leurs alliés vinrent à sa rencontre à Co-
«ronée, pour l'arrêter dans sa marche; mais il les vain-
«quit tous dans une grande bataille[3].»

Coronée, de Béotie, est citée aussi par Diodore de
Sicile, Pline et Tite-Live. On a vu, dans l'article précédent, que l'origine de cette ville se rattache à celle d'Haliartus; nous n'ajouterons donc ici que quelques détails
sur son ancien état.

[1] Tom. I, p. 249 de son Voyage.
[2] Xénophon, *Agésilas*, chap. II, § 9.
[3] Cornelius Nepos, *Agésilas*, chap. XVII.

Κωρώνεια δὲ παρείχετο μὲν ἐς μνήμην ἐπὶ τῆς ἀγορᾶς Ἑρμοῦ βωμὸν Ἐπιμηλίου, τὸν δὲ Ἀνέμων. Κατωτέρω δὲ ὀλίγον Ἥρας ἐστὶν ἱερὸν καὶ ἄγαλμα ἀρχαῖον, Πυθοδώρου τέχνη Θηβαίου· Φέρει δὲ ἐπὶ τῇ χειρὶ Σειρῆνας. « A Coronée, on « voit dans le marché un autel de Mercure Epimélius, « un autre autel consacré aux Vents, et, un peu plus « bas, un temple de Junon, où il y a une statue fort an- « cienne faite par Pythodore de Thèbes; la déesse « porte des Sirènes sur la main. »

Κορωνείας δὲ σταδίους ὡς τεσσαράκοντα ὄρος ἀπέχει τό Λιβήθριον· ἀγάλματα δὲ ἐν αὐτῷ Μουσῶν.τὲ καὶ Νυμφῶν ἐπί- κλησίν ἐστι Λιβηθρίδων. « Le mont Libéthrium est à qua- « rante stades (trois quarts de myriamètre environ) de « Coronée ; les Muses et les Nymphes dites *Libéthrides* « y ont des statues. »

Ἐς δὲ τὸ ὄρος τὸ Λαφύστιον καὶ ἐς τοῦ Διὸς τοῦ Λαφυστίου τὸ τέμενός εἰσιν ἐκ Κορωνείας στάδιοι μάλιστα εἴκοσι. « Il « n'y a au plus que vingt stades (près d'un demi-myria- « mètre) de Coronée au mont Laphystium, et une en- « ceinte consacrée à Jupiter surnommé aussi *Laphys-* « *tius*[1]. »

Coronée est citée par M. Leake et décrite par M. Pouqueville.

Après ces quatre articles sur des monuments de la Béotie, je crois devoir ajouter quelques remarques sur la Béotie en général.

Strabon[2] dit que les plus anciens habitants de ce pays furent les Aones, les Temmices et les Hyantes,

[1] Pausanias, liv. IX, chap. xxxiv.
[2] *Géogr.* liv. VII, p. 321.

enfin les Phéniciens conduits par Cadmus. Les premiers furent les Pélasges primitifs, qui devancèrent la
colonie de Cadmus.

Hérodote [1] confirme cette opinion en ces termes : Ἐκ
Φοινίκης ἀπικομένων ἐς τὴν νῦν Βοιωτίην καλεομένην χώρην.
« Ceux qui habitent la région maintenant appelée Béotie
« y étaient venus de la Phénicie........ »

La manière de bâtir employée par les Pélasges primitifs, telle que nous l'avons fait remarquer partout, et
particulièrement à Tirynthe, se trouve bien nettement
décrite en ce passage de Pausanias [2]. Τοὺς δὲ παρὰ Ἀμφίονος μνῆμα λίθους, οἳ κάτωθεν ὑποβέβληνται, μήτε ἄλλως
εἰργασμένοι πρὸς τὸ ἀκριβέστατον, ἐκείνας εἶναί φασι τὰς πέ-
τρας, αἳ τῇ ᾠδῇ τοῦ Ἀμφίονος ἠκολούθησαν. « Les pierres
« que l'on voit au bas du tombeau d'Amphion, et qui
« ne sont que grossièrement travaillées, sont, à ce que
« l'on rapporte, celles qu'il attirait par ses chants. »

[1] *Hist.* liv. II, S 49.
[2] Liv. IX, chap. XVII.

LXII.

MUR D'UN PÉRIBOLE, À DELPHES.

Exécuté, comme les trois précédents modèles, d'après les dessins
de M. Words-Worth.

Delphes, ville de la Phocide; aujourd'hui *Castri*, en
Romélie.

> . . . . *et orbe*
> *In medio positi caruerunt præside Delphi*
> *Dum deus Eurotan immunitamque frequentat*
> *Sparten.* . . . .

Et Delphes, située au centre du monde, était privée de son
protecteur pendant que le dieu parcourait les rives de l'Eurotas,
et visitait Sparte dépourvue de remparts[1].

Les anciens croyaient généralement que Delphes occupait le centre de la terre, et ils la nommaient, pour
cette raison, *terræ umbilicus*, « le nombril de la terre. »

*Templum autem Apollinis Delphis positum est in monte
Parnasso, in rupe undique impendente : ibi civitatem frequen-
tia hominum facit, qui, ad affirmationem majestatis undique
concurrentes, in eo saxo consedere : atque ita templum et civitatem non muri, sed præcipitia, nec manu facta, sed natura-
lia præsidia defendant; prorsus ut incertum sit utrum muni-
mentum loci, an majestas dei plus hic admirationis habeat.
Media saxi rupes in formam theatri recessit. Quamobrem et
hominum clamor, et si quando accedit tubarum sonus, perso-
nantibus et respondentibus inter se rupibus, multiplex audiri,
ampliorque quam auditur, resonare solet. Quæ res majorem
terrorem ignaris rei et admirationem stupentibus plerumque
affert. In hoc rupis anfractu, media ferme montis altitudine,*

[1] Ovide, *Métam*. liv. X, v. 167.

planities exigua est, atque in ea profundum terræ foramen,
quod in oracula patet : ex quo frigidus spiritus, vi quadam ve-
lut vento in sublime expulsus, mentes vatum in vecordiam ver-
tit, impletasque deo responsa consulentibus dare cogit. Multa
igitur ibi et opulenta regum populorumque visuntur munera,
quæque magnificentia sui reddentium vota gratam volunta-
tem et deorum responsa manifestant. « Le temple d'Apol-
« lon, à Delphes, est situé sur une des cimes du mont
« Parnasse, taillée à pic de tout côté; une ville s'est for-
« mée autour de ce temple par le grand nombre de per-
« sonnes qu'attirait la majesté du lieu : aussi ce sont des
« précipices et non des murailles qui protégent le temple
« et la ville; de telle sorte qu'on ne pourrait dire ce qui
« cause le plus d'étonnement de la fortification du lieu
« ou de la majesté du dieu qui y réside. Vers le milieu
« de la montagne, la roche s'enfonce et s'arrondit en
« forme de théâtre; et là, si le cri des hommes seul ou
« joint au son des trompettes se fait entendre, les ro-
« chers le répètent et, se répondant les uns aux autres,
« augmentent pour l'oreille le son qu'ils reproduisent.
« Cet effet imprime plus de terreur encore à ceux qui,
« n'en connaissant pas la cause, admirent sans com-
« prendre. Dans cette anfractuosité, on remarque une
« petite plate-forme sur laquelle se trouve un trou très-
« profond, devenu le sanctuaire des oracles. Une exha-
« laison froide, poussée du dedans au dehors par une
« force analogue à celle du vent, met dans une sorte
« de fureur les prophétesses qui la respirent, les rem-
« plit de l'esprit du dieu, et les force de répondre au
« nom des dieux à tous ceux qui viennent les consulter.

« De là, les nombreuses et riches offrandes déposées
« dans le temple par les rois et les peuples, dont la ma-
« gnificence atteste les réponses favorables du dieu et
« la reconnaissance des suppliants [1]. »

Quoique, selon ce récit, le temple et la ville de Delphes se trouvent environnés, par le fait de leur situation, de défenses naturelles, cette situation elle-même
a dû nécessiter, dès le principe, la construction de pa-
rapets sur les bords des roches escarpées et des précipices entourant la plate-forme de Delphes; de là ces
restes nombreux de péribôles vus par les voyageurs.
M. Dodwell les décrit dans son Voyage en Grèce, et dit
y avoir observé beaucoup de ruines de même nature et
de même plan, entre autres les péribôles de deux temples, dont l'un est en construction cyclopéenne d'une
belle taille, comme plusieurs autres pans de murs fondés sur les rochers. Un autre péribole, fait en pierres
parallélipipèdes à joints inclinés, est presque contigu
au précédent et sur le même alignement. M. Dodwell
y a encore observé un grand nombre de buttes de terre
entourées de murs de différentes constructions. Il en
cite spécialement deux, voisines l'une de l'autre et ali-
gnées; la première, en construction cyclopéenne bien
taillée, et semblable à des pans de murs, sur des roches
près de la fontaine de Castalie; la seconde en pierres
taillées en parallélipipèdes réguliers. Notre voyageur
considère ces monuments comme des espèces de cha-
pelles d'un grand hiéron.

Introrsus liberum oppidum Delphi, sub monte Parnasso,

[1] Justin, *Hist.* liv. XXXIV, chap. VI.

clarissimum in terris oraculo Apollinis. « Dans l'intérieur
« de la Phocide on trouve la ville libre de Delphes, au
« pied du mont Parnasse; sa célébrité est répandue
« sur toute la terre, à cause de l'oracle d'Apollon[1]. »

Τὸ ἱερὸν τοῦ Ἀπόλλωνος καὶ Δελφοὶ πόλις. « Le temple
« d'Apollon et la ville de Delphes[2]. »

Δελφοὶ, πόλις ἐπὶ τοῦ Παρνασσοῦ, πρὸς τῇ Φωκίδι, ἔνθα
τὸ ἄδυτον ἐκ Πεντελησίων κατεσκεύασται λίθων, ἔργον Ἀγα-
μήδους καὶ Τροφωνίου. « Delphes, ville bâtie sur le mont
« Parnasse, dans la Phocide; on y voit un *adyton*, ou
« sanctuaire construit en marbre pentélique, ouvrage
« d'Agamède et de Troph'onius[3]. »

Je crois que cet ἄδυτον, ou sanctuaire, dont l'entrée
est défendue, doit être la même chose que la *cella dei*
de Mars à Tiora.

LXIII.

AUTRE MUR DU MÊME PÉRIBOLE, À DELPHES.

Exécuté, comme les quatre précédents modèles, d'après les dessins
de M. Words-Worth.

Sur ce péribole est bâtie aujourd'hui l'église dite *ai
Eliai*, à Delphes.

> *Hesperio tantum, quantum semotus Eoo*
> *Cardine Parnassus genino petit æthera colle,*
> *Mons Phœbo, Bromioque sacer, cui numine mixto*
> *Delphica Thebanæ referunt trieterica Bacchæ.*
> *Hoc solum, fluctu terras mergente, cacumen*
> *Eminuit, pontoque fuit discrimen et astris.*

[1] Pline, *Hist. nat.* liv. IV, chap. IV.
[2] Scylax, *Périple*, Phocide.
[3] Étienne de Byz. *Géogr.*

Au centre de la terre, en un lieu aussi éloigné de l'orient que de l'occident, le Parnasse élève sa double cime, montagne consacrée à Apollon et à Bacchus, sur laquelle les Bacchantes thébaines viennent à Delphes célébrer leurs sacrifices triennaux en l'honneur de ces deux dieux. Seule, quand les eaux couvraient la terre entière, cette montagne les domina de son sommet, et empêcha la mer et les astres de se confondre [1].

Λέγεται δὲ πολλὰ μὲν καὶ διάφορα ἐς αὐτοὺς τοὺς Δελφοὺς, πλείω δὲ ἔτι ἐς τοῦ Ἀπόλλωνος τὸ μαντεῖον. Φασὶ γὰρ δὴ τὰ ἀρχαιότατα Γῆς εἶναι τὸ χρηστήριον, καὶ Δάφνην ἐπ' αὐτῷ τετάχθαι πρόμαντιν ὑπὸ τῆς Γῆς· εἶναι δὲ αὐτὴν τῶν περὶ τὸ ὄρος νυμφῶν. Ἔστι δὲ ἐν Ἕλλησι ποίησις, ὄνομα μὲν τοῖς ἔπεσίν ἐστιν Εὐμολπία, Μουσαίῳ δὲ τῷ Ἀντιοφήμου προσποιοῦσι τὰ ἔπη· πεποιημένον οὖν ἐστιν ἐν τούτοις, Ποσειδῶνος ἐν κοινῷ καὶ Γῆς εἶναι τὸ μαντεῖον, καὶ τὴν μὲν χρᾶν αὐτὴν, Ποσειδῶνι δὲ ὑπηρέτην ἐς τὰ μαντεύματα εἶναι Πύρκωνα· . . . . . Χρόνῳ δὲ ὕστερον, ὅσον τῇ Γῇ μετῆν, δοθῆναι Θέμιδι ὑπ' αὐτῆς λέγουσιν, Ἀπόλλωνα δὲ παρὰ Θέμιδος λαβεῖν δωρεάν· Ποσειδῶνι δὲ ἀντὶ τοῦ μαντείου Καλαύρειαν ἀντιδοῦναί φασιν αὐτὸν τὴν πρὸ Τροιζῆνος. « Il y a plusieurs traditions très-différentes « sur la ville de Delphes, et beaucoup plus encore sur « l'oracle d'Apollon; on prétend que, très-anciennement, « Delphes était le lieu où la Terre rendait ses oracles, « et que la prophétesse Daphné, l'une des nymphes de « la montagne, fut choisie par la déesse pour y présider. « Les Grecs ont un poëme très-ancien, intitulé *Eumolpie*, « qu'ils attribuent à Musée, fils d'Antiophème. Il y est « dit que la Terre prononçait elle-même ses oracles en « ce lieu, et que Neptune y rendait les siens par le mi-

---

[1] Lucain, *Pharsale*, liv. V, v. 71.

« nistère de Pyrcon. On prétend que, dans la suite, la
« déesse donna sa portion de l'oracle à Thémis; que
« celle-ci en fit présent à Apollon, qui, pour obtenir
« la part qu'y avait Neptune, lui donna en échange Ca-
« laurie, située devant Trézène[1]. »

Πόλιν δὲ ἀρχαιοτάτην οἰκισθῆναί φασιν ἐνταῦθα ὑπὸ
Παρνασσοῦ, Κλεοδώρας δὲ εἶναι νύμφης παῖδα αὐτόν· καὶ οἱ
πατέρας, καθάπερ γε καὶ ἄλλοις τῶν καλουμένων ἡρώων, Πο-
σειδῶνά τε Θεὸν καὶ Κλεόπομπον ἄνδρα ἐπονομάζουσι, καὶ ἀπὸ
τούτου δὲ τοῦ Παρνασσοῦ τῷ τε ὄρει τὸ ὄνομα τεθῆναι λέγουσι,
καὶ Παρνασσίαν ὀνομασθῆναι νάπην· τῶν πετομένων τε ὀρνί-
θων τὴν ἀπ' αὐτῶν μαντείαν γενέσθαι Παρνασσοῦ τὸ εὕρημα·
ταύτην μὲν οὖν κατακλυσθῆναι τὴν πόλιν ὑπὸ τῶν ὄμβρων τῶν
κατὰ Δευκαλίωνα συμβάντων. Τῶν δὲ ἀνθρώπων ὅσοι διαφυ-
γεῖν τὸν χειμῶνα ἠδυνήθησαν, λύκων ὠρυγαῖς ἀπεσώθησαν ἐς
τοῦ Παρνασσοῦ τὰ ἄκρα ὑπὸ ἡγεμόσι τῆς πορείας τοῖς θη-
ρίοις· πόλιν δὲ, ἣν ἔκτισαν, ἐκάλεσαν ἐπὶ τούτῳ Λυκώρειαν.

« On dit que, dès les temps les plus reculés, Parnassus
« avait déjà bâti une ville en ce lieu. Il était fils de la
« nymphe Cléodora, et, comme tous les autres héros
« de la tradition, il passait pour avoir deux pères, l'un
« mortel, c'était Cléopompe, l'autre immortel, c'était
« Neptune. Le mont Parnasse et la forêt Parnassia pri-
« rent de lui leur nom. L'on ajoute qu'il découvrit l'art
« de connaître l'avenir par le vol des oiseaux, et que
« la ville dont il était le fondateur fut submergée dans
« le déluge qui arriva sous le règne de Deucalion. Le
« peu d'hommes qui purent se sauver, ayant gagné le
« haut du mont Parnasse avec les loups et les bêtes

---

[1] Pausanias, liv. X, chap. v.

«féroces, qui par leurs hurlements leur servaient de
«guides, y bâtirent une ville qu'ils nommèrent Ly-
coria[1].

Ἀπόλλωνος δ᾽ οὖν παῖδα καὶ Θυίας νομίζουσιν εἶναι Δελ-
φόν· οἱ δὲ μητρὸς μὲν Μελαίνης φασὶν αὐτὸν θυγατρὸς Κηφισσοῦ. Χρόνῳ δὲ ὕστερον καὶ Πυθὼ τὴν πόλιν, οὐ Δελφοὺς
μόνον ἐκάλεσαν οἱ περιοικοῦντες· καθὰ καὶ Ὁμήρῳ πεποιημένα ἐν καταλόγῳ Φωκέων ἐστίν. «Ils pensent donc que
«Delphus était fils d'Apollon et de Thyia; suivant d'au-
«tres, il avait pour mère Mélæna, fille de Céphissus.
«Dans la suite des temps, les habitants des environs
«donnèrent à la ville le nom de Pytho, outre celui de
«Delphes; et c'est ainsi qu'Homère l'appelle dans le ca-
«talogue des Phocéens[2]. »

Καταστήσασθαι δὲ συνέδριον ἐνταῦθα Ἑλλήνων, οἱ μὲν
Ἀμφικτύονα τὸν Δευκαλίωνος νομίζουσι, καὶ ἀπὸ τούτου τοῖς
συνελθοῦσιν ἐπίκλησιν Ἀμφικτύονας γενέσθαι. Ἀνδροτίων δὲ
ἐν τῇ Ἀτθίδι ἔφη συγγραφῇ, ὡς τοεξαρχῆς ἀφίκοντο ἐς Δελφοὺς παρὰ τῶν προσοικούντων συνεδρεύσοντες. «On croit
«communément que ce fut Amphictyon, fils de Deu-
«calion, qui fixa à Delphes l'assemblée générale des
«États de la Grèce, et que, de son nom, ceux qui ont
«depuis composé cette assemblée se sont appelés Am-
«phictyons. Cependant Androtion, dans son Histoire de
«l'Attique, dit que, de toute antiquité, les peuples voi-
«sins de Delphes y envoyaient leurs députés[3]. »

L'origine de la ville de Delphes se rattache, comme

[1] Pausanias, liv. X, chap. VI.
[2] Id. ibid.
[3] Id. ibid. chap. VIII.

on l'a vu, à celle de son oracle; mais l'oracle lui-même remonte à l'origine pélasgique, d'abord par les restes de constructions cyclopéennes qu'on y voit encore; ensuite par son analogie avec ceux de Dodone et de Tiora : avec cette différence, qu'ici l'avenir est prédit par le vol des oiseaux et par la vertu de l'exhalaison du soupirail; en troisième lieu, par la position de la ville et de l'oracle sur une cime de montagne; et, c'est un fait remarquable, les plus anciens monuments des Pélasges se trouvent tous sur des sommités : Ἄκρα Πελασγοί, « les Pélasges, habitant sur les cimes, » dit Théocrite[1]; et enfin parce qu'Amphictyon, fils de Deucalion, fils de Prométhée, fils de Japet, était Pélasge[2].

LXIV.

MUR DE CRISSA.

Exécuté, comme les cinq précédents modèles, d'après les dessins de M. Words-Worth.

La ville de Crissa ou de Cirrha, en Phocide, dont les ruines se voient dans la contrée aujourd'hui appelée Romélie, près de Castri (l'ancienne Delphes), est citée par Homère dans le livre second de l'Iliade[3], où elle est appelée très-sainte ou divine : Κρίσσαν τε ζαθέην. Elle est encore plusieurs fois nommée par le même poëte, dans son hymne à Apollon[4] :

Ἶξεο δ' ἐς Κρίσσην ὑπὸ Παρνησσὸν νιφόεντα,
. . . .

---

[1] Idylle xv, v. 142.
[2] Voyez, sur la filiation de ces rois, notre Tableau des synchronismes.
[3] Vers 520.
[4] Vers 105.

...... ἔνθα δ᾽ ἄναξ τεκμήρατο Φοῖβος Ἀπόλλων
Νηὸν ποιήσασθαι ἐπήρατον, εἶπέ τε μῦθον.

Et tu arrivas à Crissa, au pied du Parnasse, dont la cime est couverte de neige, ... où le roi Phœbus-Apollon a voulu qu'on lui bâtît un beau temple qui lui fût agréable, et parla ainsi.

Κρίσα, πόλις Φωκίδος. « Crisa, ville de la Phocide[1]. »

Ἐς δὲ Κίῤῥαν, τὸ ἐπίνειον Δελφῶν, ὁδὸς μὲν σταδίων ἑξήκοντά ἐστιν ἐκ Δελφῶν................ Τὸ δὲ πεδίον τὸ ἀπὸ τῆς Κίῤῥας ψιλόν ἐστιν ἅπαν, καὶ φυτεύειν δένδρα οὐκ ἐθέλουσιν, ἢ ἔκ τινος ἀρᾶς, ἢ ἀχρεῖον τὴν γῆν ἐς δένδρων τροφὴν εἰδότες. Λέγεται δὲ ἐς τὴν Κίῤῥαν,........ .... καὶ ἀπὸ τῆς Κίῤῥας τὸ ὄνομα τὸ ἐφ᾽ ἡμῶν τεθῆναι τῷ χωρίῳ φασίν. Ὅμηρος μέν τοι Κρίσσαν ἔν τε Ἰλιάδι ὁμοίως καὶ ὕμνῳ τῷ ἐς Ἀπόλλωνα ὀνόματι τῷ ἐξ ἀρχῆς καλεῖ τὴν πόλιν. Χρόνῳ δὲ ὕστερον οἱ ἐν τῇ Κίῤῥᾳ ἄλλα τε ἠσέβησαν ἐς τὸν Ἀπόλλωνα, καὶ ἀπέτεμνον τοῦ θεοῦ τῆς χώρας. Πολεμεῖν οὖν πρὸς τοὺς Κιῤῥαίους ἔδοξεν Ἀμφικτύοσιν, καὶ Κλεισθένην τε Σικυωνίων τυραννοῦντα προεστήσαντο ἡγεμόνα εἶναι, καὶ Σόλωνα ἐξ Ἀθηνῶν ἐπηγάγοντο συμβουλεύειν. Χρωμένοις δέ σφισιν ὑπὲρ νίκης ἀνεῖπεν ἡ Πυθία:

Οὐ πρὶν τῆσδε πόληος ἐρείψετε πύργον ἑλόντες,
Πρίν κεν ἐμῷ τεμένει κυανώπιδος Ἀμφιτρίτης
Κῦμα ποτικλύζῃ, κελαδοῦν ἐπὶ οἴνοπα πόντον.

Ἔπεισεν οὖν ὁ Σόλων καθιερῶσαι τῷ θεῷ τὴν Κιῤῥαίαν, ἵνα δὴ τῷ τεμένει τοῦ Ἀπόλλωνος γένηται γείτων ἡ θάλασσα, κ. τ. λ.

« Il y a soixante stades (un peu plus d'un my- « riamètre) de Delphes à Cirrha, qui est le port de

_____
[1] Étienne de Byzance, *Géogr.*

« Delphes. . . . . La plaine située aux en-
« virons de Cirrha demeure toujours inculte; on n'y
« plante aucun arbre, soit par la crainte d'encourir
« quelque malédiction, soit qu'on ait remarqué que les
« arbres ne s'y plaisaient pas. On dit au sujet de Cirrha
« . . . . et c'est de cette Cirrha que
« la ville a pris, à ce que l'on assure, le nom qu'elle
« porte maintenant. Ce qu'il y a de certain, c'est qu'Ho-
« mère, dans l'Iliade et dans son hymne à Apollon,
« l'appelle Crissa, de son ancien nom. Les habitants s'é-
« tant portés, dans la suite, à diverses impiétés envers
« Apollon et s'étant même approprié une partie de
« son domaine, les Amphictyons ordonnèrent par un
« décret de prendre les armes contre ces sacriléges.
« On confia la conduite de cette guerre à Clisthène,
« tyran de Sicyone, et l'on fit venir d'Athènes Solon,
« pour servir de conseil à ce général. L'oracle de Del-
« phes ayant été consulté sur le succès de cette guerre,
« la Pythie, au nom du dieu, répondit en ces termes:
« *Vous vous flattez de prendre Cirrha, malgré les tours et les*
« *remparts qui la défendent; mais c'est en vain, jusqu'à ce que*
« *la mer vienne baigner de ses flots mon domaine.* Alors So-
« lon [usant de sa sagesse ordinaire] persuada aux Am-
« phictyons de consacrer à Apollon toutes les terres qui
« étaient aux environs de Cirrha afin que, le domaine
« du dieu s'étendant jusqu'à la mer, l'oracle pût s'ac-
« complir. Ensuite, pour faciliter la prise de Cirrha, il
« imagina de détourner le fleuve Plistus, qui passait
« dans la ville. Mais, voyant que les assiégés conti-
« nuaient à se défendre, parce qu'ils avaient de l'eau

« de puits et de citernes qui pouvait leur suffire, il fit
« jeter dans le fleuve une grande quantité de racines
« d'ellébore, et, quand ces racines eurent communiqué
« leur vertu aux eaux, il fit reprendre au fleuve son pre-
« mier lit. Les assiégés, charmés de revoir le Plistus
« passer à l'ordinaire dans leur ville, burent avidement
« de ses eaux; ce qui leur causa une si violente diar-
« rhée, qu'ils furent bientôt obligés de quitter leurs rem-
« parts. Les Amphictyons, maîtres de la ville, châtièrent
« les habitants, et vengèrent l'injure faite à Apollon. Ce
« fut alors que Cirrha devint le port de Delphes [1]. »

Phocus, fils d'Ornytion, de qui les Phocéens tirent
leur origine, avait eu deux fils d'Antiope, fille de Nyc-
tée, Panopeus et Crissus; ce dernier fonda la ville de
Crissa, selon Hécatée.

Cette ville a été décrite par la plupart des voyageurs
modernes que nous avons cités; elle est à une demi-
heure de Delphes, en allant vers la mer, dont elle est
éloignée de trois quarts d'heure. L'enceinte en est formée de pierres calcaires, non taillées, et très-grandes.
Elle est située sur une hauteur fort escarpée.

LXV.

MUR DE CALYDON, EN ÉTOLIE.

Exécuté d'après les dessins de Cyriaque d'Ancône.

Calydon ou Méléagria, ville de l'Étolie; aujourd'hui
Gouria, en Livadie.

« Le chef des Étoliens était Thoas, fils d'Andrémon;

---

[1] Pausanias, liv. X, chap. XXXVII.

« il avait sous ses ordres ceux qui habitaient Pleuron,
« Olène, Pylène, Chalcis la maritime et Calydon la
« pierreuse, Καλυδῶνά τε πετρήεσσαν[1]. »

Invidisse deos patriis ut redditus oris
Conjugium optatum et pulchram Calydona viderem.

Et moi qui n'aspirais qu'à revoir mes foyers paternels, mon
épouse chérie et la superbe Calydon, les dieux jaloux m'ont envié
ce bonheur[2].

Hujus opem Calydon, quamvis Meleagron haberet,
Sollicita supplex petiit prece. Causa petendi
Sus erat, infestæ famulus vindexque Dianæ.

Calydon désolée, quoiqu'elle possédât Méléagre, implorait cependant et sollicitait son aide ; ce qui l'y forçait était la présence
d'un sanglier, que Diane offensée avait chargé de sa vengeance[3].

Καλυδὼν, Αἰτωλίας πόλις, ἀπὸ Καλυδῶνος τοῦ Ἐνδυμίωνος
ἢ τοῦ Αἰτωλοῦ. « Calydon, ville de l'Étolie, fut ainsi nom-
« mée de Calydon, fils d'Endymion ou d'Étole[4]. »

Cyriaque d'Ancône[5] accompagne le dessin du mur
de Calydon de l'explication suivante :

Ad VI. id. februarii, in Ætolia vidi urbem ingentem, Caly-
dona, quam hodie vulgus Arton vocat, sitam secus mare, ad
III milliaria in Corinthio sinu, procul Naupactum ad milliaria
XXV positam in alto monte, habentem in summitate turritam
arcem, ingentes portas, mœnia circum magnis edita lapidi-
bus, et magnas per urbem hinc inde elapsas, et semidirutas
domos, quas inter basilicam nobilissimam vidi magnis lapidi-

---

[1] Homère, *Iliade*, liv. II, v. 640.
[2] Virgile, *Énéide*, liv. XI, v. 269.
[3] Ovide, *Métam.* liv. VIII, v. 270.
[4] Étienne de Byz. *Géogr.*
[5] *Inscriptions*, p. 6.

bus editam, cum circulari ædificio diversis ornato figuris. Continet spatio civitas omnis circiter milliaria XII. « Le six des
« ides de février, j'ai vu en Étolie la grande ville de Ca-
« lydon qu'on nomme aujourd'hui Arton, à trois milles
« (près de cinq kilomètres) du golfe Corinthien, et à
« vingt-cinq milles (environ trois myriamètres et demi)
« de Naupacte. Elle est située sur une montagne et
« dominée par une citadelle garnie de tours et de
« grandes portes. Les murs élevés qui l'entourent sont
« construits en grosses pierres, dont une partie s'est
« écroulée dans la ville ; les maisons en sont à moitié
« ruinées ; j'ai vu au centre de la ville une basilique
« très-remarquable, construite en grandes pierres, avec
« un édifice de forme circulaire, et orné de diverses
« figures. L'enceinte de cette ville est d'environ douze
« milles (près de deux myriamètres). »

Calydon a été décrite par M. Pouqueville[1] et citée
par M. Leake. Son acropole est en construction cyclopéenne. Ses remparts présentent, dans quelques parties de leur construction, une anomalie que je crois
caractériser suffisamment par l'épithète de *hamatæ* (en
agrafe). M. Houel, auteur d'un Voyage en Sicile, m'a
dit en avoir observé une semblable près de Salerne,
à Spacca-Forno. Je n'en connais pas d'autre exemple.
C'est une modification de la construction hellénique.
La fondation de Calydon remonte environ vers l'an
1380 avant l'ère vulgaire[2].

[1] Tom. III, p. 209.
[2] Voir notre Tableau des synchronismes.

LXVI.

MUR D'HALYZEA, EN ACARNANIE.

Exécuté, comme le précédent modèle, d'après les dessins de Cyriaque
d'Ancône.

Halyzea, ville de l'Acarnanie; aujourd'hui en ruines
au lieu dit *Natalico*, en Livadie.

Deinde Acarnanum urbes Alyzea, Stratos, Argos Amphi-
lochicum cognominatum. « Viennent ensuite les villes des
« Acarnaniens, Halyzea, Stratos et Argos surnommée
« Amphilochicum [1]. »

Cette ville est citée par Thucydide[2], par Strabon[3],
par Étienne de Byzance, qui dit qu'elle tire son nom
d'Halyzus, fils d'Icare, et enfin par Scylax. C'est, selon
ce dernier auteur, la première ville que l'on rencontre
sur le continent en venant de Céphallénie.

Le nom d'Halyzea se trouve aussi écrit Halizia, Alyzia, Azylea. Si l'origine donnée par Étienne de Byzance
est exacte, ce qui est probable, elle daterait du XIIIe
siècle avant l'ère vulgaire[4].

Tullius Tironi S. P. D. — *Non queo ad te nec lu-*
bet scribere quo animo sim affectus : tantum scribo, et tibi
et mihi maximæ voluptati fore, si te firmum quam primum
videro. Tertio die abs te ad Alyziam accesseramus. Is locus
est citra Leucadem stadia CXX. Leucade aut te ipsum, aut
tuas litteras a Marione putabam me accepturum. Quantum me
diligis, tantum fac ut voleas, vel quantum te a me scis diligi.

---

[1] Pline, *Hist. nat.* liv. IV, chap. II.

[2] Liv. VII.

[3] Liv. X.

[4] Voyez la date approximative d'Icare dans notre Tableau.

Nonis novembr. Alyzia. « Tullius à Tiron, salut. — Je
« ne puis ni ne veux t'écrire tout ce que j'éprouve : qu'il
« te suffise de savoir que ce serait une très-grande jouis-
« sance pour toi et pour moi, si je te voyais bientôt
« rétabli. Trois jours après t'avoir quitté, nous arri-
« vâmes à Alyzia. Ce lieu est à cent vingt stades (près
« de deux myriamètres et demi) en deçà de Leucade.
« J'espérais te trouver dans cette dernière ville, ou au
« moins y recevoir tes lettres, que Marion devait m'ap-
« porter. Autant que tu m'aimes, ou autant que tu sais
« que je t'aime, prends soin de ta santé. D'Alyzia, aux
« nones de novembre[1]. »

Tull. et Cicero Tironi süo, et Q. pater et Q.
filius. S. D. — *Nos apud Alyziam, ex quo loco tibi litteras
ante dederamus, unum diem commorati sumus, quod Quintus
nos consecutus non erat. Is dies fuit nonæ novembris. Inde
ante lucem proficiscentes, ante diem VIII idus novembris has
litteras dedimus. Tu, si nos omnes amas, et præcipue me,
magistrum tuum, confirma te. Ego valde suspenso animo ex-
pecto, primum te scilicet, deinde Marionem cum tuis litteris.
Omnes cupimus, ego in primis, quam primum te videre, sed,
mi Tiro, valentem. Quare nihil properaris : satis quotidie videro, si valebis. Utilitatibus tuis possum carere : te valere, tua
causa primum volo, tum mea, mi Tiro. Vale.* « M. T. Ci-
« céron le père, Cicéron le fils, Quintus le père, et
« Quintus son fils, à leur ami Tiron, salut. — Nous
« nous sommes arrêtés un jour à Alyzia, d'où nous t'a-
« vons écrit la dernière fois, époque à laquelle Quintus
« ne nous avait pas encore rejoints. C'était le jour des

----

[1] Cicéron, *Lettres à ses amis*, liv. XVI, lett. 2.

« nones de novembre. Nous en sommes partis le lende-
« main avant le jour, et nous t'écrivons le huitième
« jour avant les ides du même mois. Si tu nous aimes, et
« moi surtout qui suis ton maître, rétablis-toi. J'attends
« avec beaucoup d'anxiété, d'abord ton arrivée, puis Ma-
« rion que tu auras chargé de lettres. Nous désirons tous,
« et moi le premier, de te voir, mais, cher Tiron, bien
« portant. Ne te hâte donc pas trop, j'aurai assez le
« temps de te voir si tu te portes bien. Je puis me pas-
« ser de tes services, et je souhaite de te voir en bonne
« santé, cher Tiron, d'abord pour toi, ensuite pour moi.
« Adieu [1]. »

Ces deux lettres du prince de l'éloquence latine,
dont l'une est datée d'Halyzea, et l'autre à très-peu de
distance de là, puisqu'elles sont toutes deux du même
jour, sont les seuls monuments, écrits en cette ville,
parvenus jusqu'à nous; je crois donc les avoir avec raison rapprochés du modèle du mur d'Halyzea.

Cyriaque d'Ancône, de l'ouvrage duquel j'ai tiré le
dessin de ce modèle, l'accompagne du texte suivant [2]:

*Ad VII idus februarii, vidimus in Epiro, prope Acheloi
fluminis ostia, civitatem magnam et vetustissimam, Azyleam,
quam incolæ Trigardon vocant, mœnibus undique, lapidibus
magnis, atque mirabili architectura munitam. Habet duas
arces turritas in angulis, et in medio civitatis theatrum XXX
gradibus altitudinis, portum ad meridiem in conspectu Itaci
insulæ, et antra in urbe duo, profundis et altissimis ex inte-
gro saxo rupis munita, et elaborata manu mira arte.* «Le

---

[1] Cicéron, *Lettres à ses amis*, liv. XVI, lett. 3.
[2] *Inscriptions*. p. 5.

« sept des ides de février, nous vîmes, en Épire, près
« des bouches de l'Achéloüs, la grande et très-ancienne
« ville d'Azylea, que ses habitants nomment à présent
« *Trigardon;* elle est fortifiée de toutes parts de murs
« construits en grandes pierres et d'une admirable struc-
« ture. Elle a deux citadelles garnies de tours aux an-
« gles; au milieu se trouve un théâtre ayant trente de-
« grés en hauteur; au midi, elle a un port vis-à-vis de
« l'île d'Ithaque. On voit dans cette ville deux cavernes
« d'une grande profondeur, garnies de roches énormes
« et travaillées avec un art extraordinaire. »

Cette ville occupait le lieu où se trouve aujourd'hui
le port de Candili. M. Pouqueville en parle [1]. L'acropole
est en construction cyclopéenne, et l'enceinte de la ville
en construction hellénique.

LXVII.

MUR HELLÉNIQUE D'ARGOS-AMPHILOCHICUM.

Exécuté, comme les deux précédents modèles, d'après les dessins
de Cyriaque d'Ancône.

Argos-Amphilochicum, ville de l'Épire; aujourd'hui
Filoquia, en Albanie.

Elle est citée par Pline, ainsi qu'on l'a vu dans l'article précédent. Étienne de Byzance [2] en parle dans les
termes suivants : Ἀμφίλοχοι, πόλις Ἀκαρνανίας, οἱ καὶ
Ἀμφιλοχικὸν-Ἄργος κληθέντες ἀπὸ Ἀμφιλόχου τοῦ Ἀμφια-
ράου· καὶ Ἀμφιλοχία ἡ χώρα, οἱ πολῖται Ἀμφίλοχοι, ἐκ τοῦ
Ἀμφιλοχικοῦ-Ἄργους. « Les Amphiloques, peuples de

---

[1] Tom. III, chap. LXXXII de son Voyage.
[2] *Géogr.*

« l'Acarnanie, appellent leur ville Argos-Amphilochi-
« cum, d'Amphilochus, fils d'Amphiaraüs; le pays se
« nomme Amphilochie, les habitants Amphiloques,
« d'Argos-Amphilochicum. »

Pomponius Mela[1] cite cette ville sous la dénomination de *Argia-Amphilochii.*

Μετὰ δὲ Ἀμβρακίαν Ἀκαρνανία ἔντος ἐστὶ· καὶ πρώτη
πόλις αὐτόθι Ἄργος τὸ Ἀμφιλοχικόν. « Après Ambracie
« vient le pays de l'Acarnanie; la première ville que l'on
« y rencontre est Argos-Amphilochicum[2]. »

Ἄργος τὸ Ἀμφιλοχικὸν καὶ Ἀμφιλοχίαν τὴν ἄλλην ἔκτισε
μετὰ τὰ Τρωϊκὰ οἴκαδε ἀναχωρήσας, καὶ οὐκ ἀρεσκόμενος τῇ
ἐν Ἄργει καταστάσει Ἀμφίλοχος ὁ Ἀμφιάρεω, ἐν τῷ Ἀμπρα-
κικῷ κόλπῳ, ὁμώνυμον τῇ ἑαυτοῦ πατρίδι Ἄργος ὀνομάσας·
καὶ ἦν ἡ πόλις αὕτη μεγίστη τῆς Ἀμφιλοχίας, καὶ τοὺς δυ-
νατωτάτους εἶχεν οἰκήτορας. « Argos-Amphilochicum et le
« reste de l'Amphilochie doivent leur fondation à Am-
« philochus, fils d'Amphiaraüs, qui, après la guerre de
« Troie, étant rentré à Argos, sa patrie, et y trouvant
« un état de choses qui lui déplaisait, alla établir, près
« du golfe d'Ambracie, une nouvelle ville qu'il appela
« Argos, du nom de sa patrie. Cette ville était la plus
« considérable de toutes celles qui existaient dans l'Am-
« philochie, et elle était peuplée d'habitants remar-
« quables par leur valeur[3]. »

*Amphilochus et Mopsus Argivorum reges fuerunt, sed
iidem augures : iique urbes in ora maritima Ciliciæ græcas*

---

[1] *Cosmogr.* liv. II, chap. III.

[2] Scylax, *Périple.* Acarnanie.

[3] Thucydide, *Hist.* liv. II, chap. LXVIII.

condiderunt. Atque etiam ante hos Amphiaraus et Tiresias, non humiles et obscuri. . . . . sed clari et præstantes viri, qui avibus et signis admonita futura dicebant. « Am- « philochus et Mopsus furent rois des Argiens, et en « même temps augures; ils fondèrent des villes grecques « sur les bords maritimes de la Cilicie; bien avant eux, « Amphiaraüs et Tirésias, qui n'étaient point des « hommes ordinaires et obscurs, ... mais au con- « traire très-célèbres et très-distingués, prédisaient l'a- « venir d'après les signes et le vol des oiseaux[1]. »

Éphore, cité par Strabon[2], dit que cette ville dut sa fondation à Alcméon, également fils du devin Amphia- raüs; et il est à peu près d'accord, en cela, avec les au- teurs précédemment cités; mais cette fondation, attri- buée aux fils d'Amphiaraüs, ne peut avoir rapport qu'à la construction hellénique surmontant des murs plus anciens. Du reste, Plutarque semble nous révéler la haute antiquité de ceux-ci dans son Traité des questions grecques, en parlant des Inachiens établis sur les bords de l'Inachus d'Acarnanie. Le nom de ce fleuve montre assez l'ancienneté du nom d'Argos et de la première fondation des murs; la seconde date d'une époque voi- sine de la guerre de Troie, ou du moins peu posté- rieure à cet événement.

Cyriaque d'Ancône[3] accompagne le dessin du mur d'Argos-Amphilochicum de l'explication suivante:

Ad d. III. kal. februarii, venimus Argos-Amphilochicum

---

[1] Cicéron, *de la Divination*, liv. I, chap. xl.
[2] *Géogr.* liv. VII, pag. 325.
[3] *Inscriptions*, p. 5.

in finibus Epiri juxta Acheloum flamen; quam incolæ Gero-viliam vocant; quæ magna civitas habet ingentes muros in circuitu quadrangulari ad VIII milliaria spatio. Et per medium civitatis murum habens tres æquales distantia portas. In parte meridionali civitatis mœnia parvas habent XIV portas, magnas autem binas in angulo ad partem occidentalem, columnas confractas innumeras habens pedes VI diametri; idque vocant incolæ Pyrgon Achilleos. *Est sita ad ostia fluminis Acheloi circa milliaria LX.* « Le trois des calendes « de février, nous vînmes à Argos-Amphilochicum, sur « les confins de l'Épire, près du fleuve Achéloüs, que « les peuples voisins nomment *Gerovilia.* Cette ville est « vaste; elle a de grandes murailles formant un espace « carré de sept milles (près d'un myriamètre) d'étendue. « Le mur qui traverse la ville est percé de trois portes « distantes également l'une de l'autre. Du côté du midi, « le mur a quatorze petites portes, et deux grandes dans « la partie occidentale. On y voit, en grand nombre, des « troncs de colonnes de six pieds (un mètre quatre-vingt- « quinze centimètres) de diamètre. On l'appelle dans le « pays *Pyrgon Achilleos* (tour d'Achille). Elle est éloignée « d'environ soixante milles (près de neuf myriamètres) « de l'Achéloüs. » Ce voyageur ajoute que les pierres du mur représenté par son dessin ont de quatre à six mètres de longueur, sur près de deux mètres de hauteur.

M. Pouqueville[1] décrit les restes de cette ville. Selon ses observations, elle est en Épire, dans le canton d'Arta; la construction de ses murs est cyclopéenne,

---

[1] Tom. III, p. 36 de son Voyage.

19

surmontée de restaurations helléniques. Les ruines re
posent sur un terrain d'alluvion. Elle est maintenant
submergée : on pêche dans son enceinte et l'on clayonne
les brèches de ses murs pour en faire des viviers.

LXVIII.

MUR D'AMBRACIA.

Exécuté d'après les dessins de M. Words-Worth.

L'ancienne ville d'Ambracia, située en Épire, porte
aujourd'hui le nom de *Rogous*, en Albanie. Citons les
textes qui la rappellent.

Ἀμβρακία, πόλις Θεσπρωτίας, ἀπὸ Ἀμβραχος τοῦ παιδὸς
Θεσπρωτοῦ τοῦ Λαοχόωντος· ἢ ἀπὸ Ἀμβραχίας τῆς Αἰγέου
θυγατρός. « Ambracie, ville de Thesprotie, ainsi nom-
« mée d'Ambrax, fils de Thesprote, fils de Laocoon, ou
« d'Ambracie, fils d'Égée [1]. »

> Μετὰ τοὺς Μολοττοὺς δ' Ἀμβρακία Κορινθίων
> Ἄποικός ἐστιν· ᾤκισεν δὲ ὁ Κυψέλου
> Αὐτὴν πρότερον παῖς Γόργος.

Après les Molosses vient Ambracie, colonie des Corinthiens;
Gorgos, fils de Cypselus, la fonda [2].

Ὑπέρκειται δὲ Ἀμβρακία τοῦ μυχοῦ μικρὸν, Τόλγου τοῦ
Κυψέλου κτίσμα· παραρρεῖ δ' αὐτὴν ὁ Ἄραχθος ποταμός.
« Ambracie est située à peu de distance du golfe; elle
« fut fondée par Tolgus, fils de Cypselus; le fleuve
« Arachte l'arrose [3]. »

---

[1] Étienne de Byzance, *Géogr.*
[2] Scymnus, *Description du monde*, v. 453.
[3] Strabon, *Géogr.* liv. VII, p. 325.

Τῆς Ἑλλάδος ἐστὶν Ἀμβρακία πρώτη πόλις.

Ambracie est la première ville des Hellènes[1].

Tum timore perterritus Cassius, cognito Scipionis adventu,
visisque equitibus quos Scipionis esse arbitrabatur, ad montes
se convertit qui Thessaliam cingunt; atque ex his locis Am-
braciam versus iter facere cœpit. « Cassius, saisi d'ef-
« froi, en apprenant l'arrivée de Scipion, et en voyant
« la cavalerie qu'il croyait être celle de ce général,
« tourna ses pas vers les montagnes qui bordent la
« Thessalie, et de là il se dirigea sur Ambracie[2]. »

BRUTUS CICERONI S. — *Filius tuus a me abest. In Ma-*
cedonia congrediemur. Jussus est enim Ambraciam ducere
equites per Thessaliam. « Brutus à Cicéron, salut. — Ton
« fils m'a quitté; mais nous nous retrouverons dans la
« Macédoine, il a été chargé de conduire un corps de
« cavalerie à Ambracie en traversant la Thessalie[3]. »

> . . . . *regnum fallacis Ulixei,*
> *Præter erant vecti; certatam lite deorum*
> *Ambraciam, versique vident sub imagine saxum*
> *Judicis, Actiaco quæ nunc ab Apolline nota est.*

Après avoir passé devant le royaume du trompeur Ulysse, ils
arrivèrent à Ambracia, que les dieux se disputèrent autrefois; ils
y voient l'image en pierre du juge Ambrax, qui partage aujour-
d'hui la gloire de l'Apollon d'Actium[4].

Suivant Strabon[5] cette ville jouissait très-anciennement d'une grande splendeur, elle donna son nom au

---

[1] Dicéarque, *Descript. de la Grèce*, v. 24.
[2] César, *Guerre civile*, liv. III, chap. XXXVI.
[3] Cicéron, *Lettres à Brutus*, lett. 6.
[4] Ovide, *Métam.* liv. XIII, v. 713.
[5] *Géogr.* liv. VII, p. 325.

golfe près duquel elle est située; Pyrrhus, dans la suite, l'embellit beaucoup. Elle perdit tout son éclat durant les guerres des Macédoniens et des Romains.

Ainsi que le prouvent les passages cités ci-dessus, l'une des fondations d'Ambracie est attribuée à Tolgus, fils de Cypselus; une autre remonte à Ambrax, fils de Thesprotus. Antonius Liberalis[1] dit qu'avant les Corinthiens envoyés à Ambracia par Cypselus, il s'y était établi une colonie d'Éoliens de Corinthe. Τόλγον δὲ τὸν ἀδελφὸν Κυψέλου κατὰ τοὺς αὐτοῦ χρησμοὺς λαὸν ἔποικον ἀγαγεῖν εἰς Ἀμϐρακίαν ἐκ Κορίνθου.

C'est pour cela, sans doute, que Pausanias dit[2] qu'Ambracia était une colonie de Corinthe. Ambrax était fils de Thesprotus, fils de Lycaon, ce qui indique l'an 1742 avant l'ère vulgaire pour époque de la fondation et de la construction la plus ancienne. La seconde fondation et les ouvrages réguliers peuvent dater de la migration éolienne, 1214 ans avant la même ère; ou, si l'on doit l'attribuer à Tolgus, fils de Cypselus, elle datera de l'an 630. On dit qu'après la bataille d'Actium Auguste transporta les habitants d'Ambracie à Actium, qu'il appela Nicopolis; c'est probablement à cette circonstance que se rapportent le passage cité d'Ovide et celui-ci de Pline : *Et in ore ipso colonia Augusti Actium, cum templo Apollonis nobili, ac civitate libera Nicopolitana.* «Et à l'entrée même «est la colonie d'Auguste à Actium, avec un célèbre «temple d'Apollon, et la ville libre de Nicopolis[3]. »

[1] *Métamorphoses*, chap. IV.

[2] Liv. V, chap. XXIII.

[3] Pline, *Hist. nat.* liv. IV, chap. II.

Les voyageurs ont découvert des constructions cyclopéennes, helléniques et romaines dans les créneaux d'Ambracia. On y voit un chemin couvert, qui, comme en beaucoup d'autres lieux de ce genre, conduit de la ville basse à l'acropole.

LXIX.

MUR DE PASSARON.

Exécuté, comme le précédent modèle, d'après les dessins de M. Words-Worth.

Passaron ou Passaro, ville des Molosses, en Épire; aujourd'hui ruines à *Dremisous* ou *Dremichous*, en Albanie.

Hic præsidio imposito, in Molossidem transgressus, cujus oppidis, præter Passaronem et . . . . receptis, primum ad Passaronem ducit. « Après avoir mis garnison « en ce lieu, il passa dans le pays des Molosses, et « quand il se fut rendu maître de toutes leurs villes, à « l'exception de Passaron [et de quelques autres] il con- « duisit son armée sous les murs de Passaron[1]. »

Εἰώθεισαν οἱ βασιλεῖς, ἐν Πασσαρῶνι χωρίῳ τῆς Μολοττίδος, Ἀρείῳ Διὶ θύσαντες ὀρκωμοτεῖν τοῖς Ἠπειρώταις καὶ ὁρκίζειν, αὐτοὶ μὲν ἄρξειν κατὰ τοὺς νόμους, ἐκείνους δὲ τὴν βασιλείαν διαφυλάξειν κατὰ τοὺς νόμους. « Les rois avaient « coutume de promettre, par serment, aux Épirotes, « durant un sacrifice qui se faisait à Passaron, ville des « Molosses, en l'honneur de Jupiter Martial, de gouver- « ner eux-mêmes selon les lois, et de leur faire jurer,

---

[1] Tite-Live, *Hist.* liv. XLV, chap. XXVI.

« à leur tour, de protéger le gouvernement royal selon
« les lois[1]. »

Ce temple de Jupiter Martial, où les chefs de la nation venaient sacrifier, était voisin de celui de Dodone,
lequel se trouvait aussi dans le pays des Molosses.

*Molossi apud quos Dodonæi Jovis templum, oraculo il-
lustre.* « Les Molosses, chez lesquels est le temple de
« Jupiter Dodonéen célèbre par son oracle[2].

Plutarque, dans la vie de Pyrrhus, rapporte encore
deux traditions sur l'origine des Molosses. Selon la première, les habitants de ce pays doivent leur premier
établissement à Phaéthon, l'un des compagnons de Pé-
lasgus, qui amena une colonie en Épire; selon la seconde, Deucalion et Pyrrha, après avoir bâti le temple
de Dodone, avaient donné naissance au peuple des
Molosses. Après la guerre de Troie, Néoptolème ou
Pyrrhus, fils d'Achille, y avait amené une nouvelle colonie et était devenu la tige de ses rois. Strabon[3] et
Justin[4] rapportent la même tradition sur Pyrrhus; ils
ajoutent, en outre, que le nom de ce peuple lui vient
de Molossus, fils de Pyrrhus et d'Andromaque, veuve
d'Hector.

« Si l'on prend une autre route, à partir du torrent
« de Cosméras, après avoir suivi un sentier tracé en
« spirale à l'ouest-sud-ouest sur le flanc des monta-
« gnes, on arrive, au bout de trois quarts d'heure, à la

[1] Plutarque, *Pyrrhus.*
[2] Pline, *Hist. nat.* liv. IV, chap. I.
[3] *Géogr.* liv. VII, p. 326.
[4] *Hist.* liv. XVII, chap. III.

«chapelle de Saint-Théodore, bâtie au milieu d'une
«futaie de chênes et de poiriers sauvages. De ce point
«de vue, où l'on jouit d'une fraîcheur délicieuse du-
«rant l'été, en descendant pendant deux milles (un ki-
«lomètre et demi environ), on arrive aux ruines de
«Passaron, que les modernes appellent *Palæo-Castron*,
«ou vieux château de Drémichous.

«Les Molosses furent une des quatorze nations de
«l'Épire; ils avaient, dès l'origine de leur établissement
«dans cette partie du continent, reconnu pour roi Mo-
«lossus, issu de Pyrrhus, fils d'Achille, qu'on peut, je
«pense, regarder comme le fondateur de Passaron.

«Là se trouvaient un vaste théâtre, des temples,
«une acropole consacrée à Pallas, des aqueducs, une
«agora et des portiques ornés de statues.

«Les ruines de Passaron, qui s'était relevée, si l'on
«en juge par des restaurations postérieures aux Hel-
«lènes, attestent, malgré leur délabrement actuel, sa
«grandeur et son importance primitives. On y recon-
«naît encore l'enceinte bastionnée d'une citadelle, dans
«les proportions de toutes les acropoles connues de
«l'ancienne Grèce; on y voit aussi des restes d'édifices
«et des tombeaux.

«Au midi du théâtre et de l'acropole, je traversai la
«ville basse de Passaron, qui était environnée d'un
«rempart défendu par un double fossé[1]. »

Cette ville a été citée aussi par M. Leake.

---

[1] Pouqueville, *Voyage en Grèce*, tom. I, p. 408.

LXX.

MUR DE L'ACROPOLE DE PHARSALE.

Exécuté, comme les deux précédents modèles, d'après les dessins
de M. Words-Worth.

Pharsale, ville de la Thessalie, aujourd'hui *Satadje*,
en Livadie.

Φάρσαλος, πόλις Θεσσαλίας, ἀπὸ Φαρσάλου τοῦ Ἀκρι-
σίου. « Pharsale, ville de la Thessalie, est ainsi nommée
« de Pharsalus, fils d'Acrisius [1]. »

L'époque de la fondation de Pharsale se rapporte à
l'an 1420 [2].

*Quid vero ille consularis vir ac pene divinus de me sen-
serit, sciunt qui eum de Pharsalia fuga Paphum prosecuti
sunt.* « Ce que pensait de moi cet homme consulaire et
« presque divin, ils le savent ceux qui, après la défaite
« de Pharsale, l'accompagnèrent à Paphos [3]. »

Non istas habuit pugnæ Pharsalia partes,
Quas aliæ clades : illic per fata virorum,
Per populos hic Roma perit : quod militis illic,
Mors hic gentis erat. . . . .

Il n'en fut pas de la défaite de Pharsale comme des autres; dans
celles-ci les pertes de Rome se comptaient par les hommes, mais
dans celle-là c'était par les peuples; là le soldat seul mourait,
ici c'était la nation [4].

Pharsale est appelée quelquefois par les auteurs mo-

---

[1] Étienne de Byzance, *Géogr.*
[2] Voir notre Tableau.
[3] Cicéron, deuxième *Philippique*, chap. xv.
[4] Lucain, *Pharsale*, liv. VII, v. 632.

dernes *Palæa Pharsalæ*, sans doute à cause de sa proximité de la Pharsale moins ancienne dont parle Strabon[1], lequel distingue deux Pharsales dans la même région de Thessalie. En se tenant libre de tout système,
on hésiterait à prononcer laquelle des deux Pharsales
fut la première; mais une observation, faite sur les lieux
par M. Pouqueville, décide la question. Les villes les
moins anciennes sont nécessairement celles qui sont situées en plaine, et celles-ci sont toutes construites en
pierres parallélipipèdes; au contraire, celles qui, comme
la Pharsale antique, se trouvent fondées sur le haut des
monts, sont en construction cyclopéenne. M. Bartholdi
a aussi observé cette ville. « On y voit, dit-il, des tours
« et des pans de murailles fort épaisses, la porte d'en-
« trée, plusieurs citernes, l'emplacement des bâtiments
« de la garnison; les murailles en sont doubles[2]. »

« Nous étions à une lieue et demie de Pharsale, ap-
« pelée par les Turcs *Satadjé;* et, comme cette ville était
« alors en proie à la peste, nous jugeâmes convenable
« de ne pas en approcher. Je renonçai donc à voir cette
« place, ainsi que la vieille Pharsale elle-même, dont
« les murs sont l'ouvrage des Pélasges, peuple primitif
« de cette terre désolée maintenant (en 1805) par la
« guerre et les épidémies[3]. »

[1] *Géogr.* liv. IX, p. 430.
[2] *Voyage en Grèce*, tom. I, p. 8.
[3] Pouqueville, *Voyage en Grèce*, tom. III, p. 74.

ARCHIPEL GREC.

———

LXXI.

MUR DE PALATIA.

Exécuté, comme les trois précédents modèles, d'après les dessins
de M. Words-Worth.

Palatia, ville de l'île de Céphalonie, aujourd'hui en
ruines dans l'île de *Cefalonia*, l'une des îles Ioniennes;
parmi ces ruines, on voit le mur d'une maison de construction pélasgique.

Κέφαλον γὰρ τὸν Δητονος συνεξελόντα λέγουσιν Ἀμφι-
τρύωνι Τηλεβόας, τὴν νῆσον οἰκῆσαι πρῶτον, ἥ νῦν ἀπ' ἐκείνου Κεφαλληνία καλεῖται. « On raconte que Céphale, fils
« de Déionée, ayant secondé Amphitryon dans son ex-
« pédition contre les insulaires habitant Téléboa, fixa le
« premier sa demeure en cette île, qui, de son nom,
« fut dès lors appelée Céphallénie [1]. »

Téléboa, premier nom de cette île, ne peut lui être
venu que de Téléboas, un des fils de Lycaon; il repor-
terait l'origine des premières constructions peu après
l'époque de Lycaon, fixée, dans notre Tableau, à l'an
1830 avant l'ère vulgaire; sa seconde dénomination de
Céphallénie, selon le texte de Pausanias, lui viendrait
de Céphale, et placerait la seconde époque de ces constructions vers 1330 avant la même ère.

Αὐτὰρ Ὀδυσσεὺς ἧγε Κεφαλλῆνας μεγαθύμους.

Puis Ulysse conduisait les vaillants Céphalléniens [2].

———

[1] Pausanias, liv. I, chap. xxxvii.
[2] Homère, *Iliade,* liv. II, v. 631.

L'île de Céphallénie s'est aussi appelée anciennement Samos, selon Strabon, Tite-Live et Eustathe; elle est située dans la mer Ionienne, et voisine de Zacinthe. Elle fut, comme l'île de Samos de la mer Égée, appelée Samothrace. Les Pélasges avaient colonisé ces îles, et leur principale divinité était Junon.

Τὴν γὰρ Σαμοθρηΐκην οἴκεον πρότερον Πελασγοί. « Car « ce furent les Pélasges qui peuplèrent primitivement « la Samothrace [1]. »

Καὶ Σάμος ἱμερόεσσα Πελασγῖδος ἕδρανον Ἥρης.

Et la délicieuse Samos, la demeure de Junon Pélasgique [2].

MM. Dodwell et Christian Müller ont décrit, dans leurs Voyages, les constructions antiques de cette île.

LXXII.

PORTE DE L'ACROPOLE DE PRONOE.

Exécuté, comme les quatre précédents modèles, d'après les dessins de M. Words-Worth.

Pronoe, Proni ou Pronos, ville de l'île de Céphalonie; aujourd'hui en ruines dans l'île de *Cefalonia.*

Κεῖται δὲ ἡ Κεφαλληνία κατὰ Ἀκαρνανίαν καὶ Λευκάδα· τετράπολις οὖσα, Παλλῆς, Κράνιοι, Σαμαῖοι, Προναῖοι. « L'île de Céphallénie est située du côté de l'Acarnanie « et de Leucade; elle renferme quatre villes, Pallès, « Cranii, Samæi et Pronæi [3]. »

Ἀναχθεὶς ἐκ τῶν Πατρῶν κατὰ τὴν σύνταξιν ἔπλει, καὶ

---

[1] Hérodote, *Hist.* liv. II, § 51.

[2] Denys le voyageur, *Description du monde*, v. 524.

[3] Thucydide, *Hist.* liv. II, chap. XXX.

προσέσχε τῆς Κεφαλληνίας κατὰ Πρόνους. Ὁρῶν δὲ τό τε πολισμάτιον τοὺς Πρόνους δυσπολιόρκητον ὂν, καὶ τὴν χώ- ραν στενὴν, παρέπλει τῷ στόλῳ, καὶ καθωρμίσθη πρὸς τὴν τῶν Παλαιέων πόλιν. « Parti de Patras au jour fixé, il « vint aborder à Céphallénie, auprès de Pronoe; mais « s'apercevant que cette petite ville était presque im- « prenable, et que d'ailleurs le pays était fort resserré, il « reprit la mer et débarqua près de la ville des Pa- « léens [1]. »

Strabon et Thucydide s'accordent à dire que Cépha- lonie possédait quatre villes très-anciennes; mais Stra- bon n'en nomme que trois: Samos, déjà ruinée de son temps et dont il ne voyait plus que des vestiges, Pro- noe aussi appelée Pronos, et Cranios.

Pronoe, fille de Phorbas roi d'Argos, et mère de Calydon, fonda, selon toute apparence, cette ville, et lui donna son nom. Phorbas se trouve dans notre Ta- bleau, à l'an 1670 avant l'ère vulgaire.

ILE DE MALTE.

LXXIII.

MUR DE MÉLITA, ÎLE DE MALTE.

Exécuté d'après les dessins de M. Grongnet.

La ville de Mélita, aujourd'hui *La Valette*, occupe le centre de l'île de Malte, dont elle est la capitale.

Mur de construction pélasgique, formant la façade

[1] Polybe, *Hist.* liv. V.

de la plus élevée des deux enceintes en pierres sèches
et de moindre grandeur qui s'y rattachent. Ce mur, situé au milieu de l'île de Malte, à environ un kilomètre
et demi nord-est de Casal-Musta, a été dessiné sur les
lieux, le 24 juin 1833, par M. l'ingénieur Grongnet,
pour M. le marquis de Fortia d'Urban, de l'Institut de
France; ce dernier s'est empressé de m'en envoyer le
dessin pour être exécuté en relief et réuni aux autres
monuments pélasgiques de la bibliothèque Mazarine.

Pour préparer une explication au moins analogique
de ce monument, qu'on croit pouvoir faire considérer
comme le mur d'un hiéron ou d'une enceinte sacrée,
il faut le comparer d'abord avec celui du mont Sipylus,
près de Smyrne, ensuite avec le grand mur de Delphes,
et enfin avec d'autres murs de même construction et de
même plan purement rectiligne, qu'on voit à Suna en
Sabine, et ailleurs.

Cette explication, suggérée par la comparaison de
l'ordre des constructions, nous a paru acquérir un grand
degré de certitude par le passage suivant de Cicéron :

*Insula est Melita, judices, satis lato ab Sicilia mari peri-
culosoque disjuncta, in qua est eodem nomine oppidam, quo
iste nunquam accessit: quod tamen isti textrinum per trien-
num ad muliebrem vestem conficiendam fuit. Ab eo oppido
non longe, in promontorio, fanum est Junonis antiquum :
quod tanta religione semper fuit, at non modo illis punicis
bellis, quæ in his fere locis navali copia gesta atque versata
sunt, sed etiam in hac prædonum multitudine semper invio-
latum sanctumque fuerit.* « Juges, l'île que l'on appelle
« Malte est séparée de la Sicile par un bras de mer

« assez large et assez périlleux ; dans cette île existe une
« ville du même nom, où Verrès n'est jamais venu, et
« qui, cependant, lui servit, durant l'espace de trois an-
« nées, d'atelier pour la fabrication des vêtements de
« femme. Non loin de la ville, sur le promontoire, il y
« a un temple antique de Junon, pour lequel la dévo-
« tion est si grande que, non-seulement au temps des
« guerres puniques durant lesquelles ce lieu fut le
« théâtre de grandes batailles navales, mais récemment
« encore, lorsque ces côtes étaient infestées de nom-
« breux pirates, il demeura intact et à l'abri de toute
« profanation [1]. »

Ce temple de Junon, principale divinité des Pélasges,
déjà regardé comme antique du temps de Cicéron ; la
construction polygone irrégulière des murs encore existants aujourd'hui, joints à la tradition conservée par
Strabon et Étienne de Byzance, qui fait des Phéniciens et
des Carthaginois les premiers colons de l'île de Malte,
tout se réunit pour rattacher ces monuments à l'origine
pélasgique. Ce qui ajoute encore à la vraisemblance de
cette conclusion c'est que, selon M. Grongnet, le plateau
sur lequel ce mur se trouve est connu et désigné, parmi
les Maltais, sous une dénomination qui correspond à
celle de *plaine des géants*. Cet ingénieur ajoute que les
murs découverts par lui, mesurés et dessinés, sont de
la plus ancienne construction pélasgique, à l'instar de
celle de Tirynthe, Lycosure, et autres du même genre.

Le terrain des environs se compose d'une plaine de
roches aplaties, dont la superficie calcaire est semée,

---

[1] *Discours contre Verrès*, action II, liv. IV. chap. XLVI.

pour ainsi dire, de petits îlots creux et remplis d'une terre argileuse, où croissent spontanément diverses plantes.

La portion du mur représentée par ce modèle a environ quinze mètres de largeur sur trois de hauteur.

On voit à l'extrémité droite du modèle un échantillon de la pierre naturelle de ce mur, envoyé par M. Grongnet avec ses dessins.

SICILE.

LXXIV.

RUINES DU TEMPLE DE VÉNUS SUR LE MONT ÉRYX.

Exécuté d'après les dessins de M. Words-Worth.

Ces ruines firent autrefois partie du temple de Vénus, construit sur le nont Éryx, aujourd'hui *monte San-Giuliano*, près de Trapani, en Sicile.

Οἰκεῖται δὲ καὶ ὁ Ἔρυξ λόφος ὑψηλὸς, ἱερὸν ἔχων Ἀφρο-δίτης, τιμώμενον διαφερόντως, ἱεροδούλων γυναικῶν πλῆρες τὸ παλαιόν, ἃς ἀνέστησαν κατ' εὐχὴν οἵ τ' ἐκ τῆς Σικελίας καὶ ἔξωθεν πολλοί. « L'Éryx est également habité; c'est « une montagne élevée, où se trouve un hiéron de « Vénus, pour lequel on a une très-grande vénération. « Il était autrefois desservi par des femmes consacrées « à son service, que des Siciliens et même des étrangers « y plaçaient et entretenaient selon leurs vœux [1]. »

[1] Strabon, *Géogr.* liv. VI, p. 272.

Tum vicina astris Erycino in vertice sedes
Fundatur Veneri Idaliæ; tumuloque sacerdos
Ac lucus late sacer additur Anchiseo.

Sur le sommet du mont Éryx, voisin des astres, on fonda un temple à Vénus Idalienne; un prêtre et un bois sacré protégent le tombeau d'Anchise [1].

Montium Eryx maxime memoratus ob delubrum Veneris ab Ænea conditum; et Ætna, etc. « Les principales « montagnes de la Sicile sont l'Éryx, célèbre par son « temple de Vénus, fondé par Énée, et l'Etna, etc. [2] »

D'après ces deux passages, les constructions cyclopéennes qui couronnent la cime de l'Éryx devraient leur fondation à Énée; mais une autre tradition plus plus probable la fait remonter à Éryx lui-même. Diodore de Sicile [3], dit que ce temple et la ville même furent l'ouvrage d'Éryx, fils de Butès, roi des Bébryces, et petit-fils d'Amycus : Τοῦ δ' Ἡρακλέους πλησιάσαντος τοῖς κατὰ τὸν Ἔρυκα τόποις, προεκαλέσατο αὐτὸν Ἔρυξ εἰς πάλην, υἱὸς μὲν ὢν Ἀφροδίτης καὶ Βουτᾶ τοῦ τότε βασιλεύοντος τῶν τόπων.

Virgile nous apprend qu'avant l'arrivée d'Énée en Sicile cette montagne portait déjà le nom d'*Éryx*, qui s'y était établi antérieurement, et y avait son tombeau.

. . . . *Nec littora longe*
Fida reor fraterna Erycis, portusque Sicanos.

[1] Virgile, *Énéide*, liv. V, v. 759.
[2] Pomponius Mela, *Cosmogr.* liv. II, chap. VII.
[3] *Hist.* liv. IV, § 23, p. 160.

Je ne crois point que le rivage d'Éryx, votre frère, et les ports de la Sicile, soient loin de nous [1].

Le poëte dit : *Éryx, votre frère*, parce qu'Énée passait aussi pour être fils de Vénus.

De la comparaison de ces passages, il semble résulter que les premières constructions datent d'Éryx, fils de Butès et de Vénus, fondateur d'un temple en l'honneur de la déesse réputée pour être sa mère; ayant perdu la vie sous les coups d'Hercule, il fut enterré sur cette montagne. Selon notre Tableau, l'époque approximative de la mort de Butès doit être placée en 1440.

L'hiéron de Vénus formait la citadelle, dernier retranchement où les guerriers se mettaient à l'abri de leurs ennemis.

Cum Catulus negaret se bellum compositurum, nisi ille cum suis, qui Erycem tenuerant, armis relictis, Sicilia decederent....... « Catulus disant qu'il ne terminerait pas la « guerre, à moins qu'Hamilcar et ses troupes, campées « sur l'Eryx, ne déposassent les armes et n'évacuassent « la Sicile [2]....... »

Cette montagne était, dit-on, si escarpée, que les maisons élevées sur sa cime semblaient à chaque instant près de tomber. Dédale en aplanit le sommet et l'environna de murailles. Il y consacra aussi à Vénus Érycine une génisse d'or si artistement travaillée qu'on l'aurait crue animée.

Et Segestani ædem Veneris, montem apud Erycem, vetustate dilapsam, restaurari postulavere, nota memorantes

---

[1] *Énéide*, liv. V, v. 23.
[2] Cornelius Nepos, *Hamilcar*, chap. XXI.

de origine ejus. « Les habitants de Ségeste demandèrent
« que l'on restaurât le monument de Vénus, situé sur
« le mont Éryx, et qui s'écroulait de vétusté; pour cet
« effet, ils s'appuyaient sur l'origine bien connue de ce
« temple [1]. »

*Agonis est quædam, Lilybætana, liberta Veneris Erycinæ:
quæ mulier ante hunc quæstorem copiosa plane et locuples
fuit.* « Il y a une certaine Agonis de Lilybée, affranchie
« de Vénus Érycine, qui, avant la questure de Cæcilius,
« était riche et opulente [2]. »

ESPAGNE.

LXXV.

MUR ET TOUR DE TARRACO.

Exécuté d'après les dessins de M. de Marty; dessiné aussi
par M. de Laborde, etc.

Tarraco, ville d'Espagne, aujourd'hui *Tarragone*, en
Catalogne.
.... *Tyrrhenica propter*
Tarraco.....................
Près de là Tarragone, fondée par une colonie tyrrhénienne [3].

Tarraco urbs est in his oris maritimarum opulentissima.
« Tarragone est la ville maritime la plus opulente de
« toute cette côte [4]. »

Tarraconem Scipiones, ideo caput est provinciæ. « Les

---

[1] Tacite, *Annales*, liv. IV, chap. XLIII.

[2] Cicéron, *Disc. contre Quintus Cæcilius*, chap. XVII.

[3] Ausone à Paulin, lett. 24, v. 88.

[4] Pomponius Mela, *Cosmogr.* liv. II, chap. VI.

« Scipions fondèrent Tarragone, aussi est-elle le chef-
« lieu de la province tarragonaise [1]. »

Strabon [2] ne partage pas l'opinion de Solin; il dit
que Tarragone fut fondée par une colonie partie de
Marseille; mais ils se trompent évidemment l'un et
l'autre; car d'où serait venue à cette ville l'épithète de
Tyrrhénienne que toute l'antiquité lui donne? Elle doit
nécessairement remonter à une époque plus reculée.
En second lieu, l'on voit clairement en plusieurs endroits de Tite-Live que Tarragone existait déjà quand
les Scipions vinrent en Espagne.

*His ita inchoatis, refectisque qua quassi erant muris,
dispositisque præsidiis ad custodiam urbis, Tarraconem est
profectus.* « Après avoir commencé ces préparatifs, ré-
« paré la brèche faite aux murs, et placé une garnison
« pour la défense de la ville, il partit pour Tarragone [3]. »

Je crois avoir démontré, dans un mémoire lu à l'Institut, en 1810, que Tarragone existait bien avant les Romains, et que la colonie de Scipion ajouta seulement
plus d'éclat à cette ville, dont les substructions de murailles démontrent l'antiquité. Une inscription, récemment découverte, indique que la colonie de Scipion
était désignée par ces mots : *Colonia Julia victrix Tyr-
rhenia.* « Colonie julienne victorieuse tyrrhénienne. »
Strabon ajoute, en parlant de cette ville, qu'elle n'avait
pas de port; erreur réfutée par Tite-Live, qui dit [4] que

---

[1] Solin, *Polyhistor,* chap. XXVI.
[2] *Géogr.* liv. III, p. 159.
[3] Tite-Live, *Hist.* liv. XXVI, chap. LI.
[4] Liv. XXII, chap. XXII.

Scipion s'était rendu maître de Tarragone à l'aide d'une grande flotte.

Φοίνικες ἐκ παλαιῶν χρόνων συνεχῶς πλέοντες κατὰ ἐμπορίαν, πολλὰς μὲν κατὰ τὴν Λιβύην ἀποικίας ἐποιήσαντο, οὐκ ὀλίγας δὲ καὶ τῆς Εὐρώπης ἐν τοῖς πρὸς δύσιν κεκλιμένοις μέρεσι. « Les Phéniciens, dès l'antiquité la plus reculée, « naviguaient fréquemment pour leur commerce; ils « établirent un grand nombre de colonies dans la Libye, « et quelques-unes dans les parties de l'Europe qui s'é- « tendent vers le couchant [1]. »

Ce sentiment de Diodore de Sicile est adopté par la plupart des historiens et des géographes; j'en conclus que le lieu occupé maintenant par Tarragone l'avait été primitivement par une colonie tyrrhénienne, et que le nom de cette antique colonie a été, comme nous allons le voir, changé du temps des Romains en celui de *colonie tarragonaise.*

Templum ut in colonia tarraconensi strueretur Augusto, petentibus Hispanis permissum; datumque in omnes provincias exemplum. « Il fut permis aux Espagnols, conformé- « ment à leur demande, d'élever un temple à Auguste « dans la colonie tarragonaise, et l'exemple en fut par « là donné à toutes les provinces [2]. »

Une partie des murs de cette ville est bâtie sur les restes des antiques constructions pélasgiques de la colonie primitive; mais l'enceinte des premiers fondateurs était plus vaste que la ville actuelle, ainsi qu'on le voit par d'autres restes répandus aux environs. La partie

---

[1] Diodore de Sicile, *Hist.* liv. V, § 20, p. 208.
[2] Tacite, *Annales,* liv. I, chap. LXXVIII.

représentée par ce modèle est une courtine de muraille et une tourelle, dite aujourd'hui *Tourelle du palais de l'archevêque*, dont le bas est fait de plusieurs
rangs de gros blocs non taillés, unis sans ciment, et
cependant si fortement liés ensemble, qu'au rapport
d'un homme du pays, quand on a eu besoin d'en abattre
quelques fragments pour divers travaux, il a fallu employer la mine qui, elle-même, y fit peu de dégâts.

La porte antique, située à gauche, a un mètre soixante
centimètres de largeur et trois mètres trente centimètres
de hauteur. Le linteau dont elle est surmontée a trois
mètres soixante centimètres d'épaisseur, deux mètres
trente centimètres de largeur, et un mètre dix centimètres de hauteur. Une des pierres de la porte a quatre
mètres vingt centimètres de longueur sur deux mètres
soixante centimètres de largeur.

ASIE.

LXXVI.

MUR DE PERSÉPOLIS.

Exécuté d'après les dessins de M. Stewart.

Persépolis, ancienne capitale de la Perse; ses ruines
se voient aujourd'hui près de *Chiraz*. Plusieurs villages,
entre autres *Merdacht* et *Mourghab*, ont été bâtis sur
l'emplacement de cette ville célèbre.

Ἄνδρες Ἀργεῖοι, βασιλεὺς Ξέρξης τάδε ὑμῖν λέγει·
Ἡμεῖς νομίζομεν Πέρσην εἶναι, ἀπ' οὗ ἡμεῖς γεγόναμεν,
παῖδα Περσέος τοῦ Δανάης, γεγονότα ἐκ τῆς Κηφέος θυγατρὸς Ἀνδρομέδης, οὕτω ἂν ὧν εἴημεν ὑμέτεροι ἀπόγονοι.

Οὔτε ὦν ἡμέας εἰκὸς ἐπὶ τοὺς ἡμετέρους προγόνους στρα-
τεύεσθαι, οὔτε ὑμέας ἄλλοισι τιμωρέοντας ἡμῖν ἀντιξόους
γενέσθαι, ἀλλὰ παρ' ὑμῖν αὐτοῖσι ἡσυχίην ἔχοντας κατῆσθαι·
ἢν γὰρ ἐμοὶ γένηται κατὰ νόον, οὐδαμοὺς μέζονας ὑμέων
ἄξω. «Argiens, voici ce que vous dit votre roi Xerxès :
«Nous pensons que Persès, l'un de nos ancêtres, ayant
«eu pour père Persée, fils de Danaé, et pour mère
«Andromède, fille de Céphée, nous tenons de vous
«notre origine. Il n'est donc point convenable, pour
«nous de faire la guerre à nos pères; pour vous, de
«vous faire les vengeurs des autres, en vous déclarant
«nos ennemis. Restez tranquilles chez vous; si cette
«expédition a le succès que j'en attends, je vous trai-
«terai avec plus d'égards qu'aucun autre peuple [1]. »

Sur ce passage, M. Larcher fait la remarque suivante :

«Si l'on peut s'en rapporter aux fables des Grecs,
«les maisons royales de Perse et d'Argos venaient d'une
«même souche. De Danaé, fille d'Acrisius et de Jupiter,
«naquit Persée, roi d'Argos. Persée eut d'Andromède,
«fille de Céphée, Persès, qui donna son nom aux
«Perses, qu'on appelait auparavant Céphènes. »

Quand la parité des monuments dans les deux pays
démontre une origine commune, les assertions des anciens qui constatent cette même origine ne peuvent
plus être regardées comme des fables. Voici le passage
d'Apollodore :

Ἐγένοντο δὲ ἐξ Ἀνδρομέδας παῖδες αὐτῷ· πρὶν μὲν ἐλθεῖν
εἰς τὴν Ἑλλάδα, Πέρσης, ὃν παρὰ Κηφεῖ κατέλιπεν· ἀπὸ
τούτου δὲ τοὺς Περσῶν βασιλέας λέγεται γενέσθαι...... « Il

___
[1] Hérodote, *Hist.* liv. VII, S 150.

« avait eu des enfants d'Andromède, savoir, avant de
« venir en Grèce, Persès qu'il laissa chez Céphée, et
« duquel on fait descendre les rois perses [1]....... »

Ἐκαλέοντο δὲ πάλαι ὑπὸ μὲν Ἑλλήνων Κηφῆνες, ὑπὸ
μέντοι σφέων αὐτέων καὶ τῶν περιοίκων, Ἀρταῖοι. Ἐπεὶ δὲ
Περσεὺς ὁ Δανάης τε καὶ Διὸς ἀπίκετο παρὰ Κηφέα τὸν
Βήλου, καὶ ἔσχε αὐτοῦ τὴν θυγατέρα Ἀνδρομέδην, γίγνεται
αὐτῷ πάϊς τῷ οὔνομα ἔθετο Πέρσης · τοῦτον δὲ αὐτοῦ κατα-
λείπει · ἐτύγχανε γὰρ ἄπαις ἐὼν ὁ Κηφεὺς ἔρσενος γόνου ·
ἐπὶ τούτου δὲ τὴν ἐπωνυμίην ἔσχον. « Les Perses étaient
« autrefois appelés par les Grecs Céphènes, tandis qu'eux
« et leurs voisins disaient les Artéens. Persée, fils de
« Danaé et de Jupiter, étant venu auprès de Céphée, fils
« de Bélus, et ayant épousé Andromède, fille de ce roi,
« il en eut un fils auquel il donna le nom de Persès. Il
« laissa ce fils en ce pays, et, comme Céphée était sans
« héritier mâle, [Persès lui succéda;] c'est sous lui que
« la contrée a été appelée la Perse [2]. »

Xénophon [3] parle comme Hérodote sur l'origine du
nom des Perses.

Persépolis fut prise et saccagée par Alexandre le
Grand, événement rapporté par Diodore dans le passage suivant :

Τὴν δὲ Περσέπολιν, μητρόπολιν οὖσαν τῆς Περσῶν βα-
σιλείας, ἀπέδειξε τοῖς Μακεδόσι πολεμίαν τῶν κατὰ τὴν
Ἀσίαν πόλεων, καὶ τοῖς στρατιώταις ἔδωκεν εἰς διαρπαγὴν,
χωρὶς τῶν βασιλείων · πλουσιωτάτης δὲ οὔσης τῶν ὑπὸ τὸν

---

[1] *Bibl.* liv. II, chap. IV, § 5.
[2] Hérodote, *Hist.* liv. VII, § 61.
[3] *Cyropédie*, liv. I, chap. II.

ἥλιον, καὶ τῶν ἰδιωτικῶν οἴκων πεπληρωμένων ἐκ πολλῶν χρόνων παντοίας εὐδαιμονίας, οἱ Μακεδόνες ἐπῄεσαν, τοὺς μὲν ἄνδρας πάντας φονεύοντες, τὰς δὲ κτήσεις διαρπάζοντες, πολλὰς μὲν τοῖς πλήθεσιν ὑπαρχούσας, κατασκευῆς δὲ καὶ κόσμου παντοίου γεμούσας, κ. τ. λ...... « Alors, ayant « convoqué les Macédoniens, il leur fit entendre que « Persépolis, capitale du royaume des Perses, avait « toujours été la ville d'Asie la plus ennemie des Grecs; « ensuite il l'abandonna à ses soldats pour être pillée; « néanmoins la demeure royale fut respectée. Cette ville « était la plus opulente qu'il y eût sous le soleil, et les « maisons mêmes des simples particuliers y avaient ac- « quis de temps immémorial le plus haut degré de ma- « gnificence. Les Macédoniens, l'ayant donc envahie, « massacrèrent les habitants et dévastèrent leurs mai- « sons pleines de trésors de toute espèce, de meubles « et d'ornements précieux.......... La cruauté et « l'acharnement des soldats macédoniens furent tels, « que Persépolis, qui jusque-là avait dépassé toutes les « autres villes en splendeur, les surpassa toutes par les « maux dont elle fut alors accablée. Enfin Alexandre, « étant monté à la citadelle, se rendit maître de tout « l'or et de tout l'argent entassés dans les trésors, « depuis Cyrus, premier roi de cet empire, jusqu'au « jour de sa destruction : on y trouva, tout compté, « la valeur de cent vingt mille talents [1]. »

Expugnat et Persepolin, caput Persici regni, urbem multis annis illustrem, refertamque orbis terrarum spoliis, quæ interitu ejus primum apparuere. « Il se rendit ensuite

[1] Diodore de Sicile, *Hist.* liv. XXVII, § 70, p. 599.

« maître de Persépolis, la capitale du royaume de Perse,
« ville d'une antique illustration, où se trouvaient en-
« tassées les dépouilles du monde entier, qui revirent
« enfin le jour au moment de sa ruine [1]. »

M. Stewart, négociant ânglais, voyageur en Perse,
m'a communiqué, à son passage à Paris, le dessin de ce
mur, fait par lui-même, avec la note suivante, datée
du 12 octobre 1830 :

« Partie de la muraille principale qui sert d'appui à
la plate-forme des édifices à Persépolis.

« Cette partie de la muraille est située entre les deux
grands escaliers par lesquels on monte à la plate-forme.
Elle démontre complétement l'analogie de la construction de cette muraille avec celle des villes d'Italie, etc........ dites cyclopéennes ; elle offre surtout
une grande ressemblance avec celles de Populonia,
autant que je m'en souviens (car je n'en ai pas la note
précise sous la main). La pierre principale, marquée
A, avait environ dix-huit pieds anglais (cinq mètres
soixante centimètres) de longueur. Les pierres de la
première couche en haut paraissent avoir été liées
ensemble par des bandes de métal qui n'existent plus ;
je ferai remarquer que cette spoliation n'a pas porté la
plus légère atteinte à la solidité de la muraille. »

La plate-forme dont parle M. Stewart est taillée dans
le roc, et appelée aujourd'hui *Tchil-minar*. Ce lieu paraît
répondre à l'ancien palais de Xerxès détruit par Alexandre.

Cette construction me paraît être de la même espèce
que les remparts de Saturnia et de Cosa. C'est, à ma

---

[1] Justin, *Hist.* liv. XI, chap. XIV.

connaissance, le premier monument de ce genre observé en Perse; il appuie le passage d'Hérodote déjà cité, et ce monument, joint à son texte, prouve l'origine persane du bas-relief de la porte de Mycènes.

●

ASIE MINEURE.

———

LXXVII.

HIÉRON DE CYBÈLE SUR LE MONT SIPYLUS.

Exécuté d'après les dessins de M. Fauvel; dessiné aussi par MM. Tricon et Van Senep, etc.

Sipylus, montagne de la Lydie, aujourd'hui *mont Sipyle*, dans l'Asie Mineure.

Le mur pélasgique de la façade de l'hiéron de Cybèle sur le mont Sipyle est dressé sur un plan rectiligne, pour unir deux rochers appelés *les Mamelles*, et dominant le précipice qu'il faut gravir pour entrer dans l'enceinte de Cybèle au sommet du Bérécynthus, au nord de Smyrne. Ce mur fut peut-être ce qu'on appelait *le Trône de Pélops;* il a été dessiné pour notre collection pélasgique, dans une excursion faite exprès, le 20 janvier 1832, par notre correspondant plus qu'octogénaire, M. Fauvel, consul de France.

Πέλοπος δὲ ἐν Σιπύλῳ μὲν Θρόνος ἐν κορυφῇ τοῦ ὄρους ἐστὶν ὑπὲρ τῆς Πλαστήνης μητρὸς τὸ ἱερὸν. «On voit le «trône de Pélops au sommet du mont Sipyle, immé-«diatement au-dessus de l'hiéron consacré à la mère «Plastène[1]. »

---

[1] Pausanias, liv. V, chap. XIII.

Νῦν δέ που ἐν πέτρῃσιν ἐν οὔρεσιν οἰοπόλοισιν,
Ἐν Σιπύλῳ ὅθι φασὶ θεάων ἔμμεναι εὐνὰς
Νυμφάων, αἵτ' ἀμφ' Ἀχελώϊον ἐρρώσαντο.

Niobé s'est retirée maintenant loin d'ici, au milieu des rochers et des montagnes désertes, sur le Sipyle, où sont, comme on l'assure, les demeures des nymphes divines qui dansent sur les bords de l'Achéloüs [1].

Sur le sommet du Sipyle, il existe une acropole de construction cyclopéenne, avec sa porte, et, dans l'intérieur, des murs très-bien bâtis à pierres rectangulaires. Cette acropole est entourée plus bas d'une autre muraille en construction cyclopéenne, près de laquelle existe un grand tumulus de quatre-vingt-douze mètres d'étendue, revêtu, à sa base, de pierres dont les polygones irréguliers sont du même style de taille que ceux du mur voisin, et bien enchâssés les uns dans les autres. Les voyageurs n'avaient encore rencontré cette construction dans aucune des villes antiques de l'Ionie et de l'Éolide par eux parcourues. On y montait à l'aide d'un grand escalier, dont une partie des degrés subsiste encore. Ce mont célèbre était consacré à la mère des dieux, aussi appelée mère Plastène, et le sommet où se voyait l'hiéron se nomme encore aujourd'hui *la Sainte Mère.*

Ἐπεὶ Μάγνησί γε, οἳ τὰ πρὸς βορρᾶν νέμονται τοῦ Σιπύλου, τούτοις ἐπὶ Κοδδίνου πέτρᾳ Μητρός ἐστι Θεῶν ἀρχαιότατον ἁπάντων ἄγαλμα· ποιῆσαι δὲ οἱ Μάγνητες αὐτὸ Βροτέαν λέγουσι τὸν Ταντάλου. «Chez les Magné-«siens., qui habitent la partie septentrionale du mont

----

« Sipyle, on montre sur la roche de Coddinus la statue
« de la mère des dieux, qui passe pour la plus ancienne
« de toutes. Elle est, disent-ils, l'ouvrage de Brotéas,
« fils de Tantale [1]. »

Tantale, fils de Jupiter et de Pluto, roi de Lydie,
mourut vers l'an 1410 [2]. Pausanias nous dit expressément avoir vu son tombeau.

Τοῦ δὲ λεγομένου Διός τε εἶναι καὶ Πλουτοῦς ἰδὼν οἶδα
ἐν Σιπύλῳ τάφον θέας ἄξιον. « Pour ce Tantale, fils de
« Jupiter et de Pluto, j'ai vu son tombeau à Sipyle;
« c'est même un monument remarquable [3]. »

Les voyageurs modernes ont retrouvé ce tombeau,
qui s'est conservé dans son entier.

Tantale, du règne duquel doivent dater les monuments du mont Sipyle, appela Tantalis la ville appelée
depuis Sipylus, du nom d'un des fils de Niobé. Cette
Niobé, fille de Tantale et femme d'Amphion, ayant vu
périr ses quatorze enfants par les flèches d'Apollon et
de Diane, sécha de douleur, dit la fable, et fut méta-
morphosée en rocher sur le mont Sipyle.

In patriam rapta est, ubi fixa cacumine montis
Liquitur, et lacrymas etiamnunc marmora manant.

Elle est transportée dans sa patrie, et là, placée au sommet
de la montagne, elle se consume; des larmes coulent encore
aujourd'hui de son corps de marbre [4].

Ταύτην τὴν Νιόβην καὶ αὐτὸς εἶδον ἀνελθὼν ἐς τὸν Σίπυ-

---

[1] Pausanias, liv. III, chap. XXII.
[2] Voir notre Tableau.
[3] Liv. II, chap. XXII.
[4] Ovide, *Métam.* liv. VI, v. 311.

λον τὸ ὄρος· ἡ δὲ πλησίον μὲν πέτρα καὶ κρημνός ἐστιν, οὐδὲν παρόντι σχῆμα παρεχόμενος γυναικὸς, οὔτε ἄλλως, οὔτε πενθούσης· εἰ δὲ γε πορρωτέρω γένοιο, δεδακρυμένην δόξεις ὁρᾶν καὶ κατηφῆ γυναῖκα. « En montant sur le « mont Sipyle, j'ai vu moi-même cette Niobé dont on « parle tant. La roche appelée de ce nom est proche « de là et escarpée; ce qu'il y a de vrai, c'est que, à « la regarder de près, elle n'offre aucune figure de « femme, encore moins celle d'une femme qui pleure; « mais si vous la voyez de loin il vous semble, en effet, « reconnaître une femme en larmes et accablée de dou- « leur [1]. »

Par une lettre du 14 juin 1808, adressée à M. Barbié du Bocage, M. Fauvel fait connaître qu'il existe sur deux coteaux du mont Sipylus deux enceintes de villes en construction cyclopéenne bien taillée; sur la conti- nuation de la seconde hauteur, il existe plus de cent tombeaux, dont quelques-uns sont en construction cy- clopéenne, les autres en pierres carrées, et tous d'un diamètre qui varie entre vingt et quatre-vingts pieds (six mètres et demi et vingt-six mètres). On croit que le plus grand est celui de Tantale. M. Cousinery, dans une lettre adressée aussi à M. Barbié du Bocage, dit avoir observé des phallus en pierre sculptés sur l'un des tombeaux en construction cyclopéenne.

La ville de Sipylus, celle de Magnésie, et dix autres villes aussi remarquables, furent englouties et périrent entièrement par suite d'un tremblement de terre arrivé

---

[1] Pausanias, liv. I, chap. XXI.

sous le règne de Tibère, comme nous le dit le texte suivant :

Eodem anno duodecim celebres Asiæ urbes collapsæ nocturno motu terræ......... Neque solitum in tali casu effugium subveniebat in aperta prorumpendi, quia diductis terris hauriebantur. « Dans la même année, douze villes cé-« lèbres d'Asie furent renversées par un tremblement « de terre, qui eut lieu durant la nuit............ Au sein « de cette catastrophe, on ne put pas, comme c'est la « ressource ordinaire en pareils événements, se sauver « dans la campagne : la terre ouvrait de toutes parts « des abîmes [1]. »

Selon les marbres d'Arundel, les Magnésiens juraient par la Mère Sipylienne.

LXXVIII.

PORTE ET GLACIS DE SOANDOS.

Exécuté d'après les dessins de M. Texier.

Soandos, Suenda ou Soanda, ville limitrophe de la Cappadoce et de la Galatie, est aujourd'hui en ruines près du fleuve Cappadox, à quelques myriamètres de *Galetjik*, au village de *Bogas-Keni*, sur le plateau d'une montagne, en Anatolie (Asie Mineure). L'enceinte cyclopéenne de cette grande ville est occupée par une forêt de chênes nains. C'est la première découverte faite par M. Texier, en Asie Mineure, le 2 août 1834.

Antiochus in Cappadocia ex castello Suenda, quod obsidebat, jumenta frumentatum egressa intercepit ; occisisque

---

[1] Tacite, *Annales*, liv. II, chap. XLVII.

*calonibus, eorumdem vestitu milites suos, tanquam fru-
mentum reportantes, submisit. Quo errore illi, custodibus
deceptis, castellum intraverunt, admiseruntque milites An-
tiochi.* « En Cappadoce, Antiochus assiégeant la citadelle
« de Soanda, s'empara des bêtes de somme qui en étaient
« sorties pour chercher les provisions, et ayant tué leurs
« conducteurs il fit revêtir de leurs habits ses propres
« soldats qui, sous ce déguisement et à la suite des bêtes
« de somme chargées, entrèrent dans la citadelle en
« trompant ainsi les gardes, et la livrèrent à Antio-
« chus [1]. »

Le mur qui forme l'enceinte de la ville de Soandos
a environ cinq mètres d'épaisseur ; les constructions de
diverses époques, dont on y voit les traces, sont fidèlement représentées par ce modèle et les deux suivants,
dont M. Texier nous a envoyé les dessins accompagnés
de ses explications.

Ce modèle représente une porte de construction
originairement pélasgique, de même que tout le mur
d'enceinte ; elle a été restaurée à l'époque où fut intro-
duite en Asie l'architecture hellénique, comme cela se
reconnaît à l'arcade de plein cintre et de l'ordre ionien ;
mais la fondation est incontestablement pélasgique. Les
deux têtes de lion, sculptées à la hauteur de l'imposte
de cette porte, se lient à la restauration ionienne, et
ont, en outre, un rapport direct avec le culte de Cybèle, divinité principale de ces contrées, comme nous
l'avons déjà fait remarquer en parlant du mont Sipyle.
Le centre du culte de Cybèle paraît avoir été à Pessi-

---

[1] Frontin, *Stratagèmes*, liv. III, chap. II.

nonte, dont le nom était lié à celui de la déesse, *dea Pessinantia;* on la représentait tantôt assise sur un lion, et tantôt traînée par deux lions.

LXXIX.

AUTRE PORTE DE SOANDOS.

Exécuté, comme le précédent modèle, d'après les dessins de M. Texier.

La porte représentée par ce modèle offre une ana-logie frappante avec celle du lupercal d'Alatrium (voir le n° XIII); elle paraît être restée dans toute son inté-grité depuis sa fondation pélasgique jusqu'à présent.

Ἐντεῦθεν δ'εἰς Μάζακα τὴν μητρόπολιν τῶν Καππαδοκῶν διὰ Σοάνδου καὶ Σαδακόρων ἑξακόσιοι ὀγδοήκοντα. « De Gar-« saoura à Mazaca, métropole des Cappadociens, en pas-« sant par Soanda et Sadacora, on compte six cent quatre-« vingts stades (cinq myriamètres et demi environ [1]). »

LXXX.

MUR DE SOANDOS.

Exécuté, comme les deux précédents modèles, d'après les dessins de M. Texier.

Ce voyageur a voulu dessiner séparément cette por-tion de mur cyclopéen, afin, sans doute, de mieux caractériser l'antique construction et montrer son iden-tité parfaite avec celles de la Grèce et de l'Italie.

Quo in omni tractu proditur tres tantum gentes Græcas jure dici, Doricam, Ionicam, Æolicam; cæteras barbaro-

[1] Strabon, *Géogr.* liv. XIV, p. 663.

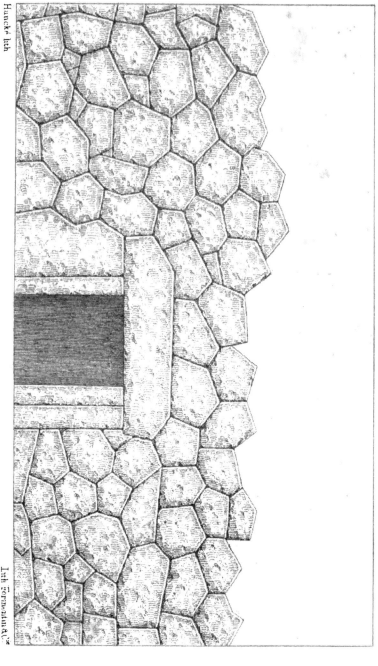

Hancké lith

Monument N.º LXXIX.

Imp. Formentin & C.º

rum esse. « Dans toute cette contrée, il y a seulement « trois nations que l'on puisse appeler grecques, savoir : « la Dorique, l'Ionique et l'Éolique ; les autres sont d'o-« rigine barbare [1]. »

Nicomachus pinxit........ deûmque matrem in leone sedentem. « Nicomaque peignit........ la mère des dieux « assise sur un lion [2]. »

> *Hinc mater cultrix Cybele, Corybantiaque æra,*
> *Idæumque nemus ; hinc fida silentia sacris,*
> *Et juncti currum dominæ subiere leones.*

De là Cybèle, protectrice de ce lieu, l'airain retentissant des Corybantes, et le bois sacré de l'Ida ; de là le secret inviolable des mystères de la déesse et les lions attelés à son char [3].

> *O vere Phrygiæ, neque enim Phryges, ite per alta*
> *Dyndima, ubi assuetis biforem dat tibia cantum.*
> *Tympana vos buxusque vocant Berecynthia matris*
> *Idææ : sinite arma viris, et cedite ferro.*

O vils Phrygiens, ou plutôt Phrygiennes, montez sur le Dyndimus, où la double voix des flûtes charme vos oreilles. Les tambours et les fifres de Cybèle vous appellent sur l'Ida. Quittez ce fer trop pesant pour vous, et laissez aux hommes la guerre et les armes [4].

La découverte des monuments représentés par ces trois derniers modèles fut, comme nous l'avons déjà dit, le premier fruit des recherches de M. Texier, durant son voyage archéologique. Encouragé par cet important résultat, le jeune voyageur continua ses explorations

---

[1] Pline, *Hist. nat.* liv. VI, chap. II.
[2] *Id.* liv. XXXV, chap. XXXVI.
[3] Virgile, *Énéide*, liv. III, v. 111.
[4] *Id.* liv. IX, v. 617.

avec un nouveau courage, et fit beaucoup d'autres découvertes. Il parla, dans une de ses lettres, d'un espace
de terrain de près d'un demi-myriamètre carré, couvert
de monuments cyclopéens d'une belle conservation, de
citadelles, de palais, de murailles avec leurs portes ornées de têtes de lion, et défendues par des glacis semblables à ceux de nos villes, etc., etc. Ailleurs, il décrit
les ruines d'un temple qui lui a paru de la grandeur
d'une ville; plus loin, une cité dont le territoire suffirait à un royaume, et dont les palais, les citadelles, les
portes existent encore. Mais ce qui, selon le voyageur,
surpasse toutes les autres découvertes, c'est une enceinte de rochers naturels aplanis par l'art, situés aux
environs de Bogaz-Keni, et sur les parois desquels on
a sculpté une scène réputée, sans doute, d'une importance majeure dans les annales des peuples qui habitaient alors ces contrées. Elle se compose de soixante
figures, dont quelques-unes sont colossales, et semblent
représenter l'entrevue de deux rois se faisant mutuel-
lement des présents. Les beaux dessins que M. Texier
a faits de ces antiques et gigantesques sculptures, nous
ont paru représenter des événements qu'aucun des ouvrages historiques parvenus jusqu'à nous ne peut expliquer. Cet admirable monument est encore dans un
état parfait de conservation, quoique, selon l'opinion
de M. Texier, il doive être de beaucoup antérieur à
Hérodote.

« Enfin, le même voyageur a découvert, près de
« Smyrne, une nécropole et les ruines d'une ville que
« la tradition désigne par les noms de ville et tombeau

« de Tantale. Il a remarqué dans les monuments qui
« s'y voient encore (et cette observation est de la plus
« haute importance pour la science) que la structure
« conique des *tumuli*, la forme des sarcophages et leur
« direction de l'est à l'ouest, les portes en polygones,
« enfin la *pigna*, ou pomme de pin, surmontant un
« grand nombre de ces tombeaux, leur donnent une
« ressemblance frappante avec ceux de Vulci, de Vol-
« terra, de Chiusi : nouvelle preuve à l'appui de la
« tradition qui fait sortir de l'Asie Mineure les colonies
« qui ont occupé l'Étrurie, et dont l'une, suivant l'opi-
« nion généralement adoptée, est venue fonder Smyrne
« même [1]. »

*Namque Tuscorum populi, qui oram inferi maris possi-
dent, a Lydia venerunt.* « Car les peuples étrusques qui
« habitent les côtes voisines de la mer inférieure, sont
« venus de la Lydie [2]. »

---

[1] *Extrait du Rapport fait à l'Académie des inscriptions, sur le travail qui lui fut adressé par M. Texier, le 1er décembre 1835.*

[2] Justin, *Hist.* liv. XX, chap. I.

FIN.

TABLE ALPHABÉTIQUE

DES VILLES DONT LES MONUMENTS SONT REPRÉSENTÉS PAR LES
QUATRE-VINGTS MODÈLES DE LA COLLECTION PÉLASGIQUE,
AVEC LES NOMS ANCIENS ET LES NOMS MODERNES.

A

N

O

P

R

S

T

V

TABLE ALPHABÉTIQUE ·

DES VOYAGEURS, ANTIQUAIRES ET SAVANTS, DES ACADÉMIES ET
DES JOURNAUX CITÉS DANS LA DEUXIÈME PARTIE, AVEC RENVOI
AUX ANNÉES CORRESPONDANTES.

A

B

C

Pages.

LISTE

DES DESSINS ENCADRÉS, FAISANT PARTIE DE LA COLLECTION
PÉLASGIQUE.

A. Origine de la construction cyclopéenne (Tableau peint sur toile).

Les dessins ci-après désignés, au nombre de trente-cinq, sont l'ouvrage de plusieurs auteurs, entre autres : M. MIDDLETON, paysagiste américain ; Mme DIONIGI, paysagiste romaine ; GIUNTOTARDI, dessinateur romain, et GRONGNET, ingénieur français. Tous ces dessins sont rangés et numérotés dans l'ordre suivant :

TABLE

CYRIACUS ANCONITANUS. *Epigrammata* reperta per Illyricum. Romæ, 1747; in-fol.

D

DICÆARCHUS. *Status Græciæ.* (In Geographiæ veteres scriptores græci minores. Oxoniæ, 1703; 4 vol. in-8°.)

DIODORUS SICULUS. *Bibliotheca historica.* Ed. Wessellingius. Amstelodami, 1746; 2 vol. in-fol.

DIOGENES LAERTIUS. *De vitis, dogmatibus philosophorum.* Ed. Menagius. Amstelodami, 1692; 2 vol. in-4°.

DIONYSIUS HALICARNASSENSIS. *Scripta omnia.* Ed. Frid. Sylburgius. Lipsiæ, 1691; in-fol.

DIONYSIUS PERIEGETA. *Orbis descriptio.* (In Geographiæ veteres scriptores græci minores. Oxoniæ, 1703; 4 vol. in-8°.)

E

EPITOME LIVII. (*Vide* LIVIUS.)

EURIPIDES. *Quæ exstant omnia,* cum annotationibus scholiastis. Ed. Musgrave. Oxoni, 1778; 4 vol. in-4°.

EUSEBIUS. *Præparatio et demonstratio evangelicæ.* Ed. Vigerus. Parisiis, 1628; 2 vol. in-fol.

———— *Chronicorum libri duo.* Ediderunt Maïus et Zohrabus. Mediolani, 1818; in-4°.

F

FRONTINUS. *De Aquæductibus et Coloniis.* Ed. Panvinius. Parisiis, 1588; in-8°.

———— *Strategematum et strategeticon libri IV,* cum veteribus de re militari scriptoribus. Editio variorum. Vesaliæ, 1670; in-8°.

G

GELLIUS (AULUS). *Noctes atticæ.* Ed. Jac. Proust. Parisiis, 1681; in-4°.

H

HERODOTUS. *Musæ, seu historiarum libri IX.* Ed. Schweighaeu-
seri. Argentorati et Parisiis, 1816; 6 vol. in-8°.

HESIODUS. *Quæ exstant*, ex recensione Grævii et Heinsii. Amstelodami, 1701; in-8°.

HOMERUS. *Ilias et Odyssea.* Ed. Barnes. Cantabrigiæ, 1711;
2 vol. in-4°.

HORATIUS. *Opera*, cum notis variorum. Londini, 1793; 3 vol.
in-4°.

J

JUSTINUS. *Historiæ Philippicæ.* Ed. Cantel. Parisiis, 1677; in-4°.

JUVENALIS. *Satiræ.* Ed. Rupertus. Lipsiæ, 1801; 2 vol. in-8°.

L

LIBERALIS (ANTONINUS). *Transformationum congeries.* Ed. Xylander. Basileæ, 1568; in-12.

LIVIUS (TITUS). *Historiarum libri qui exstant*, cum epitome. Ed.
Crevier. Parisiis, 1735; 6 vol. in-4°.

LUCANUS. *Pharsalia.* Ed. Oudendorpius. Lugduni Batavorum,
1728; in-4°.

M

MACROBIUS. *Opera.* Ed. Meursius. Lugduni Batavorum, 1628;
in-8°.

MARTIALIS. *Epigrammata.* Ed. Corn. Schrevelius. Lugduni Batavorum, 1661; in-8°.

MELA (POMPONIUS). *De Orbis situ.* Basileæ, 1543; in-fol.

MOSCHUS. *Idyllia.* (In Poetæ minores græci. Ed. Gaisford. Oxonii, 1814; 4 vol. in-8°.)

O

OVIDIUS. *Opera omnia.* Ed. Burmannus. Amstelodami, 1727;
4 vol. in-4°.

P

PAUSANIAS. *De situ Græciæ.* Édition grecque et française de Cla-
vier. Paris, 1814; 6 vol. in-8°.

PHILO JUDÆUS. *Omnia quæ exstant opera.* Ed. Gelenius. Lutetiæ
Parisiorum, 1640; in-fol.

PLAUTUS. *Opera omnia,* cum notis variorum. Ed. Jacob. Ope-
rarius. Parisiis, 1679; 2 vol. in-4°.

PLINIUS. *Historia naturalis.* Ed. Harduinus. Parisiis, 1723;
3 vol. in-fol.

PLUTARCHUS. *Opera omnia.* Ed. Xylander et Rualdus. Lutetiæ
Parisiorum, 1624; 2 vol. in-fol.

POLYBIUS. *Historiarum libri qui supersunt.* Ed. Casaubonus. Parisiis, 1609; in-fol.

PRISCIANUS. *Opera.* Florentiæ, 1554; in-4°.

R

RUTILIUS NUMATIANUS. *Itinerarium.* Bononiæ, 1520; in-4°.

S

SCALIGER (JOSEPHUS). *Conjectanea in Terentium Varronem, de
lingua latina.* Durdrechti, 1619; in-8°. (*Vide* VARRO.)

SCHOLIASTES EURIPIDIS. (*Vide* EURIPIDES.)

SCYLAX. *Periplus,* cum tralatione et castigationibus. Ed. Isa.
Vossii. Amstelodami, 1639; in-4°.

SCYMNUS. *Orbis descriptio.* (In Geographiæ veteres scriptores
græci minores.) Oxoniæ, 1703; 4 vol, in-8°.

SENECA (LUCIUS ANNÆUS). *Tragœdiæ.* Ed. Schroederus. Delphis,
1728; 2 vol. in-4°.

SILIUS ITALICUS. *De Bello punico.* Édition latine et française de
Lefebvre de Villebrune. Paris, 1781; 3 vol. in-12.

SOLINUS. *Polyhistor.* Basileæ, 1543; in-fol.

STEPHANUS BYZANTINUS. *De Urbibus.* Ed. Abr. Berkelius et
Jacob. Gronovius. Lugduni Batavorum, 1688; in-fol.

STRABO. *Rerum geographicarum libri XVII.* Editio variorum. Amstelodami, 1707; in-fol.

T

TACITUS. *Opera omnia.* Ed. Brotier. Parisiis, 1771; 4 vol. in-4°.

THEOCRITUS. *Idyllia.* (In Poetæ minores græci. Ed. Gaisford. Oxonii, 1814; 4 vol. in-8°.)

THEOPHRASTUS. *Opera omnia.* Ed. Heinsius. Lugduni Batavorum, 1613; in-fol.

THUCYDIDES. *De Bello Peloponnesiaco.* Ed. Jos. Wasse et Carol. And. Dukerus. Biponti, 1788; 6 vol. in-8°.

V

VALERIUS MAXIMUS. *Factorum dictorumque memorabilium.* Editio variorum. Leydæ, 1726; in-4°.

VARRO (TERENTIUS). *Opera omnia.* Editio variorum. Durdrechti, 1619; in-8°.

VELLEIUS PATERCULUS. *Historia romana.* Ed. Riguez. Parisiis, 1675; in-4°.

VIRGILIUS. *Opera omnia,* cum notis Ruæi. Parisiis, 1682; in-4°.

VITRUVIUS POLLIO. *De Architectura.* Amstelodami, 1649; in-fol.

X

XENOPHON. *Opera quæ exstant omnia.* Ed. Dodwellus. Oxonii, 1703; 7 vol. in-8°.

TABLE DES MATIÈRES

CONTENUES DANS CE VOLUME.

FIN DES TABLES.

CHANGEMENTS ET ERRATA.

Pag. 6, lig. 8, Træzène............. *lisez :* Trœzène.
     66,   7, Hazylia .... *lisez :* Halyzea.
     84,   22, de l'Institut de France.. *lisez :* savant français.
     86,   6, de l'Institut de France.. *lisez :* savant français.
     87,   17, antiquaire italien...... *lisez :* antiquaire français.
    129,   23, page 147............ *lisez :* page 148.
    153,   6, États Romains........ *lisez :* États de Naples.
    228,   16, Europe .... *lisez :* Europs.
    244,   15, τείχέα .... *lisez :* τείχα.
    255,   7, οὖ................. *lisez :* οὔ.
    288,   3, admonita........... *lisez :* admoniti.
    334,   20, antiquaire italien...... *lisez :* antiquaire français.
    336,   8, académicien français... *lisez :* savant français.

9 781277 057850